编委会

2023年湖北本科高校省级教学改革研究项目"大思政视域下研究生导学关系研究"项目成果

相伴研途 点亮人生

华科大导学思政育人案例集

• • •

华中科技大学出版社
http://press.hust.edu.cn
中国·武汉

图书在版编目(CIP)数据

相伴研途 点亮人生：华科大导学思政育人案例集 / 张耀，李毅，吴疆鄂主编.
武汉：华中科技大学出版社，2024.10. -- ISBN 978-7-5772-1373-6

Ⅰ.G641

中国国家版本馆 CIP 数据核字第 202478L78V 号

相伴研途 点亮人生
——华科大导学思政育人案例集

张 耀 李 毅 吴疆鄂 主编

Xiangban Yantu Dianliang Rensheng
——Huakeda Daoxue Sizheng Yuren Anli Ji

策划编辑：周晓方 杨 玲 庹北麟
责任编辑：余晓亮 庹北麟
封面设计：廖亚萍
版式设计：赵慧萍
责任校对：张汇娟
责任监印：周治超
出版发行：华中科技大学出版社（中国·武汉）　　电话：(027) 81321913
　　　　　武汉市东湖新技术开发区华工科技园　　邮编：430223
录　　排：华中科技大学出版社美编室
印　　刷：湖北恒泰印务有限公司
开　　本：710mm×1000mm　1/16
印　　张：20.75　插页：2
字　　数：345 千字
版　　次：2024 年 10 月第 1 版第 1 次印刷
定　　价：98.00 元

序 言

习近平总书记强调，"建成教育强国是近代以来中华民族梦寐以求的美好愿望，是实现以中国式现代化全面推进强国建设、民族复兴伟业的先导任务、坚实基础、战略支撑，必须朝着既定目标扎实迈进"。作为高等教育的最高层次，研究生教育是科技第一生产力、人才第一资源、创新第一动力的重要交汇点，肩负着推进教育强国建设的重要使命。做好新时代研究生思想政治工作，培养堪当民族复兴重任的时代新人，具有重大而深远的意义。

"经师易求，人师难得"。导师者，非止章句之授，实乃心灯之传。在学生眼里，老师是"吐辞为经、举足为法"，一言一行都给学生以极大影响。导学关系是研究生求学阶段最重要的社会关系之一，存在于导师与学生的双向互动过程中。好比"大鱼前导，小鱼尾随，是从游也"，良好的导学关系对于促进研究生全面健康成长有重要影响。导学思政是以导学关系为载体，多元导学互动场景为纽带，在导学互动中实现凝聚共识和价值认同的思想教育理念，是推动高校思想政治工作创新的必然选择。

近年来，华中科技大学深入学习贯彻习近平总书记关于教育的重要论述，坚持立德树人根本任务，高度重视研究生思想政治工作，形成了独具特色的导学思政育人体系。通过实践探索，华中科技大学以三个共同体为目标，即"科学研究和人才培养共同体、教师职业发展和学生成长成才共同体、学生与学生共同成长共同体"，构建涵盖思想互动、学术互动和生活互动的导学思政互动矩阵，鼓励导学团队创新培养模式，让研究生站到创新最前沿，全面提高人才自主培养质量。

本书以华中科技大学导学思政育人成果为基础，全面总结和展示了华中科技大学导学团队的生动实践，深刻阐述了德育在促进学生全面发展中的重要地位，以及对学生思想塑造、价值选择、科技创新、职业规划等方面的深远影响。全书71篇导学思政育人案例，以学科为脉络分成五个篇章，讲述理工文社医不同专业、各具特色的育人和科研实践，蕴含华中科技大学对于"培养什么人、怎样培养人、为谁培养人"等一系列问题的思考。

孟子曰，"君子之所以教者五：有如时雨化之者，有成德者，有达财者，有答问者，有私淑艾者"。导学团队或秉持"没有规矩，不成方圆"的治学理念，规范人才培养方案，倡导全过程管理；或坚持"言传身教，寓教于行"的教学理念，在身体力行中传递科研热情；或践行"坐'冷板凳'，啃'硬骨头'"的科研精神，培育鼓励创新、宽容失败的科研生态；或发扬"捧着一颗心来，不带一根草去"的奉献精神，用青春陪伴青春，用生命影响生命，与学生共同书写成长的篇章。育人犹树人，导学团队在对人才培养模式的积极探索中融合科学精神与人文关怀，着力构建"平""亲""清"的新型导学关系，厚植青年人成长的沃土，结出了科研创新的累累硕果，更为高校培养一流人才提供了有益借鉴和启示。

非唯记往迹，更欲启来者。基于上述背景，华中科技大学党委学生工作部组织各研究生培养单位，挖掘我校特色科研团队的导学故事，编撰《相伴研途 点亮人生——华科大导学思政育人案例集》，全面总结展示我校导学思政工作的风采与成果，营造浓厚育人氛围，同时也为高校导学思政工作的深化推进提供案例参考。

本书编委会

2024 年 10 月

目录

CONTENTS

第三部分：人文专业育人故事　　//193

第四部分：社会科学专业育人故事　　//217

第五部分：医学专业育人故事　　//279

第一部分

理学专业育人故事

潘灯：少年心事当拿云

— 导 师 简 介 —

潘灯　华中科技大学数学与统计学院数学与交叉科学系副教授，博士毕业于香港中文大学。在 *Journal of the American Statistical Association*（JASA）、*Statistics in Medicine*（SIM）等统计学领域国际权威期刊发表论文 10 余篇，先后主持国家自然科学基金青年项目和面上项目各 1 项。

『传道授业，兢兢业业』

2015 年春季学期，潘灯开启了她的教师生涯。她对课堂内容与形式、教学机制和教学管理等进行大胆创新，通过生动自然的形式开展课程思政教学，帮助学生更好地树立正确的价值观。

每一次上课前，潘灯老师都会认真备课，更新教案，积极与学生互动，了解学生的反馈。她既鼓励学生从书本中获取营养和能量，也鼓励他们观察世界，从生活中发现问题。学生都反映："上她的课从来不会打瞌睡。""潘老师在黑板上推导公式的思路清晰明了！""潘老师能把统计课程讲得充满趣味！"

『善于倾听，亦师亦友』

潘灯老师在担任德育导师期间，用一颗坦诚之心对待学生，时刻关注学生的生活与学业动态，注重在日常生活中对学生进行润物无声式的引导，针对学生的不同情况提供个性化的建议。

潘灯老师常鼓励学生积极面对生活和学业中的挑战，并从自身经历出发给予相关建议，引导他们树立正确的研究态度，辩证地看待研究中遇到的困境与难题，将研究过程中的"冷板凳生活"视作人生难得的"心灵之旅"。

每当学生遇到科研和生活上的困难，向她寻求帮助时，她总是能运用丰富的专业知识，充满热忱地为学生答疑解惑，提供无私的指导和帮助。

『党建引领，知行合一』

潘灯老师不忘初心，政治立场坚定。她积极学习习近平新时代中国特色社会主义思想和党的二十大精神，不断提高自己的政治觉悟，具有较强的组织观念和大局意识。

作为数学与交叉科学系党支部书记，她善于发掘优秀党员骨干，鼓励大家积极参与党支部工作，充分发挥党支部的组织、引领、示范作用，不断提高党支部成员的政治思想水平。

作为德育导师和概率统计专业硕士生党支部的党建导师，她积极开展主题教育、集中学习和志愿者服务等活动，促进教师支部和学生支部的联动。她参与组织了学习二十大精神示范性主题党日、"迎校庆，学校史"等活动，紧密联系师生党员，持续提升研究生党员的社会工作能力，激励研究生党员发挥先锋模范作用，在研究生中形成了"学做先进、争当先进"的浓厚氛围，对广大学生产生了积极的影响。

潘灯老师最喜欢的一句古诗是"少年心事当拿云，谁念幽寒坐呜呃"。她经常以此来鞭策和激励学生：生而逢盛世，青年当有为。她一直向学生强调，要强化自己的理想信念，做一个有责任、有担当、有善心的人；要永远抱有好奇心和探索精神，学你所学，行你所行，听从本心，无问西东。

● 图 1　潘灯老师与学生参观校史馆

『以"内驱力"为帆，就此起航』

在数学与统计学院 2022 级新生开学典礼上，潘灯老师带给新生们一本"通关秘籍"——内驱力。她说道，内驱力就像一个小马达，能向奋斗的过程源源不断地提供动力。

● 图 2　潘灯老师在会上致辞

她建议学生从三个方面培养自己的内驱力：保持正常的作息主线，用长远的眼光设立短期的目标，勇于尝试和突破、不给自己设限。

她希望学生珍惜在数学与统计学院这一优秀平台学习的良机，坚守服务国家的初心使命，承担新时代赋予的历史责任，书写华科大的新篇章！老师都将坚持传道、授业、解惑的宗旨，为学生指引方向，与学生一起面对困难、共同成长。

肖奕：匠心筑梦，潜心育人

— 导师简介 —

肖奕　华中科技大学物理学院教授，博士生导师。1984 年起在华中科技大学（原华中理工大学）工作，1993—2008 年任物理系主任，2008—2015 年任理学院院长，2011—2020 年任校学术委员会办公室主任。

主要从事计算与理论生物物理研究，研究方向为蛋白质和 RNA 分子折叠机制及结构预测。主持国家自然科学基金面上项目 11 项和国家高技术研究发展计划课题 2 项，在国内外学术刊物上发表论文 100 多篇，获得省部级教学科研二、三等奖 4 项。2002 年获教育部跨世纪优秀人才基金，2005 年获国家杰出青年科学基金。

肖老师始终把研究生思想品德、科学素质和能力的培养放在首位，对学生进行系统和严格的科学研究训练，在研究团队内形成了积极向上和相互协作的学术氛围，并取得了在国际上有一定影响的研究成果。

『传道授业，用心耕耘』

在课堂教学方面，肖奕老师设计了完整的学科基础理论、实验方法和计算方法学习体系，避免学生知识面过窄，帮助学生形成坚实的学科基础，从而在将来更好把握学科的整体发展状况和前沿趋势，做出高水平的研究成果。

肖奕老师一直身居教书育人一线，每年都承担48学时以上的学位课程教学任务，系统地讲述学科基础理论和学科前沿知识。他在教学过程中积极探索教学方法，在课堂上采用研讨式教学，让学生从历史发展角度深入了解科学家精神，充分领会所学理论的重要性和必要性，从而变被动听课为主动学习，形成自己的研究兴趣，取得了比较好的教学效果。

● 图1　肖奕老师

『悉心指导，言传身教』

在研究训练方面，肖奕老师坚持开展系统训练，帮助学生尽快掌握科研基本方法和学术规范。特别是从研究生一年级开始，就让学生熟悉学位论文和基金申请书的框架，并着手学位论文的写作。学生根据论文的框架，清晰表述研究问题及其意义，综述研究历史和现状，在此基础上一步步充实研究内容和结果。

● 图2　肖奕老师与学生探讨科学问题

肖奕老师通过每月点评和讨论，使学生掌握规范的研究步骤和思考方式。每周定期举行文献讨论会，让学生系统了解所研究问题的发展历史和现状，并训练学生的整合能力和表达能力。肖奕老师还每周与各个研究方向的学生就研究进展和问题进行深入细致的讨论，帮助他们解决问题，指导他们有效开展研究工作。在学位论文初稿完成后，肖奕老师会指导研究生进行反复修改，使论文都能达到通过评审的要求。在日常生活中，肖老师也在密切关注学生的思想动态，及时帮助他们解决思想和生活中的问题，使他们能够安心学习，顺利完成学业。

『育人树人，桃李芬芳』

肖奕老师培养的研究生有十多人进入国内外著名大学（包括耶鲁大学、康奈尔大学等）或中国科学院（简称中科院）研究所进行博士后研究，并取得了很好的成绩。他们作为第一作者、并列第一作者或并列通讯作者在《科学》《自然》等国际著名学术期刊上发表了一系列学术论文。有的已在中科院研究所或国内外重点大学成为学术带头人，组建了自己的科研团队。其中，有7人为中科院或国内重点大学研究员或教授，7人为副研究员或副教授；2人为美国大学终身副教授，1人为助理教授；此外还有1人入选武汉首批"城市合伙人"。

● 图3 肖奕老师与课题组同学合影

刘宏芳：只要大家需要，我一直都在

— 导 师 简 介 —

刘宏芳 华中科技大学化学与化工学院教授，博士生导师。2000年于华中科技大学取得博士学位，而后留校任教。2001—2003年在日本广岛大学担任研究员。2007年以来，历任华中科技大学材料与环境化学研究所所长、化学与化工学院副院长等。2014年以来，刘宏芳主持包括国家重点研发计划、国家自然科学基金等项目若干项，并积极推动产学研深度融合，曾获得华中科技大学优秀研究生导师团队、三育人积极分子奖、研究生教学成果奖等荣誉。

『产研结合，解忧纾困』

"善学者尽其理，善行者究其难。"习近平总书记用这句话来勉励所有的科研工作者要敢为人先、追求卓越，为解决"卡脖子"关键核心技术难题矢志不渝地奋斗。党的十九大报告指出，要深化科技体制改革，建立以企业为主体、市场为导向、产学研深度融合的技术创新体系。要求企业、大学、科研院所等异质性组织间协同合作，将科研成果应用于实际生产之中解决实际问题。

作为一名共产党员，刘宏芳老师始终一心向党，牢记使命，竭尽全力为国家解决眼下的难题。我国的金属腐蚀总成本超过数万亿元，且材料腐蚀中有20％可以归因于微生物腐蚀。金属腐蚀造成的巨大损失是国家面临的一道难题，如何解决这一难题是刘老师的心头大事。刘宏芳老师积极响应国家号召，深入践行国家的"产学研一体"要求，通过产学互动、校企结合的形式，把教育与科学研究、行业生产等活动和相关资源有效地整合起来，充分发挥高校的人才培养、科学研究和社会服务三大职能。

刘宏芳老师的团队利用红太阳集团的生产废料，开发了吡啶类油气工艺缓蚀剂，并以此为主剂研发了多种可用于不同环境的缓蚀剂，不仅每年为企业节省环保支出 8000 万元，而且为企业的产品拓宽了新的应用领域，开发了新的应用市场。除此之外，刘宏芳老师的团队开发的产品还应用于油气田高温酸化作业，填补了国内空白。目前，相关产品和技术已经在胜利油田、大庆油田等得到应用，为油气安全生产提供了技术支持。刘宏芳老师还带领团队与广州大学和海南大学合作共建了国家级海洋研究平台，服务南海战略。

"志之所趋，无远勿届，穷山距海，不能限也。"这是习近平总书记勉励大家努力奋斗的话，也是无数个角落里自愿为共产主义奉献终生的党员的人生信条。深入产学研之路虽任重道远，但在党员刘宏芳老师看来只有一句话：虽千万人，吾往矣！

『师者之本，传道授业』

"当老师，一定要学好一门课，教好一门课，这是一个老师的本职工作。"在教学中，刘宏芳老师总是一丝不苟，精益求精，把上好每一堂课、教好每一个学生当成对自己的基本要求，并带领她的团队获得了三育人积极分子奖、研究生教学成果奖等各种荣誉。

值得一提的是，刘宏芳老师为"纳米材料化学与器件"课程付出了很多心力。该课程集聚了来自化学、材料、机械等不同学科背景的优秀教师。在教材编写上，刘宏芳老师和她的团队按先综述、后实验的顺序，耗费大量时间和精力打磨细节，使得学生可以更好更快速地了解每一部分的理论与实验；在教学方面，刘宏芳老师和她的团队采用线下授课、"学堂在线"线上学习测试、线上虚拟仿真平台和线下实验结合的多样化教学形式，使学生可以更全面、更快速地掌握学习内容。

● 图1 刘宏芳老师在"纳米材料化学与器件"线上课程中授课

这门课程既是为学生准备的增长学问的课程，也是为那些初出茅庐的老师们精心准备的"实战训练"。刘宏芳老师希望通过这种形式让更多的年轻教师理解上好每一堂课的重要性。作为一名老师，做科研、发文章固然重要，但更重要的是传道授业解惑，将自己的知识高效地传递到学生那里去，让学生上课有所学，有所得。

对于学生，刘宏芳老师说："我必须尽职尽责、尽心尽力做好自己的本职工作，从不敢有丝毫的懈怠，必须真正走进学生的内心深处，做好学生成长道路上的引路人。"

对于青年教师，刘宏芳老师说："他们能力比我们那一代更强，也面临更大的科研压力，但我们还是鼓励青年教师们在课堂上投入更多的精力，多与学生面对面交流。"

刘宏芳老师不仅是学生学习生涯里的好老师，而且引导着一批又一批年轻教师成为好老师，恰似前潮后浪，一浪推一浪，一浪更胜一浪，为我国的教育事业不断增添新的血液。

『奖掖后学，爱人以德』

谢太傅问诸子侄："子弟亦何预人事，而正欲使其佳？"车骑答曰："譬如芝兰玉树，欲使其生于庭阶耳。"千百年前的对答如今看来仍是箴言。

刘宏芳老师疼爱学生如子女一般,是众所周知的事情。在她悉心培育的学生中,芝兰玉树不一而足。当我们问刘宏芳老师,怎样看待学生们私下称赞她如同慈母,让人觉得无微不至时,刘宏芳老师只是笑呵呵地说:"我老师当时对我就是关怀备至,我当然也要好好地关爱我的学生,帮助他们成长。我所理解的师德,第一要义就是要善待学生。"

曾经一个学生实在是捉襟见肘,无奈之下找到了刘宏芳老师,刘宏芳老师没有任何犹豫。她觉得,学生遇到困难愿意来找自己,就是对自己的信任。她当时既没有追问原因,此后也对此事闭口不提。多年后的一次会议,这位学生得知刘宏芳老师前来开会,下班后驱车四小时赶到会场,就是为了见这位恩师一面,感谢她的帮助和保护。

"相信学生,鼓励学生,给他们机会去完成项目,参加赛事,让他们为自己感到荣耀。"刘宏芳老师如是说,也如此做。凡是有时间,她就带着学生四处参加学术讲座,与学生交流讨论,一丝不苟,严谨认真。当学生们为自己的学术汇报惴惴不安的时候,她又成了行走的"夸夸机",不断鼓励学生,勇敢向前迈步。她常常劝学生不要闭门造车,所谓"独学而无友,则孤陋而寡闻",要多交朋友,广结善缘,勇敢而赤诚,这样何愁真心换不来真心。

● 图 2 刘宏芳老师课题组全体师生合影

作为学院的德育导师,刘老师常说:"无论是谁的学生,都是我的学生。""只要需要我,什么时候我都在。""我愿意和学生交流,愿意帮助所有的学生,我打心底里高兴。"温柔和煦,如沐春风,这是所有与刘宏芳老师接触的人的共同感受,她总是让你觉得有所依靠,有所希冀,充满力量。

王得丽：以德育人，春华秋实

| | | | | | | | | | | | | |

— 导师简介 —

王得丽 华中科技大学化学与化工学院教授，博士生导师。国家级青年人才，获湖北省化学化工青年创新奖、"中表镀-安美特"优秀青年教师奖、华中科技大学"青年五四奖章"等奖项或荣誉。主要科研方向为能量转换与储存材料的设计及优化，在 *Nature Materials*、*Nature Communications*、*Journal of the American Chemical Society*、*Angewandte Chemie* 等期刊上发表论文 100 余篇，连续多次上榜"爱思唯尔高被引学者""科睿唯安高被引科学家""全球前 2% 顶尖科学家"榜单。获授权美国发明专利 2 项、中国发明专利 11 项。主持有国家自然科学基金重大研究计划培养项目、青年项目、面上项目，教育部博士点教师基金项目，湖北省青年科技晨光计划项目等。担任 *The Journal of Chemical Physics* 副主编，《电化学》、《储能科学与技术》*Chinese Chemical Letters*、*Nano Materials Science*、*Energy & Fuels Journal*、*Journal of Physics：Energy*、*Chemistry-An Asian Journal* 编委。参与高水平研究生交叉学科课程改革，参编研究生教材《纳米材料化学与器件》，作为副主编参编本科生教材《氢能化学》，获校级研究生教学成果奖二等奖。

『春风化雨，以德育人』

作为一名研究生导师，王得丽老师数十年如一日，始终坚持"以生为本、以德育人"的教育理念,从研究生加入课题组,到课题开题、毕业论文修改直至最后的毕业答辩过程,她都亲力亲为,精心指导。2020 级硕士研究生朱江同学,由于课题难度大,曾对毕业感到焦虑。后来在谈及王得丽老师的指导时,朱江表示:"王老师非常有耐心,和我一起寻找毕业论文各章节中的联系,在毕业答辩前组织了多次演练,也是在王老师的帮助下,我才得以顺利毕业。"王得丽老师经常以自己的亲身经历提醒大家,要及时对个人每周、每月、每学期的研究进展进行总结。课题组自成立以来,一直坚持这一优秀的传统,学生也从中获益颇多。

● 图 1　王得丽老师指导学生实验

王得丽老师坚持每周召开研究生例会,了解学生的科研进展和日常生活状态,针对学生遇到的问题进行指导,用自身经验引导学生少走弯路,让学生的工作方向更明确。王得丽老师常常鼓励学生:"要广泛阅读文献和听取学术报告,参加国内外学术会议,敢于提问,向学术界专业人士学习,开阔自己的学术视野,拓展自己的科研思路。"在学术规范和学术道德方面,她严格要求学生实事求是地开展各项研究,杜绝投机取巧、弄虚作假等行为。鼓励学科交叉,鼓励不同课题组的学生相互交流,不局限在自己的小领域中。

王得丽老师也始终心系毕业学生的未来发展,比如 2023 届毕业生即将离开校园时,王得丽老师牵头组织了"材料所 2023 届毕业生交流会"和"材料所 2023 届毕业生欢送会"等活动,具体了解每一位学生的毕业去向,并对未来发展方向给出了自己的建议,鼓励他们勇敢地面对未来的生活。2023 届毕业生栗志展同学在活动结束后说道:"交流会活动给我留下了非常美好的回忆。借助这次活动,我又一次感受到了校园里浓郁的学习氛围和生活气息。老师们的建议也让我受益匪浅，更加坚定了我在走向工作岗位后奋发图强的决心。"

● 图 2 材料所 2023 届毕业生交流会合影

『言传身教，亦师亦友』

作为德育导师，王得丽老师经常参加学生党支部的组织生活，并在会上与学生沟通交流，为大家排忧解难。她鼓励大家坚持初心，明白读书的意义，将个人发展与国家未来紧密结合起来，以民族复兴为己任。

在工作中，她是指点迷津的科研导师。对于刚入学的"萌新"们，王得丽老师会亲自演示实验操作，讲解其中的要点，引导学生在学习工作中踏实走好每一步。比如，针对新生电化学基础薄弱的问题，王得丽老师特别开展"电化学数据重现实验"教学。她强调实验操作要规范，并针对电化学测试中出现的问题进行原因分析，教会学生发现、思考、解决相应问题。同时，她也注重培育学生的集体责任意识，为每一间实验室设定安全负责人，鼓励学生党员积极参与所在党支部的建设。

在生活中，她是关爱学生的知心朋友。她提醒学生既要在实验室认真工作，也要关注自身的身心健康，做到德智体美劳全面发展。课题组成员会共同参与师生趣味运动会，组织集体观影活动，在节假日开展厨艺比拼。丰富多彩的课题组活动充实了学生的课外生活。不仅如此，王得丽老师还会走近学生的生活，每个学期都走入学生宿舍，了解学生的生活情况，帮助他们更好地管理生活。在一件件小事中，她给予了学生很多温暖，让实验室真正成了"家"。

王得丽老师也不忘对学生进行思想引导，经常与学生谈心谈话，及时掌握学生的思想动态。2022级硕士研究生肖佩同学，在入学后感觉学习压力和心理压力较大，平时状态较差。王得丽老师发现这一情况后，与她进行了深入交流，帮助她做好科研学习规划等。肖佩同学表示，王老师的开导让她慢慢找到了学习的节奏，有效平衡了科研和生活。每学期末的总结会上，课题组成员都会进行批评与自我批评。在一次又一次的批评与自我批评中，学生逐步明确了自己存在的问题以及未来的努力方向，并在接下来的学期中进行针对性改进。

作为学院的研究生德育导师，王得丽老师还积极协助其他导师对学生进行思想指导、心理疏导、职业规划以及学术帮扶等。为缓解学生的科研压力，她多次组织党支部学生共同参与活动，加强不同课题组之间的交流。她与党支部学生一块儿晒太阳，聊心事，一起在操场上挥洒汗水。她在与学生的交谈中不断地鼓励大家，与学生共同面对困难，以身作则、率先垂范，获得了学生的喜爱与尊重。

王得丽老师以优秀的教学能力、开阔的胸怀视野和乐学善学的学习态度，始终站在学术发展的前沿。在王得丽老师的指导下，课题组成员之间建立了良好的联系，其乐融融，形成了互帮互助的良好氛围。在实验室成立十周年之际，毕业生及所有在读学生欢聚一堂，回忆实验室这一路走来的收获与坎坷，分享着彼此的见闻与收获。

● 图3　王得丽老师带领党支部成员开展户外拓展

张连斌：亦师亦友，至臻至善

— 导 师 简 介 —

张连斌 华中科技大学化学与化工学院教授，博士生导师，德育导师。2010 年于吉林大学获得理学博士学位，后在香港科技大学、阿卜杜拉国王科技大学从事博士后研究工作。现担任湖北省化学化工学会青年委员会委员、副秘书长，中国材料研究学会超材料分会青年理事。

张连斌老师主要从事超分子有序复合功能材料方面的研究，新冠疫情期间参与和承担 2 项华中科技大学新冠肺炎应急科技攻关专项科研项目，研发的医疗护目镜长效抑菌防雾剂应用于华中科技大学同济医学院附属协和医院隔离病房、皮肤科病房等，在长效防雾的同时进一步保护医务人员免受病菌侵害，得到了医护工作者的一致好评，相关成果也入选华中科技大学"抗击新冠疫情"专题展览。

『研学制度求创新，全过程管理成方圆』

制度化管理是科研团队塑造良好的团队生态、营造积极的创新创造氛围的重要保障。在结合课题组实际情况、充分听取组内师生建议的基础上，张连斌老师担任德育导师的团队实施了科学的全过程研究生管理制度：入学阶段，设立新生进组技能培训制度，在课题组内开展"党建＋学术科研起航"系列讲座，对研究生新生进行实验安全教育、文献检索阅读、实验基本操作等专项培训，帮助大家更快适应科研状态；设立研究生课题进展检查制度，在新生入学一学期后设置组内开题答辩，每年年中、年末开展组内课题进展汇报，毕业期限前一年对准毕业生进行中期检查，全过程检验研究生对专业知识的独立驾驭能力和研究能力；在实验室中，设立实验室安全巡查制度、落实值日生制度和仪器管理制度，为每一台仪器设置负责人，采用提前培训、线上预约制度，成员使用完毕后须拍照打卡以保证每台仪器的正常使用与安全；还设置了药品耗材购买制度，在尽量满足组内学生实验要求的前提下，仔细审查每一款实验药品和耗材的购买请求，确保每一笔经费都用在刀刃上。

『立脚点处求平等，于出头处谋自由』

在如何培养研究生方面，张连斌老师一直秉持因材施教、知行合一的教育理念。人像树木一样，要使他们尽量长上去，"立脚点上求平等，于出头处谋自由"。

何为立脚点上的平等？张连斌老师说："无论是什么领域的研究生，都需要你在某一个领域具有专门的知识，具有开展创新性工作的能力。"学生入学之初，课题组会把《国务院学位论文管理条例》给大家翻阅学习，打造求真务实的学术氛围。

何为出头处的自由？志趣所在，成事所在。张连斌老师鼓励学生去寻找自己感兴趣的领域，勇于探索、勇敢创新。当然，这种探索与创新并不是漫无目的的，横冲直撞的，而是推崇苦学力行，格物致知，以已知之昭昭公理探索未知之漫漫长途。从最初举办关于安全知识、文献索引、实验小技巧等的入门学习讲座，到后面带领学生们参加学术交流会议，张连斌老师始终鼓励学生走出去开阔视野。他总是希望学生能够学到系统性知识，看见更广阔的天地，做出更前沿的研究。

某研一同学在跟随张连斌老师外出参加学术会议后感慨道："作为研一新生，很荣幸能和老师一起去长春参加学术会议。我通过此次学术会议不仅了解到目前课题研究领域的最新研究动态，更重要的是，与层次更高的人进行交流，提升了我的学习能力和认知水平。"作为交叉学科研究人员中的佼佼者，张连斌老师特别注意培养学生的学科交叉能力，团队每年都会定期和附属同济医院、附属协和医院的相关团队召开联合组会，了解目前临床一线真正面临的问题，鼓励学生将科研兴趣与国家需求、社会需要结合起来。

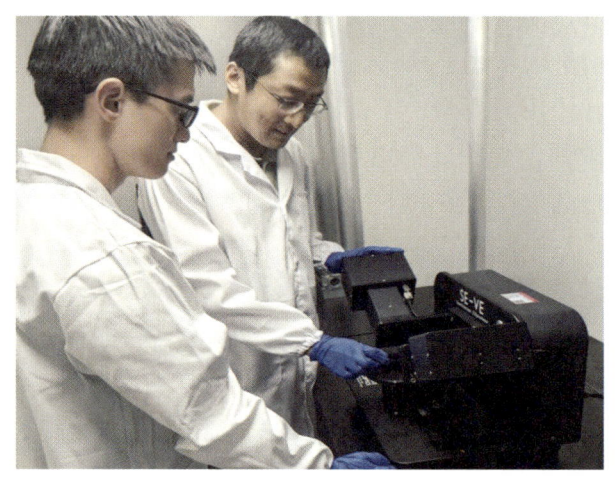

● 图1　张连斌老师带领研一新生学习新仪器的使用方法

『团建聚力助释压，朋辈帮扶解难题』

为师之道上，除了在学业上循循善诱、授业解惑之外，张连斌老师还非常关注学生的日常生活与心理健康，鼓励学生体验不同的人生经历，拥有丰富的校园生活。周末及科研闲暇之余，张连斌老师会组织师生篮球赛、足球赛，组织学生学习红色文化、参与红色实践活动等。这些活动不仅丰富了学生们的校园生活，帮助他们排遣日常学习和科研过程中的压力，还促进了师生之间的互动与合作，让大家更加紧密地团结在一起。某同学在团建活动结束后与朋友分享道："我们课题组氛围真的太好了，和师兄师姐们一起在团建活动中释放压力，放松心情，尤其是和老师一起烧烤玩游戏时，能感受到老师的亲切和蔼。"

读研过程就是一场漫长清苦的修行，上下求索中必然会有踟蹰不前、进退维谷的时刻。张连斌老师理解学生处于困境时的沮丧无力，对学生的心理问题非常重视，经常与学生进行深入的沟通和交流。张连斌老师说："有时候，同学可能不好意思表达出来的问题，我会采取朋辈帮扶的方式，与其他同学一起协助解决问题，同时鼓励开导情绪低落的学生直面问题，攻难克艰。"老师的鼓励与开导不仅是学生当下走出困境的驱动力，而且会成为他们日后弥足珍贵的记忆，在漫漫人生路上风雨再起的时候，为他们向暴风雨中走去提供勇气。"人生何适不艰难，赖是胸中万斛宽。"

图 2　团队党支部红色实践学习

　　循循善诱、甘为人梯是张连斌老师的真实写照。长期以来，张老师一直引导着团队学生坚定信念，做有本领、有担当的华科大化学人，以青春之我，勇担时代之责！

余龙江：牢记使命，做潜心培养生命学科高素质创新人才的实践者

— 导 师 简 介 —

余龙江　华中科技大学生命科学与技术学院二级教授，博士生导师。国家有突出贡献专家、国家高层次人才、国家教学名师、宝钢优秀教师奖获得者、全国模范教师。

余龙江教授从教 36 载，始终坚持育人为本，牢记立德树人使命，将育人贯穿整个教育教学和科研工作始终。主持获得国家教学成果奖二等奖 2 项和省级教学成果奖特等奖 1 项、一等奖 3 项，主持建设国家一流专业建设点、国家一流课程和国家级教学团队，主编有国家规划教材及国家精品教材。以第一作者或通讯作者身份发表 SCI 论文 140 余篇，出版著作和教材共 8 部，获发明专利授权 80 余项，多项科技成果实现产业化应用。主持获日内瓦国际发明展览会金奖、湖北省科技进步奖一等奖等，主持的科技帮扶项目获教育部直属高校精准扶贫精准脱贫十大典型项目、乡村振兴精准帮扶典型项目。指导学生获中国国际大学生创新大赛全国金奖 4 项，团队研究生党支部获全国高校"百个研究生样板党支部"称号。

『因材施教，润物无声，促进学生全面发展』

余老师是学生们心中的精神导师，他始终用自己特有的"金子"心态，发现学生身上的闪光点。"没有不好的学生，只有不同的学生。教师就是要

善于发掘学生身上的优点，因材施教，一步步引导学生思想上追求上进，进而带领他们不断走向优秀。"这是余老师一直强调并认真践行的重要教育观点。他鼓励学生树立远大志向，并矢志追求。他始终爱护所有学生，努力调动每位学生的积极性和创造性。"让优秀成为习惯"是余老师教育教学的文化内涵和精髓所在。他精心组织、悉心引导学生向优秀发展，通过实验室管理、定期总结等制度引导学生养成更自律、勤总结、多思考的习惯；通过设立"突出贡献奖""社会公益奖""显著进步奖""学习刻苦奖""最具人气奖""最具潜力奖"等奖项激励学生不断进步、不断突破、全面发展，在整个研究团队中营造了勇攀高峰、敢于担当的良好氛围。

● 图 1　余龙江教授

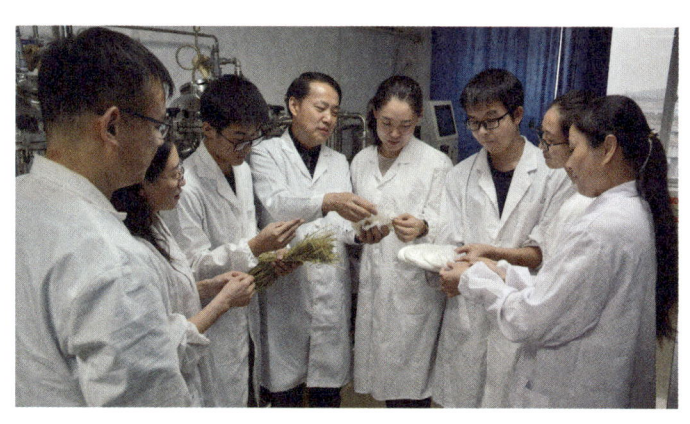

● 图 2　余老师指导课题组进行科研

"对待学生要宽严相济，在生活上要多关怀，但学习和科研上要严格要求，要培养他们探索科技前沿和解决实际问题的创新能力。"这是余老师指导学生的一贯要求。在学生的成长方面，除了抓实课题进度和定期开展组会讨论，他还充分利用碎片化时间与学生促膝交流，激发学生专业理想和人生追求。2020级博士生小李作为项目负责人参加了第八届中国国际大学生创新大赛，但他对竞赛的认识和经验明显不足。余老师对小李进行了细致耐心的指导，与他深入讨论项目内容，并精心指导修改项目 PPT 等材料。最终，小李与团队斩获国赛金奖。在此过程中，小李对创新创业和科技成果转化有了更清晰的认识，也更加深入理解了自己博士课题的意义和目标，更加坚定了科研报国的决心。

『立德树人，与时俱进，打造一流课堂和教育教学资源』

"教学是良心活，站好三尺讲台，既需要无私奉献精神，也要长期坚持。对学生有利的事情，就是再困难也要坚持。"在青年教师座谈会上，余老师如是说。这也正是其教育教学生涯的生动写照。

余老师注重深度思考教育信息化发展及其对学生学习方式的重要影响，积极开展教育信息化背景下培养模式、培养方案、课程体系、教学内容等方面的改革创新和数字化教学资源建设，积极探索信息化背景下"以学生成长发展为中心"的教学方式方法改革，在全国较早开展基于资源共享课程和慕课的翻转课堂教学和线上线下混合式教学。在教学过程中，他善于抓住重点，把握课程精髓，突出问题导向，不断提高学生的自主学习能力和创新思维能力。同学们纷纷表示："余老师的教学方式很新颖，不仅增强了我们的学习主动性，更重要的是帮助我们建立了将理论联系实际的学习习惯，对我们的创新思维和分析问题、解决问题能力的提高有很大帮助。"

同时，余老师站在学科和专业建设发展的高度，始终自觉从全局性、前沿性、战略性等角度进行谋划，有计划地推进教育教学改革和教学条件建设，承担了各级各类教改项目和实验基地建设项目，取得了显著成绩。他领衔建设了国家级教学团队、国家精品课程、资源共享课程及国家一流课程，国家规划教材和国家精品教材，国家虚拟仿真实验教学中心，国家特色专业和国家一流专业建设点，教育部虚拟教研室等，形成了以国家级教学名师、名团队、名课程、名教材、名基地和名专业等为支撑体系的一流教育教学条件，为培养生命学科高素质拔尖创新人才奠定了坚实基础。

● 图 3　余老师在国家教学名师大讲堂上作报告

『家国情怀，产教融合，服务脱贫攻坚和乡村振兴』

　　余老师带领团队在写好学术论文的同时，不忘肩上的时代重任。他带领团队成员深入云南省临沧市临翔区、湖北省咸宁市咸安区等多个贫困地区开展科技帮扶和乡村振兴，重振千亿产业。团队的科技成果不仅带动了当地产业发展，更为当地老百姓带来了实在的收益，得到了当地企业和村民的充分认可。"一年都能有两三万块钱（收入）""三年五载后我们绝对会把这条路打拼出来"，一句句朴实的话，一个个坚定的眼神，无不展示出当地企业和人民群众对科技助力产业脱贫的肯定。

　　余老师团队的相关项目获教育部第三届直属高校精准扶贫精准脱贫十大典型项目、第八届直属高校乡村振兴精准帮扶典型项目，科技帮扶事迹入选中组部、农业农村部组织的培训案例，得到央视新闻等主流媒体报道，助力学校获全国脱贫攻坚先进集体。

　　怀着对教育事业的热爱，秉持着强烈的责任感和使命感，余老师始终将为国家培养高素质拔尖创新人才作为一切工作的出发点和归宿，正如教师节时学生送给余老师的感激之语："育人无数，桃李满天下。师德高洁，美名传环宇。节节攀登，探科学前沿。好事成双，教研皆丰收。"余老师投

图 4 中央电视台新闻频道报道余老师在云南临沧临翔区开展科技扶贫工作

身教育事业,在高等教育一线默默耕耘,忠实履行教师天职,为党育人、为国育才,无愧自己的初心与使命!

李引：德育融科研，奉献铸精神

— 导 师 简 介 —

李引 华中科技大学生命科学与技术学院副教授，博士生导师、德育导师、本科教师班主任。2002—2013年在华中科技大学完成本科、硕士、博士阶段的学习，师从何光源教授、杨广笑教授，学习植物基因工程。2013—2020年赴美国罗格斯大学进行博士后研究，师从发明鸟枪测序法和获得沃尔夫农业奖的生物技术学家Joachim Messing院士，从事植物功能基因组学与代谢健康相关研究。2021年返回母校工作，近年来主持有国家自然科学基金面上项目、武汉市知识创新专项等，讲授"基因工程药物""基因工程原理""基因组学研究进展"和"植物蛋白质组学"等多门课程。

『回归母校，迎来身份责任新转变』

"时常会感觉自己还是一个学生，想和学生们打成一片，但也会提醒自己已经有了老师这个新的身份。"在被问到为什么担任研究生德育导师时，李老师笑着讲道："我还比较年轻，喜欢和学生们待在一起，担任德育导师可以更加深入了解学生们的学习和生活，引导大家积极面对生活和科研上的困难。"

● 图1　李引副教授

虽然是 2021 年的新进教师，但是李引老师对于母校华中科技大学的一草一木已是再熟悉不过。从 2002 年第一次来到华科，到 2013 年博士毕业，十余载光阴，喻家山脚下已经留下了他深深的足迹。不同的是，这次回归母校，李引是以硕士生、博士生导师的身份加入中英 HUST-RRes 基因工程和基因组学联合实验室，主管实验室的科研工作。李引老师将自己在国外深造多年取得的研究成果和经验方法带回了实验室，为实验室未来的发展开拓了新的道路。

『与时俱进，开辟实验室新风貌』

"我们实验室的冷库之前布置很混乱，也很拥挤，堆积了很多毕业学生留下的种质资源，清理起来很麻烦"。

"以前实验室在学院的安全卫生检查环节中表现一直不够好，李老师来了后亲自检查每周的卫生打扫情况，现在我们已经整改得很规范了，有个房间还成了学校的样板间。"

"李老师来实验室没多久就针对这些问题召开组会，制定了新的方案，亲自带领大家参与房间的整理和布置。"

谈到实验室的变化，同学们都感到很高兴。李引所在的中英联合实验室，是我国首个中英共建实验室，成立于 2000 年。由于建立时间较久远，过去存在着一些管理布局上的不合理。李引老师坦言："这些堆积已久的问题影响着学生们的正常科研。在带着同学们一起解决这些问题的过程中，我们拉近了彼此间的距离，我也感到很开心。"

● 图 3　李引带学生们整理实验室

『因材施教，营造学术新氛围』

李引加入实验室团队后，很快就熟悉了实验室内的各个课题方向，并根据不同的课题给出针对性的指导意见。这需要扎实的学术功底和渊博的科学知识。

"每次组会上，李老师都会给出准确的基因、蛋白名称，让我们阅读的文献也能给出准确的人名和期刊名，我真的太佩服他了。"同学们每每谈到李老师的悉心指导，都佩服得五体投地。同时，大家也感受到实验室的学术氛围日渐浓厚，大家在学业上有困惑、有迷茫，都会去找李引老师答疑解惑。

李引老师曾说："其实我很希望学生们能够主动来和我探讨学术问题，非常鼓励大家勇于创新，提出自己的想法。我只是给大家一个大方向的引导，具体怎么做，还要同学们自己去探索。"此外，他还会根据不同同学的能力特点和学科背景，给他们安排不同研究方向的课题，尽可能地挖掘他们的潜力。

李引老师常说，多听前沿的学术报告、参加学术会议是一件非常有意义的事情。"埋头苦干做实验固然重要，但同时要多看文献、多听讲座。"他时不时会在线上交流群中给大家分享一些学术报告的链接，线下有机会也会带同学们去参加学术会议。

● 图 4　李引为新同学介绍实验室

『躬身力行，探索思政融入科研新模式』

身为德育导师，李引老师很重视同学们的思想政治教育工作，不仅在平时的学习生活中以身作则，还会带大家开展一些有积极意义的活动。在2023 年的清明节，李引老师和生物科学系研究生第五支部齐聚青年园胡吉伟塑像前祭扫，重温胡吉伟事迹，传承胡吉伟精神，并作为德育导师进行总结讲话，希望同学们能以胡吉伟为榜样，以胡吉伟精神为动力。一是要乐于奉献，将奉献精神贯彻到科研与生活中。平时积极参与一些公益性活动，对待实验室日常维护与管理工作，要有主人翁意识和奉献精神。二是要不怕困难，敢于拼搏。在科研过程中有很多困难，就像挡在面前的大山，但其实只要翻过那座大山，就会有美好的未来。要迎着目标走，迎着困难上，攻克难题，突破自我。

　　此外，李引老师也会组织和参与同学们的文体活动，包括生命学院趣味运动会、东湖骑行、冬至包饺子、迎新晚会、实验室篮球赛等。李引老师谈到这些活动时表示自己非常鼓励和支持："这些健康积极的文体活动，可以缓解大家的科研压力，放松心情，我是非常提倡的。"

　　在科研指导示范中，李引老师更是身体力行。由于科研需要，实验室在东湖旁有一块试验田。无论春种还是秋收，李引老师都会和学生们一起"下地干活"。此外，李引老师每年都会前往海南植物繁殖基地去播种和取材。"从来没有看到过李老师倦怠的时候。"学生们常这样感叹。在被问到肩负双重使命是否会感觉到压力很大时，李引老师坦言，虽然会有些辛苦，但还是干劲十足。"看着学生们变得越来越好，将来成为社会的栋梁之材就是对我最大的鼓励。"李引老师说。

韦富香：良师启智友，聚力助发展

—— 导师简介 ——

韦富香　华中科技大学生命科学与技术学院副教授，博士生导师。主要研究领域为细胞生物力学，开发了高分辨单细胞力学研究平台，开发了可在胚胎发育过程中原位定量测量细胞硬度和牵引力的方法，在力学信号调控活细胞基因表达方面开展了系列开拓性研究。相关研究成果以第一作者或通讯作者（含共同）发表于 Science Robotics、Nature Materials、Nature Protocols、Nature Communications 等权威期刊。主持完成多项国家级或省部级项目。

韦富香老师 2021 年 7 月入职华中科技大学生命科学与技术学院，2021 年 9 月即被任命为生命科学与技术学院生物医学工程系研究生第三、第四党支部的德育导师。对于一名新教师而言，这是一个巨大的挑战，也是一个难得的锻炼机会。

『聚焦学生需求，给予针对性指导』

韦富香老师深入学生开展调研，积极参加研究生支部组织生活，并组织座谈会，结合自己在研究生阶段学习、工作的心得体会，对不同年级的学生给予了分类指导。

对于高年级的学生，韦富香老师鼓励他们合理设计平行实验，减小外部因素对实验的干扰。高年级的学生要积极、主动地向导师汇报自己的课题进展，加速推进课题研究。

对于低年级的学生，韦富香老师推荐他们从阅读文献入手，了解本领域及本课题组的最新进展，同时鼓励他们改变被动等待的心理，主动向高年级的同学请教相关的实验技能，争取能够在自己的课题中尽快上手。

对于中间年级段的学生，韦富香老师则侧重于引导他们做好未来发展规划。毕业后想要从事基层相关工作的，要提前确认岗位的相关需求，补齐定向选调硬性条件的短板；想到公司工作的，要积极与已经毕业的师兄、师姐联系，了解用人需求和选人策略，为找工作提前做好准备；对于想要继续从事科研的同

图 1　韦富香副教授

学，则要耐心做好课题，积极与导师沟通，争取发表好的成果，为自身未来的发展奠定基础。2022 级硕士生黄雨轩谈及组织生活时说道："韦老师利用参加我们支部组织生活的机会，为我们提供了一个更为亲近的沟通平台。在交流的过程中，韦老师注重个体差异，充分考虑我们的不同学科背景和研究方向，提出了有针对性的建议。"

图 2　韦富香老师在实验室与学生交流

『立足课程思政，打造高品质课堂』

习近平总书记强调，"要用好课堂教学这个主渠道"，"其他各门课都要守好一段渠、种好责任田，使各类课程与思想政治理论课同向同行，形成协同效应"。作为德育导师，韦富香老师不仅在参与学生活动中做好学业指导，更在课堂教学主渠道上开展课程育人工作。韦富香老师主攻的生物力学是生物医学工程的一个重要分支。在此之前，生命科学与技术学院没有开设生物力学相关的课程。针对这一情况，韦富香老师在入职之后，与陈俊威教授共同开设了"力学生物学与生物力医学"的研究生课程，为大家讲解生物力学的发展历史、里程碑式的关键成果以及近年来的一些重要发现。韦富香老师积极挖掘课程思政元素，在课程中着重展示华人科学家在推进学科发展及科研进展的重要作用。例如，韦富香老师介绍了现代生物力学的开创者著名华人科学家冯元桢先生在生物力学领域的三大重要贡献，引入了钱煦、毛昭宪等著名华人学者的故事，帮助同学们树立崇高的民族自豪感。韦富香老师还以国内生物力学及力学生物学的发展历史为导入，着重介绍了我校生物工程系创始人王君健、院友汪宁教授以及一众华人科学家做出的前沿成果，让学生们对校史和院史有了更深刻的认识。韦富香老师还帮助同学们在深入了解学科历史的基础上，激发科研兴趣，提升民族自信。参与课程的博士生表示："在课程中，韦富香老师从生物力学的发展史出发，结合现代生物力学的开创人冯元桢和我校生物力学的创始人王君健教授的事迹，向我们展示了一代又一代生物力学学者为提高现代医学预防疾病水平、降低医疗费用做出的贡献，让我感到十分自豪。同时课程内容全面丰富，对自己的科研也提供了很多可以借鉴的思路。"

『关注融入日常，及时处理突发事件』

除了做好自己对口支部的工作，在遇到突发事件时韦富香老师也挺身而出，主动应对。2022 年 11 月的一个晚上，韦富香老师吃完晚饭后在办公室加班，忽然听到对面传来剧烈的咳嗽声，同时还听到走廊里有人在慌张地跑动，韦富香老师第一时间赶到现场，了解到是一名男生在吃药时药片卡在了气道里，难以呼吸。面对这个情况，韦老师及时组织学生联系学院辅导员、120 急救以及学生导师，开展海姆立克急救法，最终该同学及时被送到校外的医院进行治疗，并脱离了危险。

谈及担任德育导师的感想时，韦富香老师表示："我担任研究生德育导师的时间也不长，在与学生的接触中发现，只要你把学生的事情放在心上，愿意与学生平等地交流，设身处地地为他们着想，学生们都会向你敞开心扉。很多问题在大家的坦诚交流之下都能获得很好的解决。我们年轻人作为德育导师，不需要把自己放在导师的位置上，而是应该把自己放在朋辈引领的位置上，这样才能发挥更大的作用。"

朱圆敏：言传身教，与学生共成长

|　|　|　|　|　|　|　|　|　|　|　|　|　|　|　|

— 导师简介 —

朱圆敏　女，博士，华中科技大学生命科学与技术学院德育导师、资源生物学与生物技术团队核心技术骨干，系统开展了发酵食品生产技术创新、品质调控机制及健康产品开发相关工作。她牢记青年肩上的时代重任，一直努力践行"写好学术论文，把科技成果写在祖国大地上"的理念，主持和参加多项国家自然科学基金项目、国家863计划项目、国家重点研发计划以及国家科技扶贫专项等项目。发表学术论文15篇，获授权专利12项，以核心成员参与的多项成果实现了产业化应用，科技帮扶成果两次获评教育部精准扶贫、乡村振兴典型项目。个人荣获华中科技大学"青年五四奖章"称号。

『言传身教，立德树人』

青年作为新时代奋斗者，应将自身发展同国家需求和社会进步紧密结合，朱圆敏老师从自身做起，积极响应党和政府的号召，利用专业优势，积极投身云南临沧科技扶贫和乡村振兴工作。

2016年底，学校开启蚂蚁堆村科技扶贫项目，刚刚博士毕业的朱圆敏老师就加入团队。一年之中，最长的有三分之二的时间驻扎在厂区一线，一待就是 8 年。朱圆敏老师始终坚守岗位，带领学生和工人克服各种困难，创新了熟茶纯净可控发酵技术体系。

● 图 1　朱圆敏

离开了繁华的城市和熟悉的校园环境，长期待在闭塞的山村里做科研，实验条件艰苦，山中交通不便，材料配套不足，驻扎在临翔的同学们心理上和情绪上或多或少出现了波动。面对这种情况，朱圆敏老师把关怀做到平时，经常和同学们交流沟通，带领同学们去茶山走访农户，通过与农户之间的交流，了解农户的期待；同时结合自己的科研、家庭和心路历程现身说法，使同学们更深刻感受项目的意义和青年人身上的使命。在她的带动下，同学们自己动手做耗材，跑遍全城买试剂，1500 公里的辗转往返，700 个日夜的技术攻关，40 多度高温的发酵观测，几百公斤茶叶的反复试验……终于推进技术创新，助力脱贫攻坚和乡村振兴，得到教育部重点推介。

朱圆敏老师在一线的长期坚持和努力，也给同学们树立了榜样，让大家学会如何迎接挑战、克服困难，努力把自身所学用于生产一线，创造价值。让朱圆敏老师感到欣慰的是，参与项目的两个学生不仅收获了爱情，而且选择了继续攻读博士学位，把助力脱贫攻坚和乡村振兴当成自己的事业去做。

● 图 2　朱圆敏老师带领学生在临沧市临翔区开展实验

朱圆敏老师一心扎根在大山里面做科研，培养出了一批在磨练中成长起来的，具有远大理想和家国情怀的优秀学生。2020年，脱贫攻坚战已取得决定性胜利，乡村振兴的新征程也已经开启，朱圆敏老师仍带领团队继续坚守，为云南茶产业的发展不断奋进！

『结合专业，精准指导』

作为一名德育导师，朱圆敏老师从学生的角度出发，定期组织课题研讨会，时刻关注学生的科研进度，并给予针对性的指导。

朱圆敏老师注重科研指导，引导同学们提升综合科研素养。针对个别科研进度缓慢的同学，她一对一交流，认真分析原因，共同寻找解决问题的方案。在指导学生科研课题的过程中，她细致地帮助研究生申请华中科技大学创新研究院技术创新基金和研究生创新创业基金项目。从项目课题的选择、申请书的撰写，到研究方案的设计等，她都与同学们一起打磨，显著提升了研究生开展科研的积极性和主动性。

朱圆敏老师聚焦能力培养，指导学生参加"双创"等各类赛事，以赛促学。她关注学生综合能力的提升，参与指导"林下赋能，道地药材健康产业助力乡村振兴"项目，构建了高通量优良种质筛选平台和亚健康适应症的健康产品研发平台，服务道地药材种植与精深加工企业，支持山区林下特色资源产业做大做强，促进农民增收。获评第八届中国国际"互联网＋"大学生创新创业大赛"青年红色筑梦之旅"赛道金奖。参与指导的"赴云南临沧开展现代生物技术赋能乡村振兴暑期社会实践"项目团队获评湖北省优秀实践团队。

『深入学生，共同成长』

"朱姐，你有时间吗，我想跟你聊聊我的课题。"

"朱姐，我最近有点烦，干什么事情都提不起精神可咋整？"

"朱姐，你是怎样兼顾工作和生活的，太难了，我要向你学习。"

"朱姐，告诉你个好消息，我的工作已经签啦！"

无论是生活还是工作中的事情，大家都可以去跟"朱姐"聊，虽然朱圆敏老师已经是实验室的老师，但仍然有很多同学称她为朱姐。她也乐于同学们叫她朱姐，觉得这样一个称呼拉近了彼此间的距离，也能够更好地深入学生、帮助学生。

在科研工作之余，她组织带领同学们参加"生命嘉年华""趣味运动会""师生羽毛球赛"等各种活动。在植树节之际，她还带领研究生第二党支部全体党员在学院东侧生命小农园开展"浓情雷锋月·相约小农园"劳动实践活动。朱圆敏老师始终坚持"言传身教，与学生共成长"的理念，她是同学们科研路上的"领路人"，也是同学们生活中的"知心人"。

● 图 3　朱圆敏老师带领学生参加生命嘉年华活动

第二部分

工学专业育人故事

李新宇：智能制造履致远，立德树人育英才

— 导师简介 —

李新宇 华中科技大学机械科学与工程学院教授、副院长，国家级人才项目入选者，主持多项国家级重点项目。其围绕智能制造系统运行优化理论、方法与软件不断创新，获得教育部高等学校科学研究优秀成果奖自然科学一等奖 2 项、中国仿真学会创新技术奖一等奖 1 项。

李新宇老师秉持"以学生为中心"的育人理念，将立德树人贯穿于教书育人和科学研究的全过程。他 3 次担任本科生班主任，长期指导启明学院机械创新基地本科生"运筹与优化"团队，指导学生获 40 余项国家级竞赛奖励，其中金奖、特等奖、一等奖共 15 项。他曾获国家级教学成果奖一等奖和二等奖、校"三育人奖"、校"十佳青年教工"、校"青年五四奖章"等荣誉。

『科研攻坚：聚焦前沿，服务需求』

围绕"勇攀学术高峰、解决实际问题"的核心理念，李新宇老师与团队长期从事智能制造系统领域的科研工作，针对智能制造系统调度优化的前沿问题，提出了系列创新理论与方法，取得了教育部高等学校科学研究优秀成果奖自然科学一等奖等系列成果。

李新宇老师带领团队聚焦行业共性技术难题，主持开发了智能车间分析与调度算法引擎及相关软件，相关成果成功应用于航空、航天、航海、

汽车等领域的骨干企业。他与航天科技、中船、中物院、华为、小米等科研院所和企业深度合作，创造了显著的社会经济效益，获得中国仿真学会创新技术奖一等奖1项。

为了积极响应习近平总书记"中小企业能办大事"的号召，他与广州明珞装备等合作研发的柔性生产解决方案，已应用于10余家单位，并入选工信部智能制造系统解决方案揭榜挂帅项目，获中国产学研合作创新奖。

● 图1　李新宇老师在办公室工作

『教育创新：党建为魂，实践赋能』

身为制造装备数字化国家工程研究中心教师党支部书记，李新宇老师高度重视党建工作，以身作则强化支部建设，推动支部成功入选全国高校"双带头人"教师党支部书记"强国行"专项行动团队。同时，他担任博士生第三党支部党建导师，借助主题党日与日常交流契机，激励学生兼顾科研发展与思想成长，将个人理想紧密融入国家发展大局。他定期讲授党课，厚植学生爱国情怀，弘扬科研报国精神，传承中华优秀传统文化，培育学生民族自信，激励学生勇攀科研高峰、争当国际同行领军者。在其指导下，该支部荣获首届"湖北省研究生样板党支部"称号。

李新宇老师在团队学生中推行"项目驱动式"教学法，紧密结合企业实际需求确定学生研究方向。他鼓励学生在本科阶段就投身解决实际问题，通过项目实践全方位提升综合能力。"李老师总是能将枯燥的理论知识与鲜活的实践项目完美结合。"团队成员小桂回忆起一次项目经历时感慨道。当时，他们负责设计一家集成制造商的调度算法。由于问题约束特别复杂，在国际上还没有成功的先例，李新宇老师带领学生和厂方反复研讨到深夜，确定研究思路。在算法开发阶段，面对一次次失败，李老师不断鼓励学生们："每一次失败都让我们离成功更近一步。"在他的带领下，团队成员夜以继日地钻研，最终研发出了期待中的软件，提升了生产效率。那一刻，学生们深刻体会到科研的价值，也明白了李老师所说的"从实践中来，到实践中去"的真正含义。李老师还指导学生获得中国国际大学生创新大赛主赛道金奖 1 项、产业命题赛道银奖 1 项，"挑战杯""揭榜挂帅"专项赛全国特等奖 1 项，中国研究生数学建模大赛一等奖 3 项等。

● 图 2　李新宇老师和竞赛团队

『育人情怀：关爱守护，兴趣引导』

李新宇老师治学严谨，修改学生论文时字斟句酌，连标点符号都不放过。有一次，一名学生的论文被拒稿，李老师亲自帮助分析数据，教学生改进方法。学生回忆道："那段时间，我和老师在实验室待到凌晨，他那严谨的态度和耐心的指导，让我明白了科学研究的真正意义。"李老师不仅对学生严格要求，自己更以身作则。同学们 11 点多离开实验室时，常常能看到他办公室灯火通明。同学们临走时才发出的邮件，也往往能立即得到李老师的回复。

李新宇老师深知每个学生都有独特的潜力和兴趣，因此他全力支持学生的个性化发展。在他看来，只要学生完成了科研训练，具备了独立科研能力，就可以根据自己的志向和特长选择不同的发展道路。他常常鼓励学生们："国家的未来需要你们在各个领域发光发热，去国家重大需求和关键领域就业，是科研人的使命和担当。"

在他的引导下，学生们的选择呈现出多元化的趋势。有的学生凭借扎实的专业知识和科研能力继续深造，多人入选博士后创新计划、中国科协青年人才托举工程等；有的学生进入国防科工院所，为解决关键技术难题贡献自己的力量；还有学生选择成为选调生，扎根基层，将所学知识应用于乡村振兴、社会治理等实践中，为国家的基层建设添砖加瓦；也有不少学生进入大型企业工作，将科研成果转化为实际生产力，推动企业的技术创新和产业升级。

图 3　李新宇老师和同事、学生交流

在过往成果的基础上，李新宇老师心中又多了一份深沉的思考与宏大的愿景。面对全球智能制造领域日益激烈的竞争，他思索着如何带领整个团队实现转型升级，精准把握行业发展的每一次脉搏跳动，持续创新科研理念与方法，优化教育教学模式，让团队始终屹立于国际前沿阵地。他深知培养拔尖创新人才责任重大，矢志不渝地探索新路径、构建新体系，致力于为学生打造更具国际视野、更富创新活力、更能激发潜能的成长环境，为实现制造强国的伟大梦想奠定坚实的人才基石。

赵欢：凝心聚力，化雨育才

— 导 师 简 介 —

赵欢 华中科技大学机械科学与工程学院教授、博士生导师，国家人才计划入选者、省部级人才计划入选者、华中科技大学十佳青年教工。在国内外学术期刊或国际会议发表论文 80 余篇，授权国家发明专利 67 项。先后主持国家自然科学基金项目等 10 余项，获得 2022 年机械工业科学技术奖技术发明特等奖、2018 年江苏省科学技术一等奖、2019 年《机械工程学报》第三届高影响力论文奖、中国科协第六届优秀论文等奖项。曾担任华中科技大学机械制造及其自动化专业 1606 班教师班主任，2017—2018 年连续两年被评为"校优秀教师班主任"，获评国家级教学成果二等奖、华中科技大学教学质量优秀奖一等奖、校教学竞赛一等奖等。参与撰写的教材《机器人学：建模、控制与视觉》获得全国优秀教材一等奖、第五届中国出版政府奖。指导 iRobotCNC 团队本科生获得"校优秀本科毕业设计论文"3 次，指导研究生获得 2020 年 IROS 会议云机器人挑战赛全球冠军、2018 年和 2019 年世界机器人大会共融机器人挑战赛双臂协作组冠军、2021 年第七届中国国际"互联网＋"大学生创新创业大赛全国总决赛银奖等奖励。担任智能制造装备与技术全国重点实验室副主任、教工党支部书记，党支部入选"全国首批党建工作样板支部"。

『党旗领航，以身为范』

赵欢老师秉持"党旗领航、师德为先、凝聚师生、辐射共建"的理念，在"一核心两融合三规范"的工作体制机制下，围绕"七个有力"开展支部工作，推动实验室在教学、科研等方面不断迈上新台阶。他遵循党建、组织和活动规范，有效促进了学术和教育事业发展，所在党支部获批全国首批党建工作样板支部。

赵欢老师不仅注重教工党建工作，也持续关注课题组学生党员的成长与发展。他将教工党支部与学生党支部的工作紧密结合，创新了党建工作模式，他将党建活动与科研教学活动相融合，很好地提升了师生间的沟通和协作水平。赵欢老师组织开展了一系列主题鲜明、形式多样的党建活动，如科技馆参观、科研成果展、前沿学术讲座和师生互动研讨会等。这些活动不仅在师生之间搭建了沟通桥梁，还增强了学生对科研和党建工作的热情。同时，赵欢老师鼓励并指导团队研究生担任党支部书记和德育助理等学生骨干角色。在他的影响和指导下，团队已有 6 名研究生担任过学生党支部书记，他们共 4 次获评研究生党员标兵和校十佳研究生党支书。

图 1　智能制造装备与技术全国重点实验室教工党支部、机械研究生党支部、本科团支部前往辛亥革命博物馆参观学习

『需求牵引，攻坚克难』

赵欢老师带领团队师生，面向国家重大战略需求，在航空航天领域不断突破关键技术，解决了诸多重要问题。他主持和参与了多项国家级和省市级重要科研项目，包括国家自然科学基金重大项目、国家重点研发计划

课题和子任务、武汉市"卡脖子"技术重大专项课题等。"从工程中来，到工程中去"是赵欢老师常挂在嘴边的一句话。在项目支持下，他在机器人加工与装配、医疗手术机器人技术等领域发表重要论文 80 余篇，被引用超1000 次。他还授权相关国家发明专利 67 项，其中 3 项成果实现技术转让，推动了相关技术的产业化应用。通过与企业合作，他的多项研究成果应用于航空发动机、航天飞行器等方面的实际生产中，提升了其中关键零部件的智能制造水平。

他的相关成果多次获得重要奖项，如 2022 年机械工业科学技术奖（技术发明奖）特等奖、2019 年《机械工程学报》第三届高影响力论文奖、2018 年江苏省科学技术一等奖、2015 年上海市优秀博士论文奖等。

◎ 图 2 风电叶片多机器磨抛系统与航发叶片机器人磨抛装备

『文化培育，凝心聚力』

赵欢老师不仅在学术上取得了优异的成绩，还特别注重团队文化建设。他主导设计了本科班级的班徽、班服和班训，组织种植班级树，营造了独特的班级文化氛围。他创立的"月报制度"、茶话会、生日会等，建立了师生之间的长效沟通机制。这些活动不仅丰富了学生的学习生活，还培养了他们健康向上的心理状态。在充满凝聚力的班级文化的激发下，大家认真学习、积极实践，多次获得国家奖学金、国家励志奖学金、校三好学生、优秀学生干部、自强奖学金等。班级也获得了华中科技大学优良学风班、黄群班等集体荣誉称号。

在科研团队里，赵欢老师很关心学生的身心健康，每次组会都会叮嘱大家要吃好、注意营养。对于家庭困难的学生，赵欢老师会提高他们的补助金额，并且为没有分到宿舍的学生提供租房补贴等，消除学生的后顾之忧。在赵欢老师的组织下，团队建立了队委会机制，设计了团队 logo、文化衫等，学生自己负责日常研究生的管理与服务工作。为了大家的身心健康，赵欢老师经常鼓励学生多出去走一走，多参加体育锻炼，并且组织团队开展每周羽毛球日、年度春游秋游等活动。

赵欢老师不仅是学生学术上的引路人，更是学生生活中的好朋友。这种亦师亦友的关系，让大家感受到了他真挚的关怀，也更加珍惜彼此在一起的时光。在这种团队文化的影响下，赵欢老师塑造了一个又一个独具特色的集体，培养了一批又一批优秀的学生。

『因材施教，化雨育才』

赵欢老师先后担任机械 1606 班和本硕博 2201 班的教师班主任，两个班级 49 名学生中有 30 人获得研究生推免资格。他开创了月报交流机制，通过定期交流，关心学生们的成长和进步。同时，他组织建立了本科生与学院实验室学习交流平台，学生在大一学年就可以进入实验室开展工作。他还组织班级学生开展"国重开放日"系列活动，向学院本科生介绍实验室研究进展与方向，在实践中加深对科研的理解，帮助本科生培养科学思维，锤炼科研技能。因此，赵欢老师曾多次获得"校优秀教师班主任""我最喜爱的教师班主任"等称号。

在指导研究生的过程中，赵欢教授注重培养大家发现问题、解决问题的能力，强调实践和理论相结合，让学生在项目中不断提升自我。学生在赵欢老师的指导下不断探索，勇于创新，发表了系列高水平期刊论文，曾获得 IEEE ARM 2018 国际会议最佳学生论文奖、ICIRA 国际会议最佳论文 Finalist 奖等。他所指导的 iRobotCNC 团队还积极参加科创比赛，获得 2020 年 IROS 会议云机器人挑战赛全球冠军、2018 年和 2019 年世界机器人大会共融机器人挑战赛双臂协作组冠军，以及 2021 年第七届中国国际"互联网＋"大赛全国银奖等。团队目前已毕业 45 名硕博研究生，前往重点高校、中国航发、中航工业、中船重工、华为和大疆等企业单位工作，为国家重大装备和前沿技术制造输送了大量优秀人才。

● 图 3　iRobotCNC 团队师生合影

　　赵欢老师在学科建设方面也在持续深耕，长期开展机器人方向的科研与教学工作。他参与编写的教材《机器人：建模、控制与视觉》获得了全国优秀教材奖一等奖和中国出版政府奖，参与的教学成果项目获得了湖北省高等学校教学成果奖一等奖。他主讲的"机械设计"课程被评为国家级一流本科课程，"机器人学"课程入选教育部首批虚拟教研室建设试点课程。随着学院在"共融机器人""医疗机器人"和"机器人化智能制造"等方面形成较为雄厚的师资队伍和完备的教学环境，赵欢老师组织申报了机器人工程本科专业，并成功获批，该专业已开始招生。

　　"桃李不言，下自成蹊。"在赵欢老师的悉心培养下，众多学子如同晨曦中的露珠，在科研与创新的舞台上闪烁着光芒。赵欢老师的教导，如春风拂面，润物无声，激励着每一位学生不断探索，勇攀高峰，启迪他们在知识的海洋中扬帆远航。他不仅是一位严谨治学的学者，还是一位温暖人心的导师。他的每一句教诲、每一次鼓励，都如涓涓细流，浸润着学生们的心田，激发着他们的潜力。他以卓越的学识和高尚的品德，谱写了一曲曲动人的育才之歌。

郭新：固态先锋，育英筑梦

— 导 师 简 介 —

郭新　华中科技大学材料科学与工程学院教授，主要研究方向为固态离子学。曾在德国马普固体研究所、于利希研究中心工作十余年。迄今主持、参与多项国家重点研发项目，在国内外主流学术会议及国内外著名高校和研究机构作过 80 余场大会报告，在 *Science*、*Nature Communications*、*Advanced Materials* 等学术期刊发表论文 160 余篇，授权发明专利 40 余项。

『深耕学科，引领能源创新潮』

郭新老师在华中理工大学（现华中科技大学）博士期间便开始了氧离子导体的研究，25 岁完成博士学位论文并在德国工作 14 年，潜心于固体材料中离子传导的研究。2012 年回到华中科技大学材料科学与工程学院创建"固态离子学实验室"，在固态电池领域开展研究工作，发展了三类固体电解质材料——氧化物陶瓷、氧化物-聚合物复合固体电解质、聚合物基固体电解质，设计并成功合成了两类新型固体电解质材料——$LiTaSiO_5$、MOF 衍生固体电解质。郭新老师还做了更进一步的研究，利用原位固态化技术创制了一系列高性能的固态软包电池。

图 1　郭新

经过 10 余年的积淀，郭新老师终于在固态电池研究方面实现突破，从实验室研究跨越到了中试研究。这些丰硕的科研成果和扎实的多学科合作积累为锂电池的发展奠定了坚实的基础。

● 图 2　郭新教授在中试产线做技术指导

『为国育才，创新精神铸未来』

育人之道，立志为始。郭新老师在对学生的指导中总是强调学术道德的重要性，积极培养学生的爱国情怀和责任担当。同时，郭新老师也一直在身体力行，在祖国最需要他的时候毅然回国。他积极投身于爱国主义教育活动，带领学生参观辛亥革命博物馆，为课题组学生讲解中国共产党的奋斗史。

为提升学生的科研热情，激发学生的创新精神，郭新老师鼓励学生勇于探索前沿科学问题，积极参加创新大赛。其博士生多人聚焦车用固态锂电池应用的关键科学问题，参加了厦门市主办的"苏颂杯"未来产业技术创新赛。郭新老师一遍又一遍地指导修改参赛 PPT，帮助团队在初赛、复赛和决赛三轮角逐后，最终获得大赛三等奖。

"零下 50 ℃也能正常运行"，郭新老师团队研发的低温固态电池得到国际知名期刊 *Nature Communications* 的报道，该工作由李卓博士和郁睿硕士共同完成。他们在研究过程中发现，添加剂的选择对电池低温性能极其

● 图3　郭新老师带领学生参加挑战赛

关键。他们要对100多种潜在添加剂进行尝试，但是这种办法极为耗时，甚至让他们萌生了退意。在实验进展的困难时期，郭新老师用他敏捷的思维告诉学生：寻找材料的共性，借助高通量筛选技术预计可迅速、准确地确定所需材料，能达到事半功倍的效果。经讨论确定研究方案的可行性之后，他们最终研发出了一款准固态低温锂金属电池。

『桃李芬芳，行人无求自成行』

在学生职业规划方面，郭新教授也是不遗余力地指导和帮助学生，如悉心为学生写推荐信、指导学生掌握面试技巧等。他激励学生"我命由我

● 图4　学生给郭新老师的
教师节手工贺卡

不由天"，充分发挥学生的主观能动性。当学生面对选择很犹豫时，他结合自身经历提供宝贵建议，鼓励学生"走出去看看，到祖国最需要的地方去"。同时，郭新老师营造了和谐温馨的团队氛围，带领学生参加集体活动，如东湖骑行、南武当滑雪等，进一步增强与学生的交流，有效缓解了学生的科研压力。

每年教师节，实验室学生都会一起制作手工贺卡送给郭新老师，并送上真挚祝福。课题组还有个传统，就是由师弟师妹给毕业的师兄师姐制

作"学位帽"——这不仅缓解了毕业生答辩时紧张的情绪，同时也为他们留下了难忘的回忆。实验室里的一句句祝福、一张张照片、一声声牵挂，定格了温暖人心的瞬间。郭新老师温润如玉的性格与不遗余力的付出为学生的科研道路点亮了明灯，引领他们在未来道路上砥砺前行。

『产学研融合，助力锂电新突围』

"做电池研究，符合逻辑的目的就是做出有实用价值的电池。"郭新老师在对学生的指导中总是强调学术研究应与实际应用相结合，提醒学生研究的意义和价值。电池研究发展逻辑是从应用基础研究到应用研究，再到产业化，整个进程是按照这种方式发展的。在基础研究领域，郭新老师的团队发展了两类新型固体电解质材料，同时开发了宽温域聚合物基固态电池，并申报了专利，拥有了完全自主知识产权的固态电池的核心材料，促进了锂电池的发展。同时，郭新老师将基础研究领域的突破转化为应用研究领域的革新，实现了产学研的深入融合。

在固态电池领域，郭新老师一直秉持着开发"高性能电池"的信念，坚持创新驱动，勇于探索未知领域；敢于直面挑战，致力于解决电池安全甚至国家能源安全的问题。他参与并推动了我国锂电突围，为"电动中国"的梦想奠定了基础。

罗小兵：育才之道，传热于心

| | | | | | | | | | | | | |

─ 导师简介 ─

罗小兵 华中科技大学能源与动力工程学院院长，中欧能源学院中方院长，教授，博士生导师，国家杰出青年科学基金获得者，享受国务院政府特殊津贴。研究方向为极端热管理设计及器件，光电器件封装（LED 及量子点），微泵。

罗小兵老师在华中科技大学（原华中理工大学）获得学士和硕士学位，在清华大学获得博士学位，随后在韩国三星总部工作，2005 年底回国在华中科技大学工作至今。先后获得 2021 年 IEEE 电子封装协会最佳副编辑，2020 年宝钢优秀教师特等奖提名奖，2018 年国家教学成果奖二等奖（排名 2），2016 年 IEEE 封装协会杰出技术成就奖（IEEE CPMT Exceptional Technical Achievement Award），2016 年国家技术发明二等奖（排名 2），2015 年湖北省自然科学一等奖（排名 1）等。

罗小兵老师以第一作者或者通讯作者身份发表 SCI 检索论文 187 篇，第一发明人授权中国发明专利 59 项，美国专利 11 项，其中 20 项实现现金转让。出版英文专著 2 部，中文专著 1 部。成功研制首款微型水力悬浮泵和超薄微泵、高温测井仪骨架等，并实施了产业转化和销售。

『 "热传导"：十年传承铸微泵 』

"从工程中来，到工程中去"，这是罗小兵老师常常挂在嘴边的一句话。在当今电子器件日益小型化和高功率化的大背景下，散热问题已然成为我们工程应用中的一大难题。罗小兵老师深知，要想真正贴近工程实际需求，就必须攻克液冷主动散热核心部件——微泵的技术壁垒。

● 图 1　罗小兵老师

但研发之路，何尝容易？如何让微泵体积更小、效率更高？又如何在持续使用中减少磨损，延长微泵的使用寿命？这些问题，像无形的山，日日夜夜压在罗小兵老师和他的学生们的心头。几十次的实验失败，让团队成员备感压力，甚至有人开始怀疑，这条路是否真的走得通。邢冠英，作为团队中的骨干，也曾陷入迷茫，考虑过是否应该放弃。但每当这时，罗小平老师总是以他那平和而坚定的语气鼓励他们："心态要调整好，我们慢慢来。不要急功近利，要沉下心来做科研。"这不仅是罗小兵老师对学生的教诲，更是对他自己科研生涯的真实写照。

记得有一次，罗小兵老师在做学术报告时，有学生问及他成功的秘诀。他微笑着回应："我不敢说我有多聪明，但我很勤奋。"他经常提醒学生，要做好一件事，必须多投入时间，他也常分享自己在清华大学跟随过增元院士读博的经历。在那段艰苦岁月里，他曾有过两年半的时间都睡在实验室。这种对科研的全身心投入，为他的学生树立了榜样。回首往昔，罗小兵老师坦言，自己几乎没有过真正的周末，因为对他来说，每一天都是对科研的热爱与追求的见证。这份深情厚谊，如同星火，点燃了每一位学生心中的科研之火。

正是在罗小兵老师的悉心指导和不懈鼓励下，团队历经十年的反复尝试和创新，终于建立了高速旋转部件在流体中的精准运动模型，揭示了水力与电磁力之间复杂的耦合悬浮机制，进而成功研发出国际首款微型水力悬浮泵和超薄微泵，为高温热管理系统提供了核心技术支持。超薄微泵技术，更是以高达 500 万元的价格转让给了华为终端有限公司。

『 "热对流"：四海汇智阔视野 』

罗小兵老师深知，科研思想的碰撞是创新的源泉，尤其是在国际交流中，文化差异常能带来意想不到的创新灵感。因此，他经常邀请国外知名高校的专家们来到课题组交流。在与国外专家的面对面交流中，学生们接触到了许多新的研究方法和思路，这些宝贵的经验可以帮助他们解决束手无策的难题，为他们的后续科研工作注入了新的活力。

● 图 2　课题组成员与东京大学 Junichiro Shiomi 教授团队交流

罗小兵老师还积极鼓励学生走出国门，去更广阔的世界探索未知。学生程焱华就是其中一个例子。他在罗老师的支持下，前往美国普渡大学进行为期两年的访学交流。回国后，他感慨万千："是罗老师给了我这次宝贵的出国学习机会，让我在国外接触到了许多前沿的科研理念和技术。这段经历不仅丰富了我的知识体系，更增强了我对科研的热情和信心。我对自己的博士生涯充满了信心！"

不仅如此，罗小兵老师的实验室也向来自五湖四海的学子们敞开。曾有一位来自埃塞俄比亚的留学生 Bin，在罗老师的指导下完成了博士学业。他深情地回忆道："罗老师是我人生中的指路明灯。他在学术上给予我悉心的指导，在生活中也给予我无微不至的关怀。在华科大的那段时光，是我求学生涯中最美好、最难忘的回忆。"如今，Bin 已经回到祖国，成为一名公立学校的教师，用自己的知识和智慧为建设家乡贡献力量。

在罗小兵老师的引领下，国际交流如同热对流一般，在课题组内外流淌着，促进了科学研究的进步，也拓宽了学生们的视野。这种开放、包容的学术氛围，正是罗小兵老师科研团队不断取得新突破的重要秘诀。

『"热辐射"：情意相通得教益』

罗小兵老师不仅是学生学术路上的引路人，更是他们生活中的贴心人。他总是强调："人生成功的标志，是人健康地活着。"这句话深深烙印在每个学生的心中。每次组会，罗小兵老师总会不厌其烦地叮嘱："要吃好，每天多吃几个鸡蛋，把身体搞好。"这种无微不至的关怀让学生备感温暖。当有学生反映食堂吃饭费用高，每月的补助难以应付时，罗小兵老师二话不说，立刻提高补助金额，确保学生吃得饱、吃得好。

● 图 3 罗小兵老师与课题组同学进行篮球比赛后的合影

除了饮食，罗老师还特别注重学生的体育锻炼。他经常组织篮球比赛，和学生一起在球场上挥汗如雨，享受运动的快乐。

在新冠疫情期间，罗小兵老师对学生更是关怀备至。他每天都会询问学生们的身体状况，有没有哪里不舒服。他的关爱像热辐射一样，无声无息中温暖着学生的心。逢年过节，罗小兵老师还会和学生一起包水饺，组内其乐融融，充满了家的温馨。这种亦师亦友的关系，让每个学生都感受到罗小兵老师的真挚关怀，也让学生更加珍惜在课题组的每一天。

『"热积累"：深耕细作育英才』

在罗小兵老师的精心指导下，课题组成员学术成果丰硕，在 *Nature Communications*、*Science Advances* 等世界顶级期刊上发表了多篇高水平论文，并在各类赛事中屡获殊荣，充分展现了罗小兵老师深厚的育人功底和课题组成员的才华与刻苦。

至今，罗小兵老师的课题组已经培养出 68 名优秀毕业生。其中 29 人凭借在课题组积累的专业知识和实践经验，入职华为、大疆、英伟达等国内外知名企业，成为行业中的佼佼者。另有 8 人选择进入高校任教，为培养新一代人才贡献力量。还有 8 人则进入央企研究所，为国家的科研事业添砖加瓦。许多毕业生在工程热物理领域已经发展成为中坚力量，为行业的进步做出了突出贡献。

图 4　罗小兵老师与 2023 届毕业生和实验室学生合影留念

在罗小兵老师的引领下，一代又一代的优秀学子如同繁星般闪耀在科研与工程的天空。他的教诲与关怀，如春风般拂荡着学子的心胸，激励他们勇往直前，追求卓越，为社会的进步贡献自己的力量。

胡松：激荡后浪，培育全才

— 导 师 简 介 —

胡松 华中科技大学中欧清洁与可再生能源学院科研中心主任，教授、博士生导师，华中学者。2005 年获德国洪堡基金资助前往拜罗伊特大学工作。2013 年入选教育部新世纪优秀人才支持计划，同年获得湖北省杰出青年科学基金资助。主要从事生物质热反应机理及新型应用技术、传统化石能源高效洁净反应机理及应用技术、多种可再生能源资源化利用方面的研究。共发表 SCI 论文 150 余篇，出版论著 2 套（共 7 本），授权发明专利 26 项。获国家科学技术进步奖二等奖两项（2019 年、2014 年）、湖北省科技进步奖一等奖一项（2018 年）。

一位优秀的导师需要扮演多重角色，洁净燃烧理论与技术研究所的胡松教授便是如此。在科研上，胡松老师是学生们的榜样和引路人，他致力于将学生培养成具有国际化视野和独创性思维的高素质、复合型人才。在生活中，他是学生们的朋友，积极投入对学生综合素质的培养中，真正设身处地地替学生着想。他不仅关注学生的学术成就，还注重培养学生的品格和社交能力，让学生们在擅长的领域绽放出美丽的花朵，为社会做出积极的贡献。

『奔涌向前，激荡后浪』

发表 SCI 论文 150 余篇，出版论著 2 套（共 7 本），授权发明专利 26 项……一项项科研成果无不印证着胡松老师在学术领域的卓越贡献。但同时，他也不忘激荡后浪，在研究领域内推动中青年学者形成接续向前之势。他指导学生获国家奖学金 5 人次、创新创业项目资助 4 人次、国际会议优秀论文奖 5 人次、校三好学生 12 人次、半年以上留学深造 12 人次。

胡松老师非常注重科研环境的打造，长期致力于为团队学生创造整洁度高、安全性强、仪器设备配置到位的实验条件，全方位、多角度地支持学生的科学研究活动。实验室按国际化标准全新装修，各个房间均安装有空调和安全装置。所有实验房间的台架设备等均划分专用位置固定摆放，并在实验室内摆放绿植、设置文化墙，美化实验室整体环境。实验室专门设有学生个人物品柜，各个房间均配有通风橱等通风设备。

学生们表示，在胡松老师的课题组里，最大的感受是组内学术氛围浓厚，实验设施齐全。胡松老师将学生分为几个小组，每个小组一般由一位博士后、一两位博士以及一两位硕士组成，小组成员的科研方向各有不同，有助于各个方向的交叉学习。课题组内部设立例会制度，要求每位同学在组会上介绍课题进度，讨论所遇难题，共谋解决方案。胡松老师同大家共同探讨科研问题，并耐心地为学生指点迷津。

● 图 1 胡松老师和中外师生开展课题组科研汇报

『放眼国际，交流互鉴』

除了以组会制度加强内部交流之外，胡松老师还致力于打造国际化研究平台，鼓励学生加强国际交流。目前已有 10 余名毕业生赴英国、日本、澳大利亚、法国、丹麦、新加坡等国家继续进行博士、博士后研究工作。一位毕业生回忆，在自己仍然对未来充满迷茫的时候，胡松老师及时注意到他的情况，积极与他沟通，提出了很多切实可行的建议，并帮助他申请国外博士学位。该学生由衷感慨："胡老师一直都很关心我们的科研和生活，虽然他平时很忙，但一有机会就会找我们聊天，积极了解学生动态，解决学生难题。正是因为胡老师一直以来的鼓励和帮助，我才更有信心申请国外学位，有机会接触更广阔的世界。"正是胡松老师这朴实无华的关爱，如春雨润万物般滋润着学生茁壮成长。

此外，胡松老师还积极招收国际学生，促进国内外学子的相互交流和学习。截至2023年5月，已有来自马来西亚、波兰、巴西、埃及和喀麦隆等多国的留学生加入胡松老师的研究团队求学深造，团队内国际文化氛围十分浓厚。来自尼日利亚的Abdulmajid Abdullahi Shagali被胡松老师团队的学术氛围和科研环境深深吸引，于2021年中欧能源学院硕士毕业后，毅然加入胡松教授的团队继续攻读博士学位。此外，马来西亚的Syed博士和泰国的Chaiwat博士均获科技部"亚非杰出青年科学家来华工作计划"项目资助，作为访问学者来研究所交流。两位外籍老师交流期间为学生开展英文论文写作培训，多次参加国际会议并在生物质热利用领域积极展开各项合作，为团队学生提升写作能力、开拓研究思路做出了贡献。

● 图 2　胡松老师和牛津夏令营的学生

『亦师亦友，引路明灯』

胡松老师曾获华中科技大学首届"知心导师"称号。谈及对胡松老师的印象，组内学生都认为，胡老师是一位严师，但更像朋友。细致入微的指导，总让胡松老师的学生备感幸福。他的学生任强强说："胡老师生活上比较随和，但对于学生的科研工作非常上心，在实验方案确定之初会先帮助学生理清思路，把握好大方向。在撰写的过程中甚至会逐字逐句帮助学生修改，并反复讨论细节。"

在科研之余，胡松老师的课题组也有很多丰富多彩的课余活动。胡老师的学生李若辰介绍道："胡老师很关注组内学生的身体健康，在和组内同学聊天时经常会提醒大家不要长时间坐在工位，要经常起身活动。"胡松老师在课题组内部不定期组织集体活动，希望在科研之余丰富大家的文化生活，增强集体凝聚力。

张嘉琳同学感慨道："胡老师的课题组真的是一个温暖的大家庭，在这个大家庭里经常会发生很多暖心的事情。"让她记忆最深的一次，是 3 月 7 日当天，课题组为女生们准备了专属礼物，胡老师亲自为她们送上了祝福。

"绿野堂开占物华，路人指道令公家。令公桃李满天下，何用堂前更种花。"作为一名优秀的研究生导师，胡松老师不仅将丰富的学术知识传授给学生们，还善于因材施教，帮助学生全方位成人成才。在他的悉心指导下，一批批优秀学子顺利毕业，成长为有理想、有知识、敢担当的栋梁之材。

王琳：以师者之光，照亮筑梦之路

| | | | | | | | | | | | |

— 导 师 简 介 —

王琳　华中科技大学航空航天学院副院长，教授，博士生导师，国家杰出青年科学基金项目获得者，主要从事力学学科的教育教学和科学研究工作，曾获得中国力学学会全国徐芝纶力学优秀教师奖、湖北十佳师德标兵、湖北省高等学校教学成果奖一等奖、湖北省自然科学奖一等奖、华中科技大学青年五四奖章等奖励和荣誉。兼任 *Computer Modeling in Engineering and Sciences*（CMES）副编辑、*Acta Mechanica Solida Sinica* 青年编委、《动力学与控制学报》编委、中国力学学会理事等。主持国家自然科学基金项目多项，合作出版学术专著《输液管动力学分析和控制》，以第一作者及通讯作者在国内外知名期刊上发表学术论文 100 余篇，被引用 4000 余次，连续四年入选爱思唯尔中国高被引学者榜单。

『潜心教研，打造有温度有高度的课堂』

自 2006 年毕业留校从教至今，王琳扎根一线教研工作，与工作团队持续探索创新人才培养体系，不断强化本科专业建设和研究生培养路径，推动人才培养高质量发展。

在课堂教学中，他探索"力学启迪思维、力学激发创造"的课堂理念，以"知识为基、能力为本、思维为翼、素养为魂"为教学原则，将学科前沿、工程需求和思政元素等有机融合，多方位开展课堂教学改革和课程思政建设，致力于打造出集"高阶性、创新性、挑战度"于一体的高质量课

● 图 1 王琳老师

堂。他从教材、课程、实践和平台四个方面组织实施了"高度、新度、广度、维度"的"四度驱动"教学体系，致力于打造出有温度、有高度的一流本科课程。这样的课堂教学模式和内容设计深受学生喜爱，教学质量持续提升，相关研究成果获得第九届湖北省高等学校教学成果奖一等奖（排名第 4），王琳本人也荣获中国力学学会全国徐芝纶力学优秀教师奖、华中科技大学青年教师教学竞赛一等奖。

王琳老师非常重视研究生学位点的建设，他和工作团队提出了力学研究生的"高、精、尖"培养定位，建设了以"高水平教学团队、高水平中外导师团队、高水平国际化课程群、国防特色大情怀实践平台"等为特色的研究生教育资源，形成了以"专业理论学习、学术前沿探索、工程项目实战"为要素的三段式研究生培养路径。相关研究成果获得 2021 年华中科技大学研究生教育成果奖一等奖（排名第 1）。

● 图 2 王琳老师作为材料力学课程负责人组织"慕课西行"教学活动

『深耕育人，引导学生健康成长成才』

王琳曾担任工程力学专业 2014 级和机械大类 2020 级本科生教师班主任，他关心学生的发展，积极参加学生活动，为学生提供全方位指导。他深入学生群体，在新生破冰活动、班会、篮球比赛、毕业晚会上，都能看到他的身影。他坚持为本科生提供"三向"（学习方向、思想动向以及发展导向）指导，深受学生爱戴，他也因此获得校"优秀教师班主任"荣誉称号。

在各项教育教学活动中，王琳都很注重融入思政教育和力学文化，他经常研读中国力学教育和中国力学发展史相关资料，以"著名力学家之故事、空天报国之情怀、数学力学之美妙"等多种方式传播力学优秀文化，以此激发学生刻苦钻研、勇于担当、甘于奉献的精神。

王琳热心公共服务，不仅自己积极参加各类志愿活动，而且经常鼓励学生走出实验室参加社会公益活动，如参加"爱在夕阳"社区活动、"材缘书香"图书服务、前沿科技进附小、老干部文艺汇演、SIFE公益帮扶等活动。他所指导的学生曾获市"见义勇为公民"称号。

● 图3　王琳老师给研究生作学风建设讲座

『言传身教，诠释立德树人力量』

王琳先后指导博士生7人、硕士生10余人，他从思想引领、制度规范、人文关怀、文化氛围等视角营造出"宽严相济"的研学环境。他会根据学生志趣和知识储备帮助学生做好学业规划，经常与学生推心置腹地交谈，实时掌握学生思想和学习动态，所指导的学生在学业科研、学生工作上都获得了长足发展。他治学严谨、态度谦逊、热爱学生的人格魅力，深受课题组研究生的尊重和喜爱。

国家奖学金获得者张岚斌博士回忆道："王老师一丝不苟，多次因修改我的博士学位论文而工作到深夜，王老师这种师者如舟、率先垂范的科学精神值得我一生学习。"校三好研究生标兵陈伟博士也提到，自己每次在凌晨给王琳老师发消息汇报科研进展时，他都能在几分钟后收到回复和建议。王琳老师经常工作到深夜，却时常叮嘱学生要注意劳逸结合。"如果让我给王老师画一个像的话，那就是不弃草昧、诲人不倦、严于律己、宽待他人。"

● 图4 王琳老师与研究生毕业合影

徐鹏：坚守育人初心，耕耘密码天地

ǀ ǀ ǀ ǀ ǀ ǀ ǀ ǀ ǀ ǀ ǀ ǀ ǀ ǀ

— 导师简介 —

徐鹏　华中科技大学网络空间安全学院教授，长期从事密码科研与教学，发表高水平论文 50 余篇，获得国际发明专利授权 2 项、国内发明专利授权 23 项，出版专著《云数据安全》等，主持国家重点研发计划课题、国家自然科学基金等国家与省部级项目 10 项，入选 2021 年度高校计算机专业优秀教师奖励计划，获 2021 年中国电子学会科技进步奖、2018—2019 年中国密码学会优秀青年奖、ACISP 2017 最佳论文奖、第十五届湖北省自然科学优秀学术论文奖，担任全国密码专业学位研究生教育指导委员会委员、湖北省商用密码协会副会长等。多次指导学生在竞赛中获奖，其中包括第十七届"挑战杯"全国大学生课外科技作品竞赛"揭榜挂帅"专项赛全国特等奖。

『臻于至善，坚守初心钻研学术』

"我的老师曾跟我说过这样一句话：'与其花时间去写一篇一般的论文，不如好好地去写一篇很好的论文。'实际上做这两件事情耗费的时间差异并不大，但是花同样的时间，前者的长期收益远远比后者低，所以我现在对学生也是同样的要求。"网络空间安全学院密码与智能安全团队负责人徐鹏老师说道。在做科研时，徐鹏老师要求学生一定要杜绝"短平快"思想，花几年时间沉下心来去研究一个问题，也许最后不一定能做出来，但是不能心浮气躁地去追求多发文章。

在徐鹏老师看来，密码学是一门科学性强、严谨性强的学科，在现代社会的应用也非常广泛。从理论上说，完全可以用纯密码学手段去构造一套完整的计算通信系统。除此之外，设计一套完整的密态数据库，也是世界各国和行业前沿十分关注的一大课题，目前仍有许多技术难题亟待解决。发展至今，密码学不再是简单意义上的加密解密或是签名认证，它可以适应五花八门的功能需求，应用前景非常广阔。比如，为了保证我们在某App中登记的个人信息不被泄露，就需要利用密码服务、密码基础设施等相关软硬件进行协同保护。

作为密码与智能安全团队负责人，徐鹏老师关心社会现实，追随前沿动向，带领团队围绕密码学开展深入研究。近年来，团队的主要研究方向是可搜索加密和全同态加密。在全同态加密方向上，团队从系统角度研究全同态加密的加速问题，即如何快速实现全同态加密以及相应的任务。

『以德育人，循循善诱领航成长』

徐鹏老师在研究思路上注重"授人以渔"。谈起在团队做科研的感受时，徐鹏老师组里的"大师兄"陈天阳说道："在徐老师组里做科研，让我最为感动的是，徐老师会在组会上带我们一起研读论文、理解论文，为我们解释论文中涉及的概念和原理，从问题的本质出发，类比现实世界中的事物，帮助我们理解论文内容。渐渐地，我们也从这个过程中学到了许多严谨科学的知识，拥有了抽丝剥茧分析问题的能力。这为我们之后阅读学术前沿论文，理解他人科研思路提供了非常大的帮助。"

理解他人科研思路不仅是做科研的基本功，更是培养自主创新意识、产出创新性成果的原动力。文献阅读重复性很强，而徐鹏老师的指导得以让大家吃透文献，进而将其内化为自己的研究方法。组里的学生常常说，这是真正的"师傅领进门"。

在密码与智能安全团队，培养学生并助力他们成长并不局限于科研领域，徐鹏老师对学生的影响可以说是全方位的。徐鹏老师认为："在攀登学术高峰的过程中，只有与更多人结伴而行，多多沟通，常常交流，才能够取得长久稳定的进步。"因此，在育人过程中，他十分关注学生综合素质的提高，通过日常科研探讨与定期团建交流，让学生了解自己综合素质方面的不足，比如待人接物上是否宽容大度，是否积极关心国家大事、心系社会发展。科研工作之余，徐鹏老师常常与学生们交流谈心，为学生答疑解惑，实验室的氛围健康、积极而活泼。

● 图 1 徐鹏老师与学生合影

『以身为范，探索之路保驾护航』

作为一位优秀的学术导师，徐鹏老师悉心保护着学生的创新火花，并尽最大力量"添一把柴"。2021 年，保研至徐鹏团队中的大四学生徐婉颖看到了第十七届"挑战杯"全国大学生课外科技作品竞赛"揭榜挂帅"专项赛的报名通知。比赛规则要求参赛者研发一款抵抗量子计算冲击的量子安全应用。对于徐婉颖来说，这个比赛充满了挑战，她立即向徐鹏老师咨询，并得到了大力支持。在徐鹏老师的帮助下，徐婉颖迅速创建了一支团队，利用三个月时间不断测试和优化，最终研发出一款性能优异的后量子安全的邮件系统 PSMail。在比赛中，PSMail 表现出色，荣获"'矛''盾'交锋——抵抗量子计算冲击的量子安全应用"赛道特等奖。

徐鹏老师回忆道："参加挑战杯时，团队进行了连续 3～4 个月密集的讨论与开发工作。在这个过程中，学生们也会质疑工作的意义，质疑既定

● 图 2 徐鹏老师与团队学生研讨工作

的技术路线，质疑目标最后能否实现。"作为团队的指导老师，他一方面在技术和理论上给予充分的帮助，另一方面不断给学生鼓劲加油，用自己的信心感染学生，让学生能够信心满满地去做。最后，团队学生付出的辛苦和努力也收获了很好的结果。

　　作为一名坚守育人初心的青年教师，作为一名在密码学领域辛勤耕耘的科研工作者，徐鹏老师用这样一句话总结自己的工作：开一座山，铺一条路，架一座桥，种一棵树。不求功名利禄，但求问心无愧，这便是一个教育工作者的真实心声。

李珍：研学相伴，塑造网安人才

— 导 师 简 介 —

　　李珍　华中科技大学网络空间安全学院副教授、博士生导师，华中科技大学工学博士，美国得克萨斯大学圣安东尼奥分校博士后。主要研究领域为软件安全和人工智能安全，具体研究开源软件漏洞分析与检测、漏洞验证与修复、软件供应链安全、代码大模型安全等方面。在系统安全和软件工程领域发表论文 30 余篇，获得国家发明专利授权 9 项，主持国家自然科学基金项目 2 项、华为公司技术合作项目 1 项，参与国家重点研发计划、国家自然科学基金通用联合重点项目多项，出版《软件安全》教材 1 部，获得 2021 年度湖北省科技进步奖一等奖、2021 年度中国电子学会科技进步奖二等奖、第十五届全国大学生信息安全竞赛作品赛优秀指导教师奖等，指导学生获得全国大学生信息安全竞赛一等奖、中国研究生网络安全创新大赛二等奖等。

『思想引领，品德先行』

　　高校的立身之本在于培养人才，作为华中科技大学网络空间安全学院系统与软件安全团队的研究生德育导师，李珍坚持将立德树人贯穿于教学、科研、实践的过程中，努力培养德智体美劳全面发展的高素质拔尖创新人才。李珍在教导研究生方面始终秉持以人为本的教育理念，注重研究生的品行和价值引导，重视研究生的身心健康，经常与研究生沟通交流，鼓励他们心怀"国之大者"，主动担当作为，以解决国家重大需求和实际难题为己任，努力进取，不负青春。

李珍紧密围绕党史学习教育，组织开展系列教育讲座、党史知识竞赛等，引领团队研究生积极向党组织靠拢，在实学实干中实现青春梦想。她带领系统与软件安全团队研究生党支部获得了 2023 年湖北省高校"研究生样板党支部"，带领系统与软件安全团队荣获 2023 年湖北青年五四奖章集体。团队研究生获评国家奖学金、优秀研究生干部、三好研究生、优秀共青团员等荣誉称号 100 余项。

● 图 1　系统与软件安全团队荣获 2023 年湖北青年五四奖章集体

『学术引领，言传身教』

李珍在团队科研攻关上勇挑重担，担任关键环节负责人，在开源软件漏洞分析与检测、漏洞验证与修复、软件供应链安全、代码大模型安全等方面开展了深入研究。她热爱科研工作，用自己对科研的热情感染身边的研究生。她经常和学生围绕科研问题进行交流，鼓励大家保持好奇心，培养敏锐的洞察力，在研究生阶段突破自我，取得进步。她鼓励学生们把握做科研的节奏："科研需要马拉松一般的耐力，同样也需要速度，这种速度不仅仅是简单地求快，而是当战线拉得很长时，当最初的激情退却时，知道怎样把自己从沉睡与舒适中唤醒，维持好预期的节奏。"

作为"过来人"，李珍对在研究生期间可能出现的迷茫、焦虑等情绪感同身受。由于研究生缺乏相关社会经验，而家长和导师往往由于所处环境和立场不同难以理解研究生的状态和提供有效建议。李珍作为团队的德育导师，在团队中架起了沟通、倾诉的桥梁，不少研究生主动向她倾诉学习科研和人际交往中的困惑。李珍带着学生的信任，耐心梳理出现问题的原因，给出可行的建议。如团队的刘同学在研一即将结束时，由于在科研上进展不顺，而且与指导老师的沟通存在问题，于是找到李珍倾诉。李珍后来与他多次交流，通过反思自己的科研经历来鼓励他积极尝试拆除与指导老师之间的障碍，并定期询问他的情况，最终解决了这一难题。

● 图 2　李珍与研究生在实验室机房探讨科研问题

『校企合作，产教融合』

在教学方面，李珍负责"操作系统原理"和"软件安全"等课程的教学工作。她在教学过程中始终保持着严谨的工作作风和强烈的责任心，热爱和关心每一位同学。她积极推进校企合作课程，将华为公司企业导师引入操作系统原理教学课堂，讲解国产 OpenHarmony 操作系统的原理与实践，鼓励学生将理论与实践相结合。她带领学生参与到 OpenHarmony 安全委员会组织的代码安全与安全工程技术交流中，面向华为公司的实际需求深挖亟须解决的问题。此外，李珍还带领团队研究生深度参与组织网安基地国际学术论坛、网安基地大讲堂、青年科学家论坛等一批在国内外具有影响力的学术盛会。

　　李珍还积极带领团队研究生参与中船重工、华为、烽火通信等十余家国内知名企业的校企合作项目，解决例如支付宝第三方恶意包供应链后门检测等技术难题，帮助企业提升利润超过 13 亿元。除此之外，李珍还带领同学深入企业，将知识应用于实践。她指导学生主持蔚来公司创新资助计划项目，开展程序静态分析中减少漏报/降低误报率技术研究。在 2023 年武汉网络安全创新论坛网络安全教育技术产业融合创新成果交流会上，她作为学校导师和企业导师共同针对研究生汇报的项目进展，讨论技术问题，推进项目开展，培育了网络安全教育技术产业融合发展的良性生态。

　　李珍用师者的热忱和真心，引领着学生成长成才，使学生既具备过硬的本领，又具有深厚的社会责任感，用实际行动践行着立德树人的重要使命。

代玥玥：助力科研，关怀成长

— 导师简介 —

代玥玥　华中科技大学网络空间安全学院副教授，中国通信学会高级会员，CCF 服务计算专委会执行委员。主要研究领域为区块链、边缘计算与数字孪生。累计发表高水平论文 30 余篇，入选 ESI 高被引论文 7 篇、ESI 热点论文 2 篇（1 篇一作），授权发明专利 4 项（美国专利 1 项）。曾获中国电子教育学会 2020 年度优秀博士学位论文、电子科技大学优秀博士学位论文、IEEE ICCT 国际会议最佳论文等奖项。作为一名年轻教师，代玥玥在科研上深入工作，取得了一系列原创性学术成果；在生活上，她悉心关怀学生，陪伴学生一路成长。

『科研引路：卓越的科研能力和饱满的工作热情』

代玥玥老师以她渊博的学识和热情的工作态度，深深影响着学生们。在学术方面，每当提起代老师，学生们都很感谢她在学术上的谆谆教诲。一位硕士三年级的学生这样分享道："代老师总是说，如果有什么需要帮助的，随时可以找她约时间讨论问题。在我论文开题和进行的过程中，她给了我许多宝贵的建议，我在与老师的讨论中获益良多。"在与学生的交流中，代老师从自己的经验出发，帮助学生开阔思路，指明下一步的研究方向。她渊博的学问和深刻的见解，为学生的学业发展提供了许多帮助。

代玥玥老师始终怀着对科研的热爱，这样的精神无形中感染着她的学生。代老师入驻网安基地后，承担着科研、教学和管理等多项工作，但她仍将对科研的热情传递给学生们，主动提出每周开展交流活动，即每周日由不同组的学生分享自己的研究成果和生活情况，一方面拓宽科研视野、分享最新经验，另一方面增进同学间、师生间的交流和友谊。

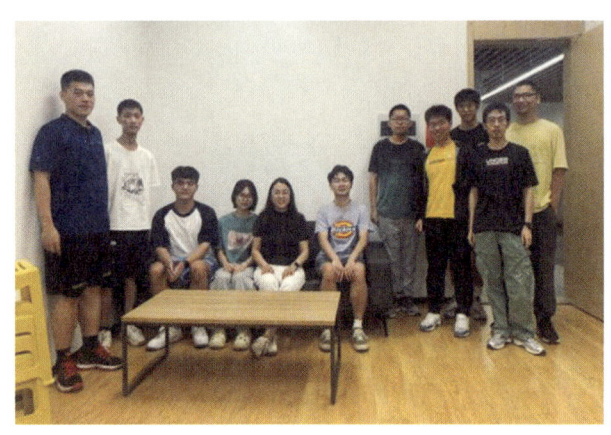

● 图 1 课题组学生参与组会分享

代玥玥老师不仅是帮助学生解决科研中的技术难题，还注重培育学生的科研精神。她鼓励学生们克服科研中的困难，指引他们在学术道路上稳步前行。学生们在她的支持和关怀下，信心倍增，取得了丰富的科研成果。某硕士三年级学生这样分享了他眼中的代老师："代老师在教学科研工作中时刻保持积极、认真的工作态度。她关心每一位小组成员的科研进展，认真听取我们的工作汇报，并针对我们遇到的困难给出建议。即使遇到自己

● 图 2 代玥玥老师与学生探讨科研难题

解决不了的问题，代老师也会积极请教他人，尽快帮助学生解决困难。"某博士二年级学生分享了代老师帮助他的经历："代老师为我推荐了一个有研究价值的方向，并在毕业设计过程中给予耐心细致的指导。代老师鼓励我不断探索，取得科研成果，对我的科研和学习产生了深远的影响。"代老师以她的渊博学识和积极态度，在多个领域赢得了学生的崇敬和尊重。

『治学风采：严谨的治学态度和独到的学术见解』

代玥玥老师作为学生的科研引路人，不仅致力于提升学生的科研水平，更注重对学生治学态度的培养。她投入大量时间和精力确保学生能够得到细致有效的开题、中期考核和论文写作指导。她注重选题的创新性、可行性、重要性和可持续性，以确保学生能够顺利完成研究任务。一位硕士三年级学生谈道："即使工作再忙，代老师也抽出时间多次为我们在线下指导开题工作。她从选题、内容、答辩PPT的制作方式以及答辩时需要注意的问题等方面都提出了细致的指导意见，让我们顺利地完成了开题工作。在最近的中期考核中，代老师还为我们撰写材料和制作答辩PPT提供了宝贵建议。"

代玥玥老师很注重引导学生形成规范和严谨的治学态度，特别是在论文写作方面。她不仅提供有益的建议，还鼓励学生思考深刻的问题，在学术创新和学术规范方面高标准严格要求自己。一位博士二年级学生表示，代老师在学术方面的卓越见解和一丝不苟的治学态度对他的学术生涯产生了深远的影响："在代老师的引导下，我逐渐形成了规范、严谨的治学态度。最初写论文时，由于我缺乏足够的经验，耗费了代老师的大量精力。代老师从科研难题、解决方案的核心设计到实验证明等方面提出了许多有益的建议，使我的论文规范得到了进一步提升。此外，代老师每次都会提出问题激发学生的思考。她的精益求精的态度在学术写作中也得到体现。她不仅纠正了我的语法错误，还提出了许多让论文更加清晰和有逻辑的建议。"代玥玥老师严谨的治学态度不仅教会学生们如何应对复杂问题，而且激励着学生更加注重细节，保持对研究的高标准要求。

代玥玥老师的治学态度同样体现在研究项目中，她教导学生在科研工作中不能忽视任何细微的错误。一位硕士三年级学生受到代老师的启发后分享道："代老师的严谨治学态度始终是我们学术团队的榜样。一次，我们在研究项目中遇到了一个非常复杂的数据分析问题，需要整合多个领域的数据才能得出有意义的结果。代老师严谨验证每一步的数据，确保没有任何潜在的错误。她对待每一个数据点都非常细心，甚至发现了我们之前忽略的一个微小的错误。导师的严谨态度让我们明白在科研工作中不能有丝毫马虎。"

图3 代玥玥老师对学生们的科研工作提出严谨、细致的建议

『育人楷模：循循善诱的德育教导和悉心的关怀』

代玥玥老师不仅在科研、治学方面获得了学生的一致认可，而且在德育教导和关怀方面对学生的影响也广泛而深远。

代玥玥老师常常关怀学生的身心健康。一位硕士三年级学生分享了自己遭遇学术抵触情绪和学业困难的经历。代玥玥老师敏锐地察觉到了他的问题，通过深入了解他的困境，分享自己年轻时的类似经历和解决方法，重新激发了学生对科研的信心。学生表示："代老师给予我充分的时间和空间来调整心态，这种真诚让我感受到导师的人文关怀。"

此外，在学生生病和面临生活问题时，代玥玥老师也会给予学生充分的体贴和关怀。学生说："代老师的关心问候总是让人很暖心，她总是耐心倾听我诉说烦心事，提供可行的建议，让我感受到老师的关爱。"代玥玥老师的持续关怀帮助学生克服了生活中的挑战，为学生带来了满满的安全感和幸福感。

代玥玥老师还以实际行动教育学生要有强烈的责任感和信念感。一位博士三年级学生分享了让他记忆深刻的搬迁校区一事："代老师主动联系学院说明学生搬迁的困难，并协调学院调度车辆帮助学生完成搬迁。由于学生到达基地后不熟悉科研地点，因此代老师代表实验室积极与学院沟通，按照学生的科研方向和人数为学生申请适宜的科研实验室，营造舒适的科研环境。同时，当入住学生的住宿面临问题时，也是代老师与学院沟通，为没有宿舍的学生提供安全舒适的居住环境。"代老师时刻心系学生，在点点滴滴的小事中给予学生温暖。

另一位硕士三年级学生分享了他在学术上遇到的困难，以及代老师提供的支持和鼓励。他说："我曾经遇到一道学术难题，困扰了我很长时间。我向导师寻求帮助时，她没有直接提供答案，而是选择与我共同研究，启发我去找到解决方法。她以一种循循善诱的方式引导我，不仅帮助我克服了难题，还培养了我解决问题的能力。"代玥玥老师还十分关注学生的身心健康。"导师还注意到我的工作压力和学术压力可能会对我的健康产生负面影响，建议我在工作之余多参加体育活动，保持身心健康，鼓励我与同学一起参加户外运动，以放松身心。这让我感到她不仅关注我的学术表现，还关心我的整体幸福指数。"

科研引路、严谨治学、循循善诱，代玥玥老师以师者之心，助学生成长成才；以充满启发的引导，培育科研的栋梁之材。

王美珍：以爱塑人，铸魂担当

─ 导师简介 ─

王美珍 博士，华中科技大学网络空间安全学院副教授，硕士生导师。长期从事计算机网络及网络安全领域的研究和开发工作，参与国家重点研发专项课题、国家自然科学基金、科技部中小企业创新基金、湖北省重点研发专项等多个省部级项目，并参与开发多个网络安全产品，包括状态检测防火墙、IPSec VPN 网关 SJW11、SSLVPN 等，并参加过高性能 VPN 传输平台、VPN 集中管理系统等科研项目的研究工作，发表学术论文多篇，获得湖北省科技进步奖一等奖 1 项，湖北省高等学校教学成果奖二等奖 1 项，指导学生获得湖北省优秀学士学位论文。

『关怀学生，无微不至』

王美珍老师担任学院研究生导师十余年，始终坚持以学生全面成长为指导理念，用心关怀每一个学生的成长。面对学生在学习或生活中遇到的任何困扰和烦恼，她都乐意停下忙碌的脚步，用实际行动陪伴学生。

王美珍老师担任团队德育导师以来，始终关心学生的心理状态，关注学生情绪起伏。有一次，一名学生心情低落，话语间觉得自己什么都做不好。经了解，原来是该学生没有跟老师请假，在外地游玩过程中感染发烧，影响了课题进度，受到了老师的批评。学生感觉内疚和自责，此后做事情都有些畏畏缩缩。得知这一情况之后，王美珍老师主动联系这名学生，与他交流感想。王老师亲切地说道："指导老师对事不对人，心理压力不用过大，也不用联想过多。放下心理包袱，老师仍然会一视同仁的。"在王美珍老师的温柔开导下，学生慢慢放下了心理包袱，重新以积极的状态投入科研工作中去。

『以心引导，保驾护航』

● 图 1　王美珍老师

王美珍老师在执教过程中，始终坚持不放弃任何一个学生。在教学中，遇到同学学习不够主动，作业迟交或者不交的情况，王美珍老师都会耐心询问学生，了解情况和困难，多次课下组织数位同学补课，尽量让学生不落下。她经常说，学生考进来不容易，如果不能拿到毕业证，对学生的心理乃至今后的人生都影响很大，所以要尽她所能，帮助每一个学生。在她担任班主任的信安 1801 班，除了 2 位同学因身体原因休学外，其他同学全部按时毕业。令团队老师印象深刻的是，一位同学因为违反实验室规定被老师认为不适合再进入实验室学习。王美珍老师则觉得对学生可以批评教育，或者采取惩罚措施，但是不能让学生离开实验室，这是在放弃学生。她多次与团队老师沟通，最终打动了团队老师，使得该学生有机会继续在实验室进行学习和科研。

『关注多元发展，心系学生未来』

王美珍老师不仅关注学生的学习生活，也十分重视学生的就业发展。每年就业季，她都会亲自帮同学寻找实习和就业机会，与已经毕业的师兄师姐联系，提供企业内推机会；请来企业或研究机构的招聘人员介绍岗位信息，同时为学生提供简历和面试方面的指导建议。

　　此外，她还乐于带领学生们体验大自然的美好，组织大家走入山林、草原，感受大自然的魅力。正是这般的深情投入，让学生感受到她真挚的关怀和支持。每当感到迷茫的时候，学生都会第一时间想到她可靠的身影与温暖的安慰。正是她无处不在的关怀，使学生们不仅坚守科研的初心，而且更加坚定信念，要以优异的成绩来报答学校、学院和老师们的培养之恩。

　　王美珍老师从来不满足于仅做知识的传授，而是始终教导学生要体悟不同学科之间的关联，不断整合其他学科的知识。通过融通不同学科的视角，形成全局式的思考方式，从而构建个人的"人生导航图"，实现更好的发展。

　　在指导工作中，王美珍老师从来不会将自己的思想强加于人，而是倾听每个学生的想法。她会为学生设计个性化的学习计划，帮助他们寻找感兴趣的研究方向。面对零基础的学生，她会不遗余力地加以鼓励，还会把重要的学习内容做细致的归纳。在王老师的悉心指导下，原本基础薄弱的学生也逐渐自信地开展起自己的研究工作。

● 图2　王美珍老师与学生在实验室交流

　　在校耕耘十余载，王美珍老师用实际行动诠释了什么是一位真正的教育者：不问出身，温情待人。她深信教育的目的不单是传授知识，还在于培养品格。王老师关怀每一个成长中的孩子，耐心倾听学生的需求，用"传道用德"的教学理念、无限的耐心和关怀，培养出一批又一批的优秀人才。

李红斌：既为经师，又为人师

── 导师简介 ──

李红斌　华中科技大学电气与电子工程学院教授，博士生导师。主要从事先进电磁传感技术及量测大数据的人工智能应用研究。国家科学技术进步奖二等奖、国家教学成果二等奖及教育部技术发明一等奖第一完成人，主持多个国家自然科学基金、国家重点研发计划所资助的科研工作和电网总部项目。在国内外重要刊物发表论文 70 余篇，获得国家发明专利 80 余项。

『立本为先，身正为范』

李红斌教授是华中科技大学电气与电子工程学院电气智能感知与人工智能技术中心负责人。近年来，中心围绕新型智能电力传感技术及测量数据挖掘领域进行重点研发，在 *IEEE Transactions On Industrial Informatics*、*IEEE Sensors Journal* 等顶级期刊发表论文 50 余篇。

李红斌曾言："华中科技大学是一所研究型大学，这也是电气学院（指电气与电子工程学院）对于自身的定位。学院一直在顺应社会发展的需求对研究生教育进行改革，致力于培养适应社会经济发展的高素质专业人才和领军人才。"

● 图 1　李红斌老师

● 图 2　实验室团队合照

　　1989 年，本科毕业工作两年后，李红斌选择再次回到母校深造。"要做实用，能解决问题的东西，把更好地解决工程问题作为科研的原动力。"李红斌在导师的带领下一头钻进电磁测量领域，成为国内最早接触这一领域的学者之一。

　　多年来，李红斌聚焦国家重大战略需求，牢记"为党育人、为国育才"的初心使命，践行"明德厚学，求是创新"的校训精神，以身为范，带领团队以实现"电信号量测自立自强"为目标，持续开展多学科交叉研究，破解复杂电信号智能量测的共性技术难题，打破了国外技术垄断，成功实现相关成果转化落地。2018 年，李红斌带领的团队完成的"强电磁环境下复杂电信号的光电式测量装备及产业化"获 2017 年度国家科技进步二等奖。

　　《诗经》上说："靡不有初，鲜克有终。"万事万物的开头总是顺利，却很少有人能够坚持到一个圆满的结尾。而李红斌将科研追求和社会责任转化为一种内心的需求和生命的乐趣，她总是以饱满的精神和昂扬的斗志迎接新的一天，即使忙碌与劳累，她也乐在其中。实验室里，她的身影坚挺踏实，几十年过去依然干劲十足、热情高涨，学生们由衷地敬佩她。

『严字当头，术贵乎精』

作为一名教育工作者，李红斌始终秉承"和学生一起成长"的育人理念。电气行业的知识更替日新月异，她始终以"严"字当头，强化"有组织科研"，紧跟学术动态，走在科学前沿，做好学生科研路上的引路人。

"科研本身就是一个老师与学生双向成长的过程。我希望科研不是学生们的负担，而是学生们由内生动力引导的结果。在科研中保持身心健康是我一直强调的，我认为这才是真正的良性发展。"李红斌虽然有着高要求、高标准，但她始终希望"放养"学生，实行个性化引导，鼓励学生们自己主动做一个不断积累和学习的人，"让学生们学会自我安排与独立发展"。

李红斌会在学生刚进入团队时，根据学生的兴趣给定大方向，注重培养学生的主观能动性，引导学生主动思考，在深入调研中确定研究主题。在学生逐渐适应科研节奏后，她会要求学生撰写周报，定期汇报，及时跟进学生的科研进度，宏观把控项目进展，同时指出工程上的痛点问题和需要注意的细节，鼓励学生开展交叉前沿科学研究，教育引导学生以国之所需为出发点，培养学生的独立思考和做科研的能力。

在学生眼中"严字当头、事无巨细"的李老师的引领下，团队学生在国家级创新创业比赛中共获得国家级特等奖 1 项、一等奖 1 项、银奖 1 项，涌现出"全国大学生年度人物""中国青少年科技创新奖"等优秀学生代表。团队毕业生多数进入国家电网等国民经济重要单位、中船重工等国家重点军工企业、中国电力科学研究院等国家综合科研机构，成为电气事业的建设者和接班人。

『言传身教，循循善诱』

教育无小事，处处皆育人。李红斌对于学生，不仅仅是传道、授业、解惑，更是把思想教育、政治引导、制度约束同人文关怀、心理沟通贯通

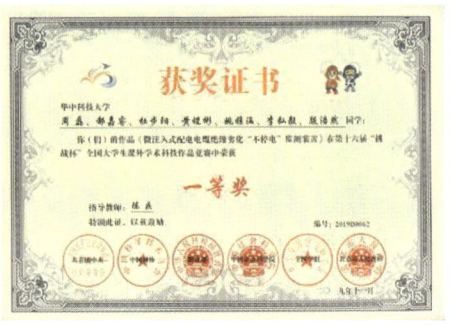

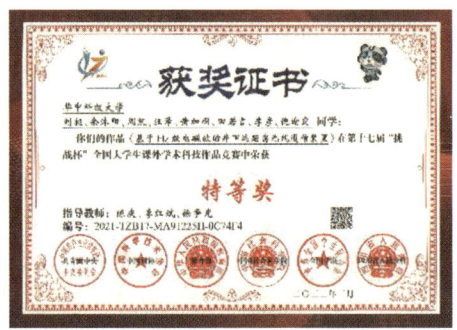

◎ 图 3　学生荣誉展示

起来。李红斌担任德育导师以来，切实肩负起作为研究生导师"第一责任人"的使命和责任，努力做"经师"和"人师"的统一者，在新时代新起点上，为培养更多一流人才、做出更多一流科研成果提供有力支撑。

在学生参加"双创"比赛期间，她会帮助学生审核项目材料和参赛资料，从项目书的逻辑到答辩 PPT 的优化等方面，针对性地给出指导建议。学生在她的指导下，逐渐积累经验，脚踏实地，不断成长。

"不拘一格育桃李，广布理念泽天下"。自 2002 年起，李红斌为本科生讲授课程"测量技术基础"，22 年间共教授本科生 1359 人。担任电气与电子工程学院分管本科生教学工作的副院长期间，李红斌先后以第一完成人和第二完成人身份获得国家级教学成果奖二等奖两项，在本科生个性化培养模式上进行新的探索，激励学生向学术拔尖人才和业界领军人才发展。

矢志前行三十载，既为经师，亦为人师。李红斌将继续引领实验室团队在电磁测量新领域开拓进取，以正身立本、严谨求实的师者风范培养一批又一批华科大电气学子！

曲荣海：理论结合实践，启发教育为本

| | | | | | | | | | | | | | | | |

— 导师简介 —

曲荣海　华中科技大学电气与电子工程学院教授、博士生导师，华中科技大学创新电机技术研究中心主任。IEEE 会士，中国电工技术学会会士；中国电工技术学会常务理事，中国电源学会理事，中国电器工业协会微电机分会理事，中国电工技术学会磁场调制电机专业委员会主任委员，中国电源学会交通电气化专委会副主任委员，"航空航天电机系统技术"教育部工程研究中心技术委员会主任，中国电机工程学会学术工作委员会委员。IEEE 工业应用协会 2019—2021 年度杰出讲师、2019 年度杰出成就奖获得者。

清华大学学士、硕士，美国威斯康星大学麦迪逊分校博士。长期从事电机设计、驱动及控制系统方面的基础理论与应用研究工作。主持承担国家科技支撑计划、国家科技重大专项、国家高技术研究发展计划、国家自然科学基金等国家和省部级重大科研项目或课题 40 余项，团队成员在国内外高水平期刊发表 SCI、EI 收录论文 600 余篇，其中 IEEE 最佳论文 13 篇，高被引论文 5 篇，获发明专利授权 200 余项。相关研究成果获湖北省科技进步奖一等奖、日内瓦国际发明展金奖和特别嘉许金奖、中国电工技术学会技术发明奖一等奖、"电工行业—正泰科技奖"科技成就奖、中国发明协会第十二届发明创业奖人物奖、湖北省百名专利发明领军人奖、华中科技大学"伯乐奖"等。

『把握时代，勇立潮头』

2011 年 9 月，曲荣海老师依托华中科技大学电气与电子工程学院、强电磁技术国家重点实验室和新型电机技术国家地方共建联合工程研究中心，创立了创新电机技术研究中心，以满足国家和地方电机企业技术需求为目标，以雄厚的科研实力和先进的研发理念为手段，围绕高端电机设计、分析、驱动及控制系统集成开展工作，从拓扑结构和理论方面开拓创新。

● 图 1 曲荣海老师

团队拥有一支充满活力、具有海内外科研背景的研究队伍。现有专任教师 11 人，包括 IEEE 会士、IET 会士、中国电工技术学会会士、国家人才计划入选者等，同时拥有中国工程院院士和美国工程院院士作为顾问。此外，还有博士后 3 名，助理 4 名，工程师 4 名，博士研究生 49 名，硕士研究生 84 名。

团队研究方向包括电机设计、驱动与控制，研究领域包括特种电机分析与设计、新型电机及控制理论、磁场调制永磁电机系统、大型永磁风力发电机、超导电机应用及大功率牵引电机系统等。团队重视先进成果转化，致力发展成为世界一流的电机及系统研究中心，推进我国电机技术进步和产品升级。承担多项国家和省部级重大科研项目，同时与多家企业开展风力发电、电动汽车、机器人、航空、船舶等领域电机技术研发。

团队立足国际科技前沿，积极组织和参与国际学术交流活动。团队组织设立了 IEEE 工业应用协会武汉分会、IEEE 工业应用协会华中科技大学学生分会、IEEE 中国超导专业委员会和中国电工技术学会磁场调制电机专业委员会等。

『十年耕作，润物无声』

团队在十余年间取得的丰硕成果，离不开以曲荣海老师为核心的导师队伍的辛勤耕耘。除了炽烈的学术热情与卓越的研究能力之外，先进的教育理念和科学的带队方式，也是促成这些育人成效和团队成果的关键因素。

实践出真知。在曲荣海老师课题组，实践是科研的重要一环。学术研究通常与工程项目紧密联系，曲老师鼓励学生将学术成果推广至工业应用，实现产学研一体化。为了帮助学生更好地理解和应用理论知识，曲荣海老师鼓励学生参与工程项目的现场验证，亲身体验产品开发的全过程。虽然学生在这个过程汇总可能面临很多困难和挑战，但是也能从中获得宝贵的实践经验，提高解决问题的能力。

除了实践训练外，曲荣海老师还十分重视科研过程中的沟通交流。曲老师经常组织学生开展集体讨论，每个人不仅要掌握自己的研究课题，还要了解其他同学的研究内容和遇到的问题，相互学习、相互启发、相互促进。同时，他还十分鼓励学生出国参加国际会议，在与国际同行交流的过程中，进一步激发科研兴趣。

科研能力的培养和工程项目的训练存在交集，但也有难以兼容之处。一方面，科研能力培养需要注重基础知识和创新能力的掌握；另一方面，工程项目需要处理琐碎的事务。为此，曲老师聘请了科研秘书，专门负责财务报销等琐事，减少学生在无关事务上的时间耗费；还聘请了工程师，负责例行性和重复性工作，如电机原型制作、样机生产等，从而给予学生充分的时间去做自己擅长和感兴趣的创新性工作。这样既可以减少学生们工程经验欠缺对科研工作造成的阻碍，也可以帮助工程师开阔视野，从学生的创新工作中获得启发，从而达到相互促进、共同成长的效果。

『携手成长，关怀入微』

曲荣海老师团队至今已经走过了十四个年头。其在创立之初仅有三名学生，可谓筚路蓝缕，从零起步。经过多年的努力和积累，这支团队终于成长为一支强大而优秀的科研团队。

团队创立之初，人手短缺，只能摸着石头过河。本科生刚开始研究课题时，由于缺乏专业知识背景，需要花费很多时间去学习基础知识和新技术，然后才能领悟到研究问题的核心和本质。这个过程需要人们十分耐心细致地工作，团队建设初期尤其如此。

曲荣海老师团队非常重视氛围的营造。团队以启发式教育为原则，通过引导沟通，让学生结合自身优势和兴趣选择研究方向。"严格的管理方式或许会让学生的产出平均化，但难以培养出拔尖人才。"曲老师团队不使用打卡制度，而是注重激发学生对科研工作的内在动力，并且给予他们足够信任与尊重。空闲时，曲老师还会定期组织团队活动，比如聚餐、旅游、运动等，增进同学之间的感情与沟通，最终形成了积极向上、相互竞争、不断进步的团队氛围。

曲荣海老师非常关心同学的个人发展，尽力为大家提供最好的条件与机会。在实验室里，曲老师为学生提供了最先进的设备与环境，以便进行高水平科研工作；在国内外交流方面，曲老师鼓励学生参加各种国际会议，并且为每个发表论文或者专利的同学提供经费保障；在就业或者升学方面，曲老师还会根据每个毕业生情况提供自己的建议与指导。

● 图 2 创新电机技术研究中心成员

当学生对研究内容兴趣寥寥时，曲荣海老师也一向采取宽容的态度。一位同学在刚加入课题组时，对电机设计不感兴趣，曲老师并没有为此提出学习要求，而是任其自由探索，自发学习。后来这位同学在曲荣海老师的支持下赴美参加会议，会议期间同行之间的想法碰撞激发了他对电机设计的热情，在归途中向曲老师畅谈了很多心得。此后这位同学逐渐步入佳境，科研工作走上正轨，陆续发表了很多论文和专利。正是曲荣海老师对个人兴趣的尊重和科学的教育方式培养了学生们对科研工作的兴趣。回顾课题组多年来的发展历程，很多学生都是因为润物无声的鼓励和潜移默化的影响，在内生动力之下，探索出自己的发展方向，不断前进。

『潜心育人，硕果累累』

寒来暑往，春华秋实。从最初的小团队，到如今的大课题组，迎来和送走了众多学子。在曲荣海老师等优秀导师孜孜不倦的教诲中，在实验室代代传承的互助氛围里，在优秀师兄师姐的榜样力量下，曲荣海老师团队科研砺人，实践炼人，关怀及人，形成了求知若渴、积极进取的团队氛围，构建了多元、包容、个性化的发展空间。在这里，每一位学生都有时间思考未来的人生方向，有机会尝试感兴趣的科研课题，有动力参加丰富多彩的课余活动。近年来，实验室不少优秀的学生都在自己的领域取得了丰硕成果。团队培养的研究生获教育部国家奖学金、湖北省优秀硕士/博士学位论文奖、中国科协"青年人才托举工程"项目资助、"博士后创新人才支持计划"资助、中国研究生电子设计大赛全国一等奖、湖北省博士后创新创业大赛特等奖等。

在良好的实验室平台上，学生锤炼了走向社会的必要本领，树立了应对未来不确定性的信心。当走出象牙塔，他们会发现研究生期间收获的实干能力和精神底气，足够支撑他们去往更高的天空。近年来，团队里的毕业生去向广阔，多人进入国内大学任教或赴美国、德国、英国、日本等知名高校继续深造，多人服务于电力系统与电气装备行业，也有学生走在服务基层百姓之路上，带着理想与信念，在新时代贡献自己的青春力量。这些力量，不仅是团队的荣光，也是华科大电气人的骄傲。

李天匀：将强国梦的种子撒在课堂，种在学生心中

— 导师简介 —

李天匀 华中科技大学船舶与海洋工程学院教授，博士生导师，曾任华中科技大学船舶与海洋工程学院副院长。中国造船工程学会第十届船舶力学学术委员会委员，湖北省声学学会常务理事，武汉造船工程学会常务理事，《振动工程学报》《哈尔滨工程大学学报》《振动与冲击》《中国舰船研究》《造船技术》期刊编委，船舶振动噪声重点实验室客座教授。

主讲本科生课程"材料力学""船体振动"、研究生课程"声学原理"，曾主持博士生"船舶与海洋工程现代先进技术"课程建设。先后主持或参加多项教育部新工科教改项目、教育部产学合作协同育人项目、湖北省教改项目、华中科技大学教改项目、华中科技大学思政工作精品项目，主持的教改项目两获华中科技大学教改成果奖二等奖。

"我非常喜欢和学生待在一起。"当被问到为什么那么忙还要担任德育导师时，李天匀教授眉开眼笑地说，"我们的学生都是可塑之材，只要能帮学生成长，累一点怕什么，我的岗位工作就是为国家培养实现海洋强国梦的建设者和接班人。"

2021年，船舶与海洋工程学院成为学校德育导师制度试点院系，李天匀教授在得知消息后第一时间报名担任德育导师，并与学院党委副书记多次交流工作想法。在此之前，李天匀教授就经常深入学生中间，和学生交朋友，还时不时讲几个育人典故，深受学生喜欢。于他而言，成为德育导师可以让他开展工作更加"名正言顺"，同时可以和志同道合的老师一起讨论工作方法，强化工作效果。

『立德修身，矢志不渝建设海洋强国』

1987 年秋天，李天匀 18 岁，毫无悬念地被高考第一志愿哈尔滨工程大学船舶工程专业录取，开启了他的追梦之旅。"我的专业是自己选的，我当时就想造船，让中国船舶工业和海军装备强大起来。"本科毕业后，他考回家乡武汉的华中理工大学（现华中科技大学），继续攻读船舶结构力学专业博士学位。"1996 年博士毕业后，我选择了留校任教，一是可以继续从事船舶工程研究，二是可以教育更多学生投身船舶事业，以我的'三寸不烂之舌'为国家培养更多船舶与海洋工程人才。"

30 多年来，李天匀从来没后悔过自己的选择，也从未忘记过自己的初心。他扎扎实实地做科研，解决了一个又一个船舶领域的技术难题，研究成果被应用于国防型号产品中，34 岁便被聘为教授。他用心教育学生，曾获学校"三育人奖"、教学成果奖二等奖等奖项和师德先进个人、赤诚恩师等称号，指导的博士生论文获得中国造船工程学会 2019 年度优秀博士论文，指导的大学生创新创业项目成果两获国家级特等奖，培养的学生很多已成为船舶领域的中流砥柱。

『站稳讲台，思政元素融入课堂教学』

"上他的课从来不会打瞌睡。"上过李天匀的课的学生都会这么说。20多年来，李天匀每一次上课前都会认真备课，他不仅会经常与学生互动以了解学生对知识的理解情况，还会用力学语言讲述人生道理，或在教学课件中插入正能量图画活跃气氛。作为学院教学副院长，李天匀积极行动，主持建设湖北高校省级优秀基层教学组织和一流课程，主动推进课程思政建设，建强教师队伍"主力军"，筑牢课程建设"主战场"，坚守课堂教学"主渠道"，唱响实践训练"主旋律"。此外，李天匀积极开展学院课程思政教学竞赛，引导全体教师将海洋强国梦的种子撒在课堂，种在学生心中。

图 1 李天匀教授在课程教学中融入思政元素

『深入学生，既耐心倾听又排忧解难』

"做德育导师，让我结识了更多青年学生，看到了新时代学生积极向上的精神风貌。我们需要用心引导他们，为他们排忧解难，这样才能更好地为党育人、为国育才。"李天匀教授说。

李天匀联系指导的研究生第三党支部约 50 人，他时常参加支部主题党日并讲授微党课，走访学生实验室和寝室与学生亲切交谈，召开座谈会倾听学生诉求和对学院工作的意见。自 1999 年担任研究生导师后，他坚持定期开展研讨会，了解学生的学业进度并及时予以指导。他的博士生尚同学说："李老师总是面带微笑、平易近人，即使批评的话也总带点幽默，让人不会过于尴尬，所以我们愿意找李老师。李老师总能耐心听我们讲，引导我们分析前因后果，帮忙出谋划策、解决问题。求职时，李老师会乐此不疲地向用人单位积极推荐，很多研究生因此走上了理想的工作岗位。"

此外，李天匀热爱运动，而且喜欢和学生一起运动，他觉得在运动中最能贴近学生。他督促自己指导的研究生每周到校体育馆开展体育锻炼。船舶与海洋工程学院每年都会举办"同心杯"篮球赛、羽毛球赛和拔河比赛，他总会报名，有时候是比赛选手，有时候是啦啦队队员，乐在其中。经常和他一起打球的同学说："当李老师和我们一起运动的时候，他就是我们的兄弟，是我们中的一员。"

『躬身力行，带领学生党员服务奉献』

"一个党员一面旗帜，这不是口号，是实实在在的表率行动。"李天匀教授经常跟支部党员这样讲，而且他总能发挥带头作用。在科研中他敢啃硬骨头，在教学中他以身示范，在日常生活中他严于律己。他也总能躬身力行参加社会服务：曾主动报名走上武金堤参与抗洪防汛 15 天，带领学院研究生党员先锋队赴孝昌县藕塘小学开展结对帮扶，组织支部党员开展拔草护院义务劳动，带领学生承办全国海航器大赛湖北区域赛并首创高中竞赛组……"李老师似乎永远不知道疲倦，他一直都在想着为学生、为学院、为国家做点什么，他的热情总会打动我，我想成为李老师那样的人。"曾担任研会主席的刘同学如是说。

图 2 李天匀教授带领学生赴孝昌县藕塘小学开展结对帮扶

刘文予：潜心育人，为国育才

— 导 师 简 介 —

刘文予 华中科技大学电子信息与通信学院教授，1986 年本科毕业于清华大学计算机系，1991 年硕士毕业于华中理工大学（现华中科技大学）电信系，2001 年博士毕业于华中科技大学电信系，之后一直在华中科技大学电子信息与通信学院工作，目前任学院二级教授。中国通信学会会士，中国图象图形学会图像视频通信专业委员会主任委员，中国图象图形学会常务理事，中国电子教育学会研究生教育分会常务理事。

研究方向为计算机视觉、人工智能等。主持多项国家级项目，包括国家自然科学基金重点项目、国家重点研发计划等。获湖北省技术发明奖一等奖、自然科学奖二等奖、中国图象图形学会自然科学奖一等奖、《计算可视媒体》期刊最佳论文奖等。在国际著名期刊和顶级会议发表论文 100 多篇，获发明专利授权 20 多项。谷歌学术引用超 24000 次，H 指数 64，提出的 ByteTrack 方法在 ECCV 2022 的 1600 篇论文中位列最具影响力论文（排名第一）。

2023 年获华中科技大学优秀研究生导师称号，2022 年获华中科技大学"伯乐奖"，2016 年获华中科技大学"三育人奖"。指导的博士生获全国百篇优秀博士学位论文提名奖，7 人获湖北省优秀博士学位论文奖，1 人获 2019 年 ACM 中国优秀博士论文奖，2 人获中国图象图形学会优秀博士论文奖，2 人入选华为"天才少年"，2 人获微软学者奖。

『勤宣德教，为青年学生成长领航赋能』

　　作为电子信息与通信学院人工智能方向带头人，刘文予带领的团队近年来人才辈出：2010 年留校的白翔教授（其导师为刘文予）于 2012 年获优秀青年科学基金项目资助，2016 年入选青年拔尖人才支持计划，2022 年获国家杰出青年科学基金项目资助，现任我校软件学院院长；2014 年从美国引进的杨欣博士 2021 年获优秀青年科学基金项目资助；2014 年留校的王兴刚教授（其导师为刘文予）2021 年入选青年拔尖人才支持计划，2023 年获湖北青年五四奖章。

　　这样的成就与刘文予始终以饱满的热情对青年教师进行扶持和帮助有着密切关系。从青年教师刚进实验室开始，刘文予便会通过日常交流深入了解他们的性格、优势以及对未来职业生涯的想法，为其未来的职业发展和研究方向提供建议。白翔在研究生阶段，偏好基础研究，刘文予便建议他从事视觉感知方面的研究，于是白翔留校后转向文字识别研究，目前已成为文字识别方面的国际著名学者。

● 图 1　刘文予老师

　　在治学态度方面，刘文予以身作则，教导青年教师严谨治学，与外界构建良好的学术合作关系。实验室学术氛围浓厚，师生关系融洽，这种和谐互助的良好氛围对青年教师的成长有着极大促进作用。

　　对于青年教师的项目申请，刘文予也从选题、内容、文字撰写和申请技巧等多个方面给予全方位支持。杨欣回国 8 年共主持 4 项国家基金项目，每本申请书刘文予都会逐字逐句反复修改，常常工作至深夜两三点。团队三位国家级青年人才经历了 8 次重要项目答辩，每次答辩前，刘文予都组织相关领域国内知名专家进行预答辩，先后邀请 300 余名专家对汇报内容进行 60 余次打磨。

　　在他的大力帮助和支持下，团队青年人才取得的学术成果斐然，白翔教授当选 IAPR 会士、IEEE TPAMI 期刊编委等国际学术荣誉；杨欣教授当选 IEEE TMI 期刊编委，获得中国图象图形学会石青云女科学家奖；王兴刚教授当选 *Pattern Recognition* 期刊编委，获吴文俊人工智能优秀青年奖。

『引才育才，为学术科研激发创新活力』

除了对国家级人才用心培养，刘文予还格外注重人才引进及其后续培养。团队成员周瑜副研究员是从北京邮电大学引进而来的，刘文予按照"不上书架，就上货架""既要顶天，也要立地"的思路帮助周瑜开展教学、科研等各方面工作。在教学方面，刘文予帮助周瑜开设了电子信息与通信学院、机械科学与工程学院双院联培课程"智能移动机器人技术"。他从国家宏观发展战略入手，将第三代半导体产品质量检验作为团队技术落地的突破口，鼓励和帮助周瑜赴武汉精立电子技术有限公担任"科技副总"。高层次人才与生产一线需求结合起来，迸发出了强劲的发展活力，其事迹受到社会各界广泛关注，人民网、《湖北日报》、湖北广播电视台等进行了专题报道或转载。

在研究生培养层面，刘文予注重培养研究生的科研兴趣，并帮助他们确定科研方向，以一丝不苟的态度和严谨细致的作风潜移默化地影响研究生，教会研究生如何做有意义的研究工作，如何做到与别人不同。大批学生取得了优秀的学术成果。

刘文予指导的研究生田臣（现南京大学教授）2023 年获国家杰出青年科学基金项目资助，研究生马展（现南京大学教授）2020 年获优秀青年科学基金项目资助。博士生黄子龙入选 2021 年百度 AI 华人新星百强，其在 TPAMI（影响因子 24）发表的语义分割论文单篇引用超 2000 次，并被应用于 *Nature* 封面文章中，获中国图象图形学会优秀博士学位论文奖。唐芃提出的 PCL 聚类学习是目前广泛应用的弱监督物体检测基准方法，其博士期间发表 TPAMI 论文 2 篇，获中国图象图形学会优秀博士学位论文奖和 ACM SIGAI 优秀博士学位论文奖。方杰民提出快速神经网络自适应方法，实现跨任务的神经网络架构迁移，在大幅减小自适应的计算代价时，获得了更高的精度。相关成果发表于 TPAMI，并用于华为昇腾 AI 芯片工具链，相关项目获华为优秀技术合作项目奖，方杰民也入选华为"天才少年"计划，获得 2022—2023 年度中国大学生自强之星，并在 2023 年全校毕业典礼作为毕业生代表发言。

图 2 刘文予老师与毕业生合影

硕士研究生张一夫在攻读硕士期间，发表 TPAMI、IJCV 高水平论文 4 篇，提出了统一的多目标跟踪框架，为之后多目标跟踪的公平性研究提供了新路径。该论文发表于 IJCV 2021，谷歌学术引用达 648 次。其提出的 ByteTrack 视频跟踪方法在国际顶级会议 ECCV 2022 的 1600 篇论文中位列最具影响力论文（排名第一）。张文强提出了一种新的人体姿态估计高效计算框架，论文获 SCI Q1 期刊 *Computational Visual Media* 2021 年度唯一最佳论文奖。

『躬耕教坛，为学生成长成才引路导航』

刘文予担任本科"数据结构"和博士生"视觉计算"课程责任教授，他将先进的教学理念、科学的教学方法灵活运用于课堂教学中。谈到教学和科研工作之间的关系，他说："大学老师讲课是一个基本的任务。我的理解是，教学也是学术的一个部分。如果这么来认识的话，实际上教学和科研并不存在矛盾。同时，教学需要用通俗的语言让学生理解，这要求老师对知识有非常深刻的领会。而且现在的学生比较爱问一些刁钻的问题，有时回答不了或回答不好，恰恰也反映了老师对问题或知识点的理解还不够，这也会促使老师去思考，因此教学和科研处理得好的话是可以相互促进的。当然青年教师精力比较充沛，可能会花更多的时间在科研上，而资深教师经验丰富一些，可以花更多的时间在教学上以便更好地培养学生。"

在成果转化方面，刘文予团队不仅做基础研究，而且强调成果的落地应用。团队除了承担大量国家纵向项目外，还和华为、地平线、亮风台、深晶科技等多家知名企业建立了联合实验室，与华为、腾讯、平安保险等公司也有横向项目合作，并在研究应用中不断培养学生的工程能力。

在科创竞赛方面，刘文予指导研究生完成了"芯动视行——基于地平线边缘人工智能计算芯片的高效率驾驶场景视觉感知算法优化"项目，在第八届中国国际"互联网+"大学生创新创业大赛产业赛道中，位列小组第一，荣获全国金奖。

在职业规划方面，刘文予鼓励学生牢记习近平总书记的嘱托，不仅要将论文写在期刊杂志上，更要写在祖国大地上，将青春热血投入建设祖国的实践中去。在他的影响下，2018级硕士研究生赵麒皓毕业后选择投身基层，以第一名的成绩通过湖北省引进生选拔，目前在鄂州市临空经济区新庙镇挂职科技副镇长。他积极发挥专业优势，为亚洲第一个专业货运枢纽机场——鄂州机场的腾飞贡献力量。此外，硕士生向凯麟经考核入职外交部，硕士生翁付成2023年毕业后申请留在电子信息与通信学院担任辅导员。

刘文予在华中科技大学的教学和培养岗位上奉献了30多年，他始终坚持立德树人、言传身教，长期奋战在教书育人第一线，探索科学研究最前沿。在"传道"中把稳方向，在"授业"中增强本领，在"解惑"中探寻方法，做学生成长成才的指导者和引路人，在服务国家高水平科技自立自强中展现华科大的担当和贡献！

尹海帆：和学生一起攻克难题是我最骄傲的事

— 导 师 简 介 —

尹海帆　华中科技大学电子信息与通信学院教授、博士生导师，第 28 届"中国青年五四奖章"获得者，曾获中国通信学会青年科技奖。长期从事 5G 核心技术 Massive MIMO 的研究，解决了 5G 领域的两大世界性难题：导频污染和移动性诅咒。相关技术方案被纳入 5G 国际标准，应用于商用 5G 基站。

尹海帆带领团队赢得 2021 年中国工程院创新潜力奖全国冠军，并被推荐代表中国参加国际工程院理事会组织的"CAETS 宣传奖"国际评选。团队成果获得通信领域国际顶级期刊 IEEE TCOM 年度唯一最佳论文奖——莱斯奖。尹海帆作为第一指导老师带领学生团队赢得"挑战杯"竞赛全国特等奖、一等奖，中国国际大学生创新大赛主赛道全国金奖，中国国际"互联网＋"大学生创新创业大赛主赛道全国金奖，全国大学生创新创业年会改革成果类项目最高奖等奖项。由于在大学生创新创业训练计划中取得的成就，尹海帆获评"国创计划"十五周年荣誉表彰——最佳导师奖，并应邀作为获奖代表在第十五届全国大学生创新创业年会上发表演讲。

『潜心育英，回归校园铸魂育人』

当尹海帆教授毅然放弃知名企业百万高薪，选择回归华中科技大学这片学术热土时，他不仅带来了丰富的工业实践经验和前沿的科研视野，而且怀揣着一颗立德树人、培养未来杰出通信人才的热忱之心。"以国家战略需求为目标，敢于向未知领域探索，以解决技术难题为使命，既是我们的担当，也是我们的梦想。我想带着学生一起干！"尹海帆深知，作为一名高校教师，不仅要传授专业知识，更要引导学生树立正确的价值观，引导他们成为具有社会责任感和创新精神的新时代青年。因此，他始终将立德树人作为自己的首要任务，努力培养学生的科研兴趣和创新能力。

初入尹海帆教授的实验室，秦子翱怀揣着对前沿技术的好奇与渴望，却也在科研的浩瀚星海中感到一丝迷茫。然而尹海帆教授的出现，如同一盏明灯，照亮了他的前行之路。尹教授不仅给他传授专业知识，而且以立德树人的理念，激发他对科研的热爱和对国家的责任感。尹海帆教授常常与学生们分享自己的科研经历和成果，讲述那些与国家战略需求紧密相连的科研项目背后的故事。这些故事，如同一颗颗种子，深深地种在了秦子翱的心里。他开始意识到，作为一名科研人员，自己的使命不仅仅是探索未知，更是要为国家的科技进步和国防安全贡献自己的力量。在尹海帆教授的悉心指导下，秦子翱逐渐找到了自己的研究方向，博士毕业后投身于国防事业之中。他深知，这是对国家忠诚和担当的要求，是对自己技术能力的真正考验。而这一切，都离不开尹海帆教授的言传身教和悉心培养。

● 图 1　尹海帆和团队学生

五年来，尹海帆教授倾心讲授"无线通信基础"等核心专业课程，直接指导百余名学生参与科研实践。不管教学、科研多么辛苦，他都始终与学生在一起，聚焦业界那些"难啃的硬骨头"，发现真问题、解决难问题。

为了激发学生的科研热情，尹海帆经常讲述自己的奋斗经历，鼓励同学们敢于挑战未知，勇于探索科学前沿。尹教授严谨治学的态度、无私奉献的精神、不断突破进取的科学精神，都深深地影响着学生，激励着他们不断前行。

『师徒同行，携手攻克技术难关』

尹海帆教授深知，科研的道路从来不是一帆风顺的。在 5G 通信领域，他面临着诸多技术难题和挑战。然而，他从未退缩过，而是选择与学生一起并肩作战，共同攻克这些技术难关。为了组建团队，他跑去宣讲，面对面与学生沟通："我要告诉你们我打算做什么、技术挑战是什么、可以解决通信系统什么样的难题。既然做，就要解决真的问题，做能够落地的技术，做真正造福社会的研究。我希望和学生们一起，主动迎接 6G 新挑战，在我们国家从网络大国迈向网络强国的过程中做出自己应有的贡献。"在尹教授的影响下，张宇豪同学毅然选择加入课题组，和身边同学一起组建了一支跨学科的队伍。他们的目标是解决 5G 发展亟须解决的基站建设成本高、信号稳定性弱等问题。

图 2　尹海帆指导学生修改通信代码、调试实验设备

团队成立之初，虽然在时间协调和学术沟通上有些麻烦，但为了跨越专业"代沟"，团队成员积极进取，在短时间内解决了沟通障碍，在不断的

磨合中合作得越来越顺利。其间，团队迎来了实地测试，一忙就忙到了寒假。尹海帆与学生团队一道，冒着凛冽的寒风，在室外展开多次测试。尹教授敬业负责，与大家同甘共苦，而且与学生有共同语言，能够带领团队朝着目标奋进。这位亦师亦友的年轻教授以身作则，既是团队的"主心骨"，也与成员们建立了深厚的"革命友谊"。

经历了几千次的电磁仿真，几十次的迭代和优化，年轻的团队终于研发出了全新的 5G 信号智能增强系统，可以有效增强 5G 网络覆盖质量，大大降低产品成本和功耗。如今，团队多项科研成果在企业中落地，持续推动着科技创新，赋能社会发展。团队成员也从单纯的"技术宅"蜕变为掌握跨学科技能的"全能型选手"。面对 5G 技术的发展前景，这群小青年清醒而又乐观，他们想通过自己的努力，推动数字新基建，让高速稳定的 5G 连接无处不在。张宇豪同学在"挑战杯"课外学术科技作品竞赛全国总决赛赛场展示了团队成果，勇夺主体赛特等奖，也因此获评校青年五四奖章。

『成果斐然，桃李满园彰显英华』

尹海帆教授的辛勤付出和无私奉献，不仅取得了丰硕的科研成果，而且培养了一批又一批优秀的通信人才。

在科研方面，尹海帆带领的团队取得了多项突破性进展。他们提出的信道预测技术、基于全息波束赋形的 5G 信号智能增强系统等成果，不仅在国际学术界引起了广泛关注，而且在工业界得到了广泛应用。这些成果不仅提升了我国 5G 通信技术的国际竞争力，而且为推动我国通信产业的快速发展做出了重要贡献。

在育人方面，特别是"双创"教育上，尹海帆取得了令人称赞的成就。他指导的学生团队在"挑战杯"竞赛、"互联网＋"大赛等国家级赛事中屡获佳绩，多次获得国家级特等奖、一等奖以及金奖的荣誉。他培养的这些学生，将为我国的通信事业发展贡献青春力量。

除了学术上的指导，尹海帆教授还非常注重与学生的情感交流。他在实验室组建了一支"MCSP足球队"，利用课余时间与学生一起踢足球，放松心情，增进彼此之间的了解和友谊。在绿茵场上，尹教授不再是那个严厉的导师，而是与学生们打成一片的"大朋友"。他用自己的行动诠释着"亦师亦友"的深刻内涵，让学生们在轻松愉快的氛围中感受到科研的乐趣和生活的美好。

● 图 3　尹海帆和学生足球队成员合影

尹海帆教授的立德树人理念和科研成果，不仅得到了学校和社会的广泛认可，更在学生们心中留下了深刻的印象。他的学生纷纷表示，将秉承他的科研精神和育人理念，继续在自己的领域内发光发热，一起努力推动我国通信事业的快速发展。

尹海帆教授用自己的言行举止生动地诠释了何为"学高为师，身正为范"。他深知，真正的教育者不仅要在学术上有所建树，更要在品德上成为学生的楷模。"攻克技术难题很让人开心，但我最骄傲的是，这是我和学生一起干的！我希望他们始终铭记，科创报国是我们的使命，科研成果要运用在祖国大地上！"他的立德树人理念、严谨治学的态度、勇于探索未知的科学精神，如同一盏明灯，照亮了学生们前行的道路，为我国通信事业的发展注入了源源不断的活力。

邓磊：捧着一颗心来，不带半根草去

— 导 师 简 介 —

邓磊　华中科技大学光学与电子信息学院青年教师，华中卓越学者（特聘岗），研究生德育导师。本科、硕士、博士均就读于华中科技大学，2012 年毕业后留校任教。工作以来，他先后获得了教育部自然科学奖二等奖、中国光学工程学会技术发明奖一等奖、湖北省技术发明奖二等奖、湖北省高等学校教学成果奖一等奖等荣誉。

在党的二十大报告中，习近平总书记向广大青年提出了"立志做有理想、敢担当、能吃苦、肯奋斗的新时代好青年"的重要要求。习近平总书记指出："好的学校特色各不相同，但有一个共同特点，都有一支优秀教师队伍。对教师来说，想把学生培养成什么样的人，自己首先就应该成为什么样的人。"作为一名新时代青年高校教师，邓磊老师发扬"捧着一颗心来，不带半根草去"的精神，以赤诚之心、奉献之心、仁爱之心，忠诚于党的教育事业，认真履行岗位职责，以实际行动贯彻落实习近平总书记提出的"五个模范、五个带头"的重要要求。

『德为人先，指导党支部战斗堡垒建设』

在思想引领方面，邓磊教授始终保持着德为人先、拥党爱国的行动准则，扎根学生党支部，引导党支部做好战斗堡垒建设。作为光通信与光网络系研究生第四党支部的党建导师，邓磊指导的学生党支部认真执行民主集中制，作风优良，团结协作，赢得了师生的信任和拥护，并荣获 2023 年光学与电子信息学院先进基层党组织荣誉称号。支部严把党员发展关，遵守党员发展工作的规范化、细致化要求，时刻要求支部成员牢记自身党员身份，增强党员意识。在这种理念的指导下，支部成员们积极参与学院、学校组织的各种党建活动，包括红色征文、红歌会、红色旧址参观、头雁领航培训班等。邓磊老师还组织支部成员开展学术科研诚信、学习党史党章等报告，引导研究生树立正确的价值观和政治观，为学院健康发展注入了正能量。

『科教融合，提升人才自主培养质量』

在科研育人方面，邓磊老师坚持认为科研与教学是相辅相成的，要在科教融合中不断提升人才的自主培养质量。他所带领的光纤无线融合通信方向课题组目前拥有 8 名博士生和 20 名硕士生。在日常生活中，课题组开展了多次团建活动，包括游览木兰天池、前往东湖樱园踏青、举办院内篮球赛、开展户外真人素质拓展等活动。通过知行结合的方式，邓磊老师成功将课题组打造成一个关系融洽、和谐互助的优良队伍。大家齐心协力，共同攻关，五年来共发表 SCI 论文 53 篇，在光通信领域国际顶级会议（如 OFC、ECOC）上发表论文 15 篇。这些前沿的科研成果不仅培养了学生的

● 图 1　课题组毕业同学返校合影

学术志趣和创新能力，也引导他们实现了为学和为人的统一。团队满怀激情、追求卓越，为光通信领域的发展做出了积极的贡献。

『教学相长，增强师生交流互动效果』

在教学育人方面，邓磊教授坚持通过教学相长的方式贯彻落实立德树人的教育宗旨。在"信号与线性系统"课程中，他构建了以全概念知识图谱为基础的教学方式，并采用"并行—串行"相结合的授课方式，致力于持续加强学生的思维训练。他通过生动的串并行讲解，将复杂枯燥的知识点简明生动，赢得了学生的广泛认可。

邓磊老师在教学方面先后获得华中科技大学教师教学竞赛一等奖和华中科技大学教学质量优秀奖二等奖。他在学生评教综合得分成绩方面一直保持全院前列。此外，邓老师所在的学科课程组曾获评 2022 年湖北高校省级优秀基层教学组织。这一系列教学成就充分展现了邓磊老师在教学中的卓越表现，为学生提供了高质量的学术指导，同时也为学校教学事业的发展做出了积极贡献。

『产教融合，传承独树一帜光电精神』

在实践育人方面，邓磊教授坚持采用创新实践引领的方式，通过"创新研究→竞赛参与→孵化创业"育人模式，推动研究生创新实践教育发展。他成建制地组织研究生参加光电学科相关的全国性竞赛，课题组的学生曾在中国研究生电子设计竞赛上两获全国一等奖。硕士生李同学，从初入课题组时的懵懵懂懂，到深入参与课题项目后的独当一面，经历了一场华美的蜕变，并借此得到华为公司的优秀成员评价。他凭借在课题项目中的知识和技能积累，在 2021 年斩获了"兆易创新杯"第十六届中国研究生电子设计竞赛全国总决赛团队一等奖。此外，邓磊教授指导的博士生在华为OFC 论文分享会上，获得了海思光链接开发部的感谢表彰。

● 图 2　课题组成员展示产教融合创新实践成果

邓磊老师以"科研小组建设—本科毕业设计指导—本科教师班主任管理"多形式相结合的方式开展本科生实践教育,持续增强本科生创新实践意识。他曾指导本科毕业设计 25 项、本科特优生 5 名、未来技术学院本科生实验室轮转学生 9 名,其中有 2 人获得湖北省优秀学士学位论文。他也因此成为华中科技大学优秀教师班主任及华中科技大学全校 20 名"我最喜爱的教师班主任"之一。他在实践育人方面的奉献推动学生在创新实践和竞赛中取得了显著成绩,为培养优秀人才做出了积极贡献。

『恪职尽责,助力学科全面发展』

在学院工作方面,邓磊老师以恪职尽责、热心公益的态度展现出对工作的执着追求和对生活的乐观向上。作为学院院长助理,他大力协助研究生培养和光学工程学科建设工作。作为项目核心人员,他撰写了教育部第五轮光学工程学科评估材料,助力学科持续保持领先地位。他牵头组织并成功组建湖北省光学与光子学基础科学研究中心,获得省级教学成果奖一等奖和国家级教学成果奖二等奖。

此外,他也积极组织并参与学院文体活动。作为学院教职工篮球队的一员,他每年都参加学校教师运动会和教职工篮球比赛。在 2019 年度校教职工篮球赛 7—8 名争夺赛中,他投中绝杀球,帮助学院取得第七名的好成绩。在 2022 年学院组织的学院篮球赛中,他带领光通信与光网络系获得全院第一的成绩。他在文体活动中也展现出了出色的团队合作和领导力，帮助学院在文体活动领域取得了好成绩。

邓磊老师在各项工作上的卓越表现赢得了学生、同事和领导们的充分肯定，并作为学校教师代表之一，在党的二十大精神宣讲会上进行了精彩发言。站在迈向第二个百年奋斗目标的关键节点，他表示将继续肩负民族重托，扛起时代重担，坚定不移听党话、跟党走，立志做一名有理想、敢担当、能吃苦、肯奋斗的新时代青年教师，为实现中华民族伟大复兴中国梦贡献自己的力量。这是他对党和人民的坚定承诺，展现了他在教育事业中的决心和责任担当。

吕文中：躬耕教坛，育人匠心

— 导师简介 —

吕文中 华中科技大学光学与电子信息学院教授，博士生导师，教育部新世纪优秀人才。主要从事电子信息材料及相关元器件的研究，部分成果已得到应用或实现产业化。主持完成国家自然科学基金项目、国家高技术研究发展计划（863项目）等国家重大项目多项，在国内外权威期刊发表论文200余篇，授权发明专利近30项，获得国家科技进步奖二等奖及其他省部级奖励共5项，主编《电子材料物理（第二版）》教材1部，培养博士、硕士、外国留学生60多人。

『党旗领航，强根铸魂，培育国之栋梁』

作为微波与光电集成系研究生第一党支部的党建老师，吕文中已经是拥有36年党龄的老党员了。在30多年的教学与科研工作中，吕文中始终将立德树人作为培养学生的根本任务，通过开展微党课和谈心谈话等方式，关心关爱学生成长，以党建促进科研进步，以党建引领团队管理。

为增强团队凝聚力和向心力，吕文中老师通过微党课的形式，将党的理论知识融入日常教学中，注重将党的创新理论与专业知识相结合，引导学生党员在科研实践中贯彻党的指导思想，提高创新能力和科研水平。通过微党课的互动形式，吕文中老师鼓励学生党员积极参与讨论，交流思想，共同探讨解决问题的方法和途径。他还积极组织党员学习交流，提供

图1 吕文中老师给党支部同学
讲解党章党纪

专业知识培训，引导学生党员在科研中主动作为，不断提升团队的整体实力。

为更好地把握学生思想动向，吕文中老师经常与学生党员谈心，了解学生的学习情况、生活状况，为学生提供帮助和指导。"在人生的旅途中，我们都会面临挑战，而每一次挫折都是一次宝贵的机会。不要害怕失败，因为它们是通往成功的阶梯。"在某次谈心中，吕文中老师曾这样勉励学生积极面对困难，努力超越自己。回忆起和吕老师谈心的经历，某学生感慨道："每次与吕老师交流，我都感到自己被理解、被关心，这让我能够更加自信和积极地面对学业和生活。吕老师的关心和指导不仅帮助我解决了很多问题，还让我学会如何独立去思考，自己找到解决问题的方法。在吕老师的帮助下，我更加坚定地走向未来，相信自己能够克服一切困难。"通过谈心，吕文中老师与学生之间建立了良好的师生关系，使大家在团队中感受到温暖和支持。

而作为先进电子材料与器件团队的负责人和电子信息功能材料教育部重点实验室的始创成员，吕文中老师在过去20余年里始终带领团队奋战在国防科研一线。在吕文中老师的带领下，团队师生承担了国家重点研发计划、国家自然科学基金重点项目、国防科工局基础科研项目等各类项目50余项。其团队研制的系列化 LTCC 材料媲美美国杜邦公司产品，微波介质滤波器通过2000小时高温高压寿命试验，阻带抑制和驻波指标优于美国 MINI 公司同类产品，还有一系列研发成果如雷达天线罩、太阳能电池天线、精密压电致动器、高增益龙勃透镜等也得到了相关机构肯定。在完成科研项目的同时，师生在陶瓷领域顶级期刊 *Journal of the Electrochemical Society*、*Journal of the American Chemical Society*、*Additive Manufacturing*、《中国科学》和系列学术会议上发表论文300余篇、获得中国发明专利30余项、美国发明专利1项。

『开拓进取，艰苦创业，点亮华科大品牌』

作为华中科技大学温州研究院的核心团队，从 2021 年起，吕文中老师带领学生从零起步，经过两年的艰苦奋斗，建成微波通信材料与器件实验室、新能源纳米材料实验室等四个功能实验室，新增科研场地约 5700 平方米，新增先进科研仪器设备 309 台/套，设备总值约 4500 万元，为温州经济社会发展提供了科技创新支持和人才智力支撑。研究院与中电海康组建创新联合体的经验连续两年被写入温州市政府工作报告，并在浙江省推广。

通过团队师生的共同努力，一批具有自主知识产权与国际领先水平的关键技术正在研究院落地转化，其中，太阳能电池用纳米电子浆料项目年产值超 2000 万元。在吕文中老师的带领下，温州研究院积极支持学校建设，已拨回校地合作经费 1000 万元，并为师生队伍搭建了专业成长实践平台，与学校签署协议联合共建本科生实习基地，为华中科技大学建设"双一流"高校贡献力量。

吕文中老师曾说："温州市人民、政府如此信任我们，让我们能搭建起这样的平台，在光电科技、智能制造等领域潜心进行'卡脖子'关键技术问题的突破，我们一定不能辜负温州人民的期望，要'扎'进去，出成果，发扬团队'特别能吃苦、特别能战斗'的优秀品质，让华科大的品牌在温州乃至浙江越来越响、越来越亮。"

『因材施教，多维培养，助力全面发展』

在 20 多年的教师生涯中，吕文中老师与学生打成一片，亦师亦友，用自己的热情感染学生，用自己的学识启迪学生，用自己的真情感动学生。吕文中老师多次担任教师班主任，并且一直坚持担任研究生党支部党建导师，和学生交心谈心，一起听月报，一起开组会，一起打篮球，聚会，完全融入了学生的生活，与学生结下了深情厚谊。生活上，吕文中老师无微不至地关心着学生，曾有一位学生的母亲得了癌症，动手术需要一大笔费用，吕老师及时将数万元借给该学生以解燃眉之急；另一位学生家庭困难，生活拮据，吕文中老师则带头在课题组募捐，帮助该生顺利地完成了学业。

● 图 2　课题组合影

2003 年，在教育国际化的潮流中，吕文中老师率先在武汉地区招收了一位从西方发达国家毕业的博士生 Eric 来校进行博士后研究，并被《楚天都市报》《楚天金报》等媒体报道。博士生 Eric 后来因科研成果突出，获得了国际教育学院"学业优秀奖"和"校优秀外国留学生"称号。与此同时，多名学生经吕老师推荐，前往美国内布拉斯加大学林肯分校、新加坡国立大学、法国波尔多大学等国际著名高校攻读博士学位或从事合作研究。

吕文中老师充分尊重每个学生的特点，因材施教，使学生们都能获得全面的发展。某同学是校篮球队主力成员，在吕老师的鼓励下，率领球队在全国大学生院系篮球挑战赛中荣获亚军。某博士后科研能力突出，获得了"优秀博士后"荣誉，后经吕老师推荐，在武汉理工大学获得教授职称和入选国家人才计划。吕文中老师指导的学生中，还有博士在读期间荣获"中国大学生自强之星"奖学金，另一博士两获"国家奖学金"等。在毕业生中，有一批学生加入了华为、Vivo、TP-Link、国家电网、凹凸电子、中原电子等知名科技企业；还有一批学生立志扎根基层、为建设祖国奉献力量……每一位学生都在自己的赛道上取得丰硕的成果。课题组学生纷纷表示："'格物致知、明德至善'的组训给了我们终生的指引，老师们用实际行动影响了我们的人生选择。"

● 图 3　吕文中老师团队合照

　　曾有毕业生回忆道："记得第一次在南五楼见到吕文中老师的场景，我说校园里没有路标，自己老是迷路，分不清方向。吕文中老师笑着答道：'认准毛爷爷像，记着那是南，你就能走对啦！'在科研过程中，我有过跑偏，有过原地打转，但每次想起这件小事，我就会反思自己，寻找自己心中的方向，想办法向前推进课题。吕文中老师一直倡导学术自由、格物致知，鼓励我们紧跟国际前沿、大胆创新，树立经世致用的学术思想，把论文写在生产第一线，做一个有责任、有担当、顶天立地的人。这么多年来，每次见到老师，他都是笑呵呵的，让我从一个见到老师就跑的学生，逐渐变得愿意主动去找老师交流沟通。春风化雨，润物无声，吕文中老师就像一个大家长一样，用自己的言行默默地影响着我们，默默地关心着我们的成长。"

唐霞辉：把每一个学生当成自己的孩子

— 导师简介 —

唐霞辉 华中科技大学光学与电子信息学院教授、博士生导师、德育导师，激光加工国家工程研究中心副主任。兼任中国光学学会激光加工专业委员会副主任，湖北省激光学会理事长，湖北省机械工程学会常务理事。

唐霞辉30多年始终坚守在人才培养第一线，指导研究生80多人，曾获得华中科技大学教学质量优秀奖、师德先进个人、研究生知心导师、我最喜爱的教师班主任、优秀共产党员、三育人奖等荣誉称号。

● 图1 唐霞辉在整理课件

在光电信息大楼B栋走廊，唐霞辉老师步履匆匆从光影中走来，正值花甲之年的他依旧风采不减、神采奕奕。来办公室之前，他刚结束与毕业生的聚会。"我早就跟学生说好了，答应他们要一起吃饭哩！"

教书育人几十年，唐霞辉老师认真负责、可亲可敬，像对待自己的孩子一般对待自己的学生，与学生们建立了深厚的感情。

"在班上，唐老师会关心每个同学的身心健康。但凡是感到迷茫的，或者是有困难的同学，唐老师都会尽力帮忙。"

"尽管唐老师很忙，但他还是会坚持每个月开一次班会，和学生面对面交流，分享经验，督促学生努力学习。"

"特别惊奇的一件事，是唐老师不仅能记得已毕业多年学生的姓名，就连籍贯都记得。"

这是学生们眼中的唐霞辉老师。他是能推心置腹的朋友，是德高望重的长辈，是在迷茫时让自己醍醐灌顶的老师，是身体力行地教诲自己热爱生活的人生导师。唐霞辉老师走上教师岗位已经 30 余年，他关心每一位学生，潜移默化地推动他们成人成才。

『创新育人，呕心沥血』

唐霞辉老师的工作极为繁重，但在他的心目中，教书育人始终是本职工作中的第一位。

"不好好带学生做什么老师，既为人师，就要对学生负责。"在唐霞辉老师眼里，上课是"很有意思"的事情。为了上好课，他精益求精，不断想办法创新授课方式与内容。唐霞辉老师开设的"激光原理与技术"课程，由于基础内容比较零散，"如果上得枯燥了，学生容易走神"。于是，他把知识讲授与科研应用结合起来，自创诗词总结知识点，让晦涩难懂的科学知识变得幽默通俗，时不时还会在 PPT 里放上一两张"萌宠"照片，以调节课堂气氛。为了激励学生高质量完成课堂作业，唐霞辉老师每年开课都会自掏腰包买小奖品奖励学生。几十年来，他的课堂座无虚席，200 多人的大课堂也完全不用担心到课率问题。毕业多年后，学生依然对唐老师的课记忆深刻。尤其是他独创的"唐氏八步法"，更是被学生津津乐道、口口相传。

唐霞辉老师对学生的科研要求十分严格，始终敦促学生在研究中脚踏实地。哪怕自己同时承担着科研、教学、工会活动等多方面工作，唐霞辉老师也依然会对学生的论文严格把关。从初稿文本到答辩 PPT，从格式到内容，唐霞辉老师都尽可能提供细致的指导。在上下课的间隙、乘坐电梯的片段，他抓住一切可利用的时间翻阅学生的论文。据唐霞辉老师的研究生、现于长江存储工作的周毅博士回忆，唐老师对学生的学位论文一般都会修改超过 10 遍。凌晨两三点在论文的电子文档上留下的修改稿意见背后，都是他深夜劳碌的身影。唐霞辉老师对学术科研的严谨态度，让周毅终身受益。

『春风化雨，明灯引路』

从 1994 年至今，唐霞辉老师完整地带过 9402 班、0603 班、0906 班、1302 班、1604 班、1802 班、2104 班……提到带过的这些班级，唐霞辉老师如数家珍，颇为自豪。作为德育导师，唐老师身上的担子比一般老师要重很多。上课之余，学生的生活困惑以及发展规划都被唐霞辉老师记挂于心。"考研、保研、留学、就业，这些问题都是学生们很关心的，那我就得多提供实用的建议和支持，不能说大话空话。"在课堂上，唐霞辉老师会给出很多未来发展的方向和建议。对于前来寻求指导的学生，唐霞辉老师会帮助分析实际情况再给有效建议，还帮忙找导师、写推荐信。"只要学生愿意继续学，我都会尽力帮他们。"有不少学生深受唐老师的感染，决定在科研的道路上继续前行。

对来自农村、经济条件较差的研究生，唐霞辉老师经常以自己在农村的经历鼓励他们，帮助他们树立正确的世界观、人生观和价值观，使他们能够精神饱满地投入学习和科研中去，在经济上也给予他们一定的支持。已毕业的研究生任江华，来自湖北恩施某山区，初入华科大时，不仅感觉经济上压力大，而且对自己的研究能力信心不足。唐霞辉老师主动与他谈心，在经济上适当予以补助，在解除生活上的后顾之忧后，更是在研究工作上给他提供了充分的锻炼机会。进入课题组后，唐霞辉老师让他负责金刚石锯片消音理论和实验工作。从开始查资料、做试验到理论分析等环节，唐老师都给予悉心指导，然后慢慢放手让他独立进行研究，其研究成果为"十五"攻关项目做出了很大的贡献，其自身的独立思考能力和解决问题能力也有很大的提高。

在唐霞辉老师的悉心指导和帮助下，一批又一批优秀学子顺利毕业，在各行各业大放异彩。不少学子选择继续投入激光行业，有的已经成为该领域的专家，为我国激光事业的发展做出了巨大贡献。唐霞辉老师坦言道，每每看到自己的学生在岗位上做出成绩、有所成就，自己就会感觉到为人师的价值感与幸福感。

图 2　唐霞辉老师和学生们在一起

『良师益友，言传身教』

唐霞辉希望学生们都能学会热爱生活、热爱运动，"该学的时候认真学，其他时间也要坚持运动，保持健康。连运动都坚持不下来，学习怎么能坚持下来呢！"为此，唐霞辉老师从校友那里拉来赞助，在光电信息大楼空地增设羽毛球场，还经常与学生在羽毛球场一竞高下。唐霞辉老师组织建立了"激光羽毛球队"，只要是对羽毛球感兴趣的，无论技术如何，都可以一起参与。如今，"激光羽毛球队"已是一支超两百人的庞大队伍。

青年时期容易陷入迷茫，出现心理波动也在所难免，这时便急需良师益友的引导和陪伴。唐霞辉老师也带过这样的研究生。面对他们的问题，唐霞辉老师说："把学生当成自己的小孩，难道还解决不了问题吗？他不主动那就我主动。"为了帮助他们顺利完成学业，唐霞辉老师积极地与他们沟通交流，了解他们的需求，耐心地给出明确的和可行的指导意见，激励他们坚持运动，试着和身边人多相处。功夫不负有心人，学生们逐渐视唐霞辉老师为最信任的人，甚至有家长找到他说："孩子就听您的。"

光学与电子信息学院有个"光电三唐"的说法广为人知，"光电人都知道，有事儿就找这'三唐'准没错"。其中"一唐"就是唐霞辉老师。对于这样一份沉甸甸的信任，唐霞辉老师尤为自豪。作为光学与电子信息学院工会主席，唐霞辉老师在学院发展、师生活动等方面也倾注了很多心血，他参与规划设计了光电信息大楼的绿化工程，在绿化带中种植果树花卉；他积极组织建立师生爱好社团，鼓励大家培养兴趣、增强集体凝聚力。据唐霞辉老师的博士生王平介绍，唐霞辉老师是一个特别热爱生活的老师，只要有时间，他就会亲自下厨做"老三样"，许多学生受他影响，也开始尝试自己做饭。唐霞辉老师对生活的热爱和积极的人生态度吸引着一届届学子争相加入"唐门"。"能做唐老师的学生是一件幸福的事情。"一个受访学生这样说。

知之非艰，行之惟艰。从课程教学到学生培养，从科研到德育，唐霞辉老师用几十年坚守诠释了什么是"言传身教立榜样，无私奉献育栋梁"。

王超：严师出高徒，育人重创新

‖‖‖‖‖‖‖‖‖‖‖‖‖

— 导 师 简 介 —

王超 华中科技大学光学与电子信息学院和武汉光电国家研究中心双聘研究员、博士生导师。带领团队致力于低功耗与智能集成电路设计与研究，目前已在 SCI/EI 核心期刊、国际会议发表论文 80 余篇，获国家发明专利授权 10 余项。指导学生获各类创新大赛国家级奖项 20 余项，率领学生连续 3 年斩获中国研究生"创芯"大赛全国一等奖和最佳指导教师。

『因材施教，以人为本』

王超认为，自己遇到的每个学生都是具有可塑性的，作为导师要细致耐心地因材施教。他善于发现学生的个性和优势，并针对性地制订个性化的培养方案。

在国外工作的过程中，王超发现，华中科技大学的学生在公司和团队中的角色大多是脚踏实地、默默奉献的技术将才，鲜有独当一面、统筹全局的帅才。他坚信华科大学子的潜力绝不止于此，他希望自己的学生不仅自身优秀、能做成事，也能带领一批优秀的人做成更大的事。为此，王超乐于向学生提供各种资源与平台，尽其所能为学生创造各种锻炼机会，培养学生的领袖气质。在与学生日益熟悉的过程中，王超发现，他的研究生赵同学不仅有很强的创新能力，而且极具领导力。但这个女孩子低调谦逊，从未想过主动展示自己。面对潜力无穷的好苗子，王超主动引导和塑造，鼓励她参与学院学生工作、国际学术活动以及协助撰写国家项目申报书等。赵同学也不负众望，在研一下学期就成功帮课题组申请到一项国家重点芯片项目。谈及此事，赵同学说："王超老师总是感谢学生对实验室的贡献，但实际上，是实验室培养了我们，锻炼了我们，成就了我们！"

● 图 1　2023 年实验室南京中山陵春游团建

在王超老师的悉心栽培下，许多学生的综合素质和科研能力都得到了快速提升。4 年来，王超老师已经指导学生以第一作者/共同第一作者身份发表 SCI 论文 7 篇、EI 国际会议论文 18 篇……看到学生们逐渐在适合自己的领域如火如荼地创新探索、突破自我，王超老师也感慨道："优秀的学生与老师是能够彼此成就对方的。"

『致力于为华科大师生提供国际化交流资源』

在集成电路、芯片设计领域的多年深耕，以及在产学两界的丰富经历，不仅让王超成为该领域的专家，也让他积累了丰富的国际化资源。当学生遇到团队解决不了的科研难题时，他总会第一时间帮忙联系，邀请国内外的行业专家和高校学者提供帮助。学生笑称："在王老师团队学习，是有一群导师在指导。"

2019年，王超老师刚回国就把目光投向智能机器人芯片领域，但当时相关领域的研究几乎是空白的。万事开头难，这无疑是一个巨大的挑战。后来新冠疫情暴发，团队无法聚到一起，只能在云端开展技术学习与攻关。为了让学生更好地学习，王超老师邀请哈尔滨工业大学专家团队做指导，并与上海大学、苏州大学等进行跨校交叉学科合作学习。功夫不负有心人，经过一系列尝试，王超老师团队填补了多项智能机器人芯片领域的空白。

为了给学生们提供丰富的实践机会和广阔的创新平台，王超牵头与来自光学与电子信息学院、物理学院、机械科学与工程学院的多个具有丰富科研成果与学生创新团队指导经验的科研团队共同发起成立华中科技大学光电融合芯片双创基地，吸引了多个院系的优秀同学参与其中。双创基地建立以来，已经指导学生获得包括中国研究生创"芯"大赛创"芯"之星、全国大学生集成电路创新创业大赛一等奖在内的十余项国家级奖项。同时，王超老师积极与国家头部高科技企业开展深度项目合作，让学生在交叉创新的实战中锻炼科研能力、培育创新思维。学生对未来发展产生困惑时，王超老师也会帮学生仔细分析利弊，并尽己所能帮学生获得更好的发展机会，近五年来，有30多名学生先后前往清华大学、北京大学、荷兰代尔夫特理工大学、美国加州大学伯克利分校等国内外知名学府深造。

● 图2　王超带队在新加坡参加2023年IEEE工业电子学大会机器人芯片分会

『注重过程的团队管理能催人快速成长』

行业内的工作经历让王超总结出一套高效的团队管理方法。自 2019 年到现在，5 年的时间里，王超带领的团队取得了极为丰硕的成果。

"学科交叉、以大带小、过程管理"，这是王超带领团队的三大"法宝"。王超将不同学科背景的学生打散组成不同的科研小组，每周开展小组交流会，让不同学科的同学在讨论中相互碰撞、激发灵感。王超认为，个人或团队只关注狭小的研究领域会使思维产生局限，不同研究方向的交叉协作则能够拓展研究者的知识面。王超带领的团队在各类创新大赛上能够脱颖而出，就得益于这种交叉融合、团队协作的模式。

"团队凝聚、朋辈引领非常重要。"王超不仅自己经常和学生一起探讨问题，还有目的地调整科研小组的结构，形成高年级带低年级、研究生带本科生、博士生带硕士生的朋辈引领模式。如此一来，当学生面临科研难题时，就能随时请教更有经验的前辈，大大提高了团队的工作效率。

作为团队的掌舵手，王超老师极为重视过程管理，也尽量亲力亲为。对毕业年级的学生，他每周都会检查毕业设计进展；对进入课题组和实验室学习的本科同学，他要求学生每周向学长学姐汇报，每两周在组内进行一次技术交流。他也会要求自己每个月和所有的研究生进行一对一的月度总结和谈话，引导学生做好阶段总结，在每月自评和他评的过程中，帮助学生发现和解决科研上的问题。王超老师这种细致的团队管理方式，不仅让学生们的成长有迹可循，也让团队在短短几年内取得了累累硕果。

『尖子生的身心健康也需要关注』

青年学子正值身心形塑期，面临成长蜕变的困惑与压力。关注学生的身心健康，是每一位教师义不容辞的责任。王超认为，每一位学生都应该成为被关注的对象，既要关注学困生，也要关注尖子生。"他们表面上看起来乐观自信，但实际上也会有很大的心理压力。"对于自驱力没有那么强的学生，王超会采取措施适当地推动一下；对于本身很优秀、给自己定太多目标的学生，王超则会想办法让他们"跑慢一点"。

曾让王超内心震动的，有一位因罹患白血病不幸离世的学生。这位学生极为勤奋刻苦。住院期间，王超老师多次前去探望，看到学生和家人的微信聊天，才知道这位学生背负了太多的责任和压力。聊到这里，王超老师有些哽咽，他说："很多优秀的学生不仅自驱力很强，自尊心也很强，不愿麻烦老师和同学，什么事情都自己一个人扛。那些底子较弱、家庭条件较差的学生更是如此，他们的身心一定相当疲惫。"

尽管日常的科研工作已经占据了自己大部分时间，但他经常利用午餐和晚餐时间，和学生一起在韵苑食堂里吃饭交流，在湖溪河绿道散步聊天，了解学生近况，关注学生的身心状况，给学生答疑解惑。在实验室的日常工作中，他提倡健康的生活作息，并不鼓励学生熬夜加班，还经常鼓励学生积极参加体育活动。每周三，课题组都会举办体育锻炼活动，学生们得以提高身体素质，放松身心。

图 3　课题组师生东湖绿道夜跑集体锻炼

严师出高徒，育人重创新，王超老师以身体力行的方式诠释了青年导师的责任担当，将自己的年华书写在立德树人的岗位上。所谓成人达己，担任导师对王超来说既是一种成长，也是一种历练，是责任和担当。目前，王超老师正在努力为国家集成电路领域培育更多人才，他所带领的团队也在艰苦奋斗，努力突破"卡脖子"难题。"王老师的严格要求会给我们一定的压力，但这也是促使我们前进的动力。课题组的每一位同学，都能在王老师这里获得很多成长的支持。"王超老师的博士生许家瑞说道。

夏珉：研教勤不倦，无声润师风

— 导师简介 —

夏珉 工学博士，华中科技大学光学与电子信息学院教授、博士生导师。光电工程系副主任，光电工程系第五党支部德育导师。湖北省仪器仪表学会理事、《激光技术》杂志编委。主要研究方向为介质中光散射理论研究、光电探测系统设计以及微弱光信号探测技术研究。长期从事光电测量领域研究，特别是基于成像探测方式的精密测量技术研究工作。以项目负责人身份承担国家自然科学基金、高等学校博士学科点专项科研基金等基金项目以及多项企业合作项目。参与国家重大科学仪器设备开发专项、国家自然科学基金项目、总装"十二五"预研项目等多项。近年来以第一作者或通讯作者在国内外一级期刊及学术会议发表论文 130 余篇，其中 SCI 收录论文 60 余篇，获中国发明专利授权 17 项。2019 年获湖北省科技进步奖二等奖。2021 年带领团队参加"创青春"湖北省青年创新创业大赛获银奖。

『深耕教学，潜心育人』

夏珉老师是一位在教育战线上默默奉献的杰出工作者，承担着"激光原理与技术"课程的教学工作，累计授课超过 750 学时。在夏珉老师的精心耕耘下，该课程于 2019 年获得华中科技大学课堂教学优质奖，于 2022 年获得全国高校光电信息科学与工程专业优秀课程思政教学案例一等奖。

　　"激光原理与技术"是光学专业的核心基础课，对于培养光学人才具有举足轻重的意义。夏珉老师深知这一点，他在讲授过程中精心设计每一个环节，包括讲授、答疑、讨论等环节。他广泛查阅文献资料，将学科前沿动态融入教学内容，激发学生对科技领域的探索欲望。在课堂上，他运用问答、讨论等互动方式，引导学生主动思考，培养学生的思维能力和解决问题的能力。课下，他总是敞开办公室大门，随时准备解答学生的疑惑，为他们提供学术上的指导和帮助。

　　当谈及本科教育理念时，夏珉老师表示："本科阶段不仅是学生学习专业知识的重要时期，还是他们塑造人生观、价值观的关键时期。"因此，他在授课过程中不仅注重知识的传授，还致力于培养学生的综合素质。他经常在讲解课程内容的基础上，拓展相关领域的知识，帮助学生拓宽视野，提高跨学科能力。同时，他通过举办学术讲座、组织学生参加科研项目等方式，培养学生的创新意识和实践能力。

● 图 1　夏珉讲授"激光原理与技术"课程

『坚定信念，以德立人』

　　作为一名中共党员，夏珉老师不仅在教学上兢兢业业，更在党建工作中发挥着积极作用。他担任光电工程系党支部书记长达 9 年，以身作则，推动党支部建设取得显著成效，并于 2014 年荣获"优秀党务工作者"称号。这既是对他个人工作的肯定，也是对他所在党支部的认可。

在党支部建设方面，夏珉老师始终严格把关，以高标准、严要求的态度确保党支部工作顺利进行。在他的指导下，光电工程系研究生第五党支部的支部书记多次获得"校优秀研究生干部"的荣誉称号。此外，该党支部在2022年"百个研究生讲好百个校史故事"活动中表现出色，荣获优秀校史故事创作党支部，充分展现了党支部在研究生成人成才中的战斗堡垒作用。

在德育工作中，夏珉老师同样不遗余力。作为光学与电子信息学院光电工程系研究生第五党支部的德育导师，他始终将立德树人作为教育的根本任务，通过言传身教，引导学生树立正确的世界观、人生观和价值观，鼓励他们追求卓越、勇于创新。同时，他还非常注重学生的全面发展，关注学生的品德、体能、审美和劳动等方面的素养提升。他定期举办微党课，深入浅出地讲解科研诚信、学术道德等重要课题，引导学生树立正确的学术观念和行为规范。

『潜心科研，为国树人』

在科研领域，夏珉老师同样表现出色。他所在的科研团队积极响应国家战略需求，在智能光电检测与传感、光电成像系统设计等领域取得了丰硕的科研成果。他们致力于解决纳米颗粒群粒径分布的光学测量方法、光学相干检测、超精密光谱测量等关键科学和工程问题，为光电检测领域的发展做出了重要贡献。同时，夏珉老师还非常注重科研成果的转化和应用，积极与行业龙头企业合作，推动科研成果在现实场景中的落地和转化。

此外，夏珉的团队也非常重视与国内外的学术交流和合作，与海军工程大学、中国海洋大学、美国斯克里普斯海洋研究所等高校和研究机构长期保持学术交流与合作研究关系，同时与智能激光制造领域的企业及科研院所也有广泛、长期的合作。夏珉老师还鼓励博士生参加国际会议和进行短期交流访学，以拓宽视野，增强科研创新能力。这种人才培养格局不仅培养了科研创新型人才，还培养了应用实践型人才。

● 图 2 夏珉团队在进行科研任务

『春风化雨，良师益友』

夏珉积极引导学生发奋图强、追求卓越，鼓励他们在科研上积极探索、努力创新。他始终坚持严谨的学术方法和道德操守，以身作则，成为学生们学术生涯的楷模。同时，夏珉老师因材施教，根据专业型硕士和学术型硕士培养目标的不同，有针对性地开展差异化教学，坚持奉行"专学分开，科研实践两手抓"的培养理念。

另外，夏珉老师总是以开放和包容的态度对待每个人，无论是研究生还是本科生，都给予他们充分的尊重。这种态度深深地影响了团队的学生，使他们更加自信和勇敢地探索新领域。夏珉老师总是愿意倾听他人的意见和建议，他认为每个人都有独特的贡献，都能为团队带来新的思考和启示。

除了关注科研工作，夏珉老师也非常关注研究生的思想状况和学习生活情况。他重视与学生一对一的沟通，经常利用课余时间与学生交流生活、学习和科研过程中的困惑和困难。夏珉老师常常挂在嘴边的一句话是"有没有什么是需要我提供帮助的"。他用切身行动引导学生树立正确的世界观、人生观和价值观，让他们感受到学校这个大家庭的温暖。

夏珉老师还经常针对学生的未来职业发展给出建议。对于那些喜欢钻研、有志从事科研的学生，夏珉会鼓励他们积极准备考研考博；对于那些迫切希望从事实务工作但暂时没有机会的学生，他会提供实习建议并帮助他们找到适合自己的工作。此外，夏珉老师还会根据学生的特点调整课题方向，不仅关心学生科研的进展，还关注他们的生活和心理状态，以保证学生全面健康成长。

◎ 图 3 夏珉指导团队学生的科研工作

博士生邵谭彬因能成为夏珉老师的学生深感荣幸。在学术道路上，夏珉老师是他的引路人。每次遇到问题时，邵谭彬都会得到夏珉的启发式指导，使他豁然开朗。对于学习中的问题，夏珉老师总是要他随时联系自己，并及时解答他的困惑。同时，夏珉老师还会循循善诱地帮助他找到自己的科研兴趣点。在夏珉老师的影响下，邵谭彬树立了严谨治学和专注科研的学术态度。他表示："在未来的学习和工作中，我将认真践行老师的教诲和品质。"

作为一名优秀的教育和科研工作者，夏珉老师以严谨的学术态度、无私的奉献精神和对学生的关爱，为培养高素质人才做出了卓越贡献，他的教学方法和科研成果赢得了人们的广泛认可。夏珉老师的事迹，不仅激励着他的学生不断追求卓越，也为我们树立了一个优秀教育工作者的典范。

姜胜林：坚守育人初心，厚植家国情怀

— 导 师 简 介 —

姜胜林 华中科技大学集成电路学院教授、博士生导师、德育导师。2019 年获湖北省有突出贡献的中青年专家称号，2020 年获国务院政府特殊津贴，2021 年获评"湖北名师工作室"主持人、"湖北名师"称号。曾获得"宝钢优秀教师奖"，华中科技大学"教学名师"、教学质量一等奖、师德先进个人、我最喜爱的导师、知心导师、我最喜爱的教师班主任、优秀共产党员、三育人奖等荣誉称号。

姜胜林教授带领的先进功能材料与器件课题组致力于铁电、介电陶瓷及其聚合物纳米复合功能材料与器件的基础和应用研究。面对全球对战略性先进电子材料与器件的迫切需求，课题组成功研制了高效制冷用电卡复合材料与器件、高性能陶瓷及纳米复合储能材料与电容器，以及非制冷红外焦平面阵列用热释电陶瓷材料等，取得了一系列重要创新成果，掌握了制备纳米功能材料与器件的核心技术，为推动纳米功能材料与器件在新型能源、信息与环保领域的应用做出了重要贡献。课题组现有教授 3 人，工程师 1 人，在读研究生 25 人，构成了一支结构合理、理论扎实、朝气蓬勃的学术型、应用型创新团队。

『筑梦育人守初心』

"把教育当作自己一生的事业，把学生当成自己的孩子"，这是姜胜林始终铭记的初心和使命。作为本科生"半导体物理"课程的老师，为了找到与课程相匹配的时事热点，姜胜林看报时总会多留意科教文卫版面，一旦发现与课程相关的信息，他会立刻拿起剪刀、胶水，将这则新闻变成教案本上的"补丁"。十余年来，"补丁"多不胜数、层层叠叠。躬耕教坛二十余载，打满"补丁"的教案本饱含了师者的拳拳心意，更唤醒了课堂的"低头族"。

● 图1　实验室部分学生合影

修身以立德，传道以树人。姜胜林始终将"践大德、守公德、修私德"观念融入日常言行和实践点滴，在言传身教中让学生牢记立德是做人之本，培养好的道德品质才能在学术上有所建树。学生评价姜胜林"既大方又小气"，这个看似矛盾的评价，映射的恰是姜胜林对学生的良苦用心。对于学生的科研工作和生活补贴，只要合理，他便不计成本地支持，同时绝不允许浪费实验材料，不允许在餐桌上浪费饭菜，始终向学生强调勤俭是一种美德。只要是学生的请求，姜胜林都会第一时间处理，其他课题组的同学找到姜胜林反映自己的家庭困难，他也会当即拿出自己的薪资帮助其解决后顾之忧。当在报纸上看到自己已经毕业的学生遭遇家庭困难的新闻时，他立即将刚拿到的年终奖送过去。很多同学在面对求职、职业发展、个人情感等人生关键问题时，总会第一时间征求他的建议；在实验室已毕业女同学的婚礼上，更是姜胜林把她的手庄严地交到了新郎手中。这便是姜老师，亦师亦父亦友，用爱心感化学生，用真心关怀学生，用细心了解学生。

桃李不言，下自成蹊。姜老师五十岁生日之际，身在海内外的学生自发地策划集聚母校为姜老师庆祝生日的活动。二十多年的教学生涯中，姜胜林始终牢记为党育人、为国育才使命，因材施教，为每位研究生制定个性化培养方案，每两周都会对所有研究生进行面对面贴心辅导。对于这种辅导，学生亲切地唤之为"去姜老师那'吸氧、补钙'"。在交谈中，姜胜林循循善诱，唤醒了学生们的生命感、价值感，激发了学生们的创造力。除了悉心指导课题组的研究生外，作为本硕博 2101 班的教师班主任，姜胜林还带领班级同学在青年园瞻仰胡吉伟雕像，学习胡吉伟精神，注重学生在思想精神、文体兴趣、学习科研以及集体共进等方面的全面发展，打造出一支思想先进、学风浓厚、凝聚力强的优秀班集体，本硕博 2101 班也由此获得 2022 年度"胡吉伟班"荣誉称号。

● 图 2 荣誉班集体合影

『脚踏实地求创新』

姜胜林的课题组不仅重视学术创新和理论研究，还十分重视优秀青年学生的培养。课题组有潜心于纳米能源材料与器件和敏感材料与传感器研究的张光祖教授，有从事新型光电转换材料与器件研究的李康华副教授，有专注于信息功能陶瓷材料与器件生产的邱世勇工程师，更有着力于学生人格培养的姜胜林教授，形成了一个优势互补的育研共同体。同时，课题组与国内外知名单位建立了良好的合作关系。课题组人才结构合理，既包括科研创新型人才，又包括应用实践型人才，通过导师强强联合来培养研究生，使学生在产学研中全面发展，研究成果大量涌现，毕业生在工作岗位竞相争妍。

近五年，课题组在 *Advanced Materials*、*Energy and Environmental Science*、*Science Advances* 等高水平 SCI 期刊上发表多篇学术论文。目前，课题组研究生的奖学金获得率为 100％，课题组学生在中国研究生电子设计竞赛、"挑战杯"大学生课外学术科技作品竞赛中均斩获佳绩，课题组 2020 届优秀毕业生余慕妮同学还获得长江存储 MC2020 年度最佳新人奖。

"独学而无友，则孤陋而寡闻。"为了让学生们及时把握科研新动向，课题组每个学期都会邀请学科内顶尖学者来做报告，同时积极鼓励学生出去参加国内外学术会议。

<h2 style="text-align:center">『家国情怀长在心』</h2>

在科研实践中，在日常生活中，在品格培养中，姜胜林课题组的师生永远都洋溢着热情。作为团队的总指挥员，姜胜林每年都组织大家观看感动中国年度人物颁奖盛典，一起了解那些了不起的人和事，感受震撼人心的人格力量。2023 年 4 月，姜胜林结合自己学生时期的奋斗历程，围绕"爱国、团结、奋斗、科学、互助"主题为学生讲授了精彩一课。学生受益匪浅，姜老师也因此收到许多班级的授课邀约。

图 3　姜老师为学生授课后合影

团队成员之间相互信任、相互扶持，高年级师兄师姐会悉心指导低年级师弟师妹操作实验设备和完善论文结构，所有人都拧成一股绳，多年如一日兢兢业业、实事求是、踏实认真地进行着科学研究。课题组设有安全卫生部、组织策划部、资源宣传部三大部门，共同将实验室营造成一个"友善、勤奋、拼搏、卓越"的大家庭。

姜胜林希望学生不仅是卓越的"责任担当者"和"问题解决者"，还能成为"终生运动者"和"优雅生活者"。实验室设有照片墙、绿植角，营造出舒适的学习和工作环境。课题组成员每周三晚上会一起练瑜伽，每周五晚上打羽毛球，每月一次外出团建，每季度一次生日会，这些活动极大地丰富了大家的科研生活。"研途"虽难行，但其乐融融。

缪向水：不但"扶上马"，还要"送一程"

— 导师简介 —

缪向水　华中科技大学集成电路学院院长，教授、博士生导师，国家人才计划入选者，武汉国际微电子学院院长，国家集成电路产教融合创新平台主任，国家先进存储产业创新中心首席科学家，德育导师。主要从事三维相变存储器、忆阻器、类脑智能芯片等方向的研究。近年来主持承担国家重点研发计划项目、国家科技重大专项（02 专项）、国家高技术研究发展计划项目、国家国际科技合作专项、国家自然科学基金项目等国家级科研项目 30 余项。已发表论文 400 余篇，获得美国发明专利授权 12 项、中国发明专利授权 165 项。

缪向水教授带领信息存储材料及器件研究所，密切结合国家及湖北省集成电路产业的重大需求，以先进存储器芯片领域前沿探索及其成果转化为导向，从新原理、材料、器件、工艺、集成、测试等方面开展重点研究，在新型存储器的器件结构、材料体系、操作模式、制造工艺技术等方面获得自主知识产权，在三维相变存储器、存算一体忆阻器、类脑智能芯片等领域的研究水平达到国际先进水平，部分领域达到国内领先水平，并凝聚和造就了一个特色鲜明的存储器研究团队。团队现有教师 13 人，其中国家级和省级优秀人才 9 人，在读研究生 180 余人，构成了一支结构合理、朝气蓬勃、能打硬仗的创新研究团队。

● 图 1　实验室部分师生合影

『师者说，攻坚克难，敬业奉献』

"芯片是国之重器，相关核心技术必须掌握在自己手上，岂能被别人随便卡住脖子！" 2007 年，缪向水放弃国外优越的科研条件、优厚的生活待遇和得之不易的永久职位，毅然决然地携家人回到母校重执教鞭，投身祖国和人民的高等教育事业。对于他的选择，很多朋友都不理解，觉得他摔了"金饭碗"，捧起"泥饭碗"。但他只有一个想法："信息存储技术是当今信息技术的基石，我国与国外的差距还很大，经常被'卡脖子'。这不仅仅是经济问题，更是涉及国家产业安全和国家信息安全的大问题。趁着现在还能为国家做点事，多培养一些专业人才，也算是为祖国建设尽一份绵薄之力。"

刚一回国，缪向水就不分日夜地忙碌起来：对内狠抓人才队伍建设和研究设备平台建设，对外通过各种会议和交流，提高学校及其研究成果的显示度，加强国际合作交流。17 年过去了，他的辛苦努力已初见成效：特色鲜明的研究团队已基本建成；完善的存储器制备、测试及工艺设备平台建立起来；三维相变存储器、存算一体忆阻器等重点方向硕果累累；研究成果在国际顶级学术期刊 Science 刊发；培养及正在培养的博士后、博士研究生、硕士研究生 500 余名；承担国家级科研项目数十项。自主研发存储芯片是缪向水矢志不渝的追求，十多年的坚守也让他获得很多荣誉：2021年 11 月，入选中央文明办"中国好人榜"；2022 年 4 月，获评"荆楚楷模"年度人物；2022 年 6 月，当选武汉"最美科技工作者"。

◆ 图 2　缪向水教授获 2021 "荆楚楷模" 年度人物

"年轻教师应该静下心来，聚焦特定方向，潜心做长期研究，真正把论文写在祖国大地上。只有这样，未来我们才能圆'芯片梦'。"缪向水常对青年教师和青年科研工作者说，芯片行业的研究需要时间和耐心，绝不能跟风追逐热点。他认为，对于引进的青年人才，不但要"扶上马"，还要"送一程"，要指导他们尽快适应教师角色，融入国内学术圈，推荐他们申报项目、承担科研课题等。在他看来，假如将人才引进来后就撒手不管，让其自生自灭，就好比把小孩直接丢到大江大湖里，没准扑通几下就沉了，这对人才成长是极端不利的。

徐明教授是缪向水引进的人才之一，他是德国洪堡奖学金获得者，曾在亚琛工业大学从事博士后研究。2015 年，缪向水利用参加学术会议的机会，主动联系和动员徐明，希望他来华中科技大学工作。2016年，徐明加入集成电路学院，现任学院微电子学系主任，成为微电子学领域的教学与科研生力军。"刚回国的时候确实有点水土不服，但加入缪老师团队后，我才发现，原来他什么事都想在了我们前面。"无论是打磨项目申报书和PPT、传授答辩经验，还是推荐申报和承担国家项目，缪老师对青年教师的帮助可谓事无巨细。更令徐明佩服的是，对于集成电路学院甚至是其他学院的青年教师，缪老师也会毫不吝啬地给予帮助。在学院，他被大家亲切地称为老缪。久而久之，学院里像老缪这样的"传帮带"现象屡见不鲜，已经成为学院文化的一部分。

● 图3 2019年ISMD年会上，中间为缪向水教授

"只有年轻人都上去了，学科才会有前途。"这是缪向水始终铭记的原则。即使科研工作再繁忙，缪老师也始终站在教学第一线。每次上课前，他都要精心准备，将积累的科研经验毫无保留地传授给学生。课堂上，有他爽朗的笑声；实验室里，有他示范操作的身影。他在讲课中善于将自己研究领域的最新成果融入其中，真正让学生做到"知其然，知其所以然"。缪老师虽然已经年过半百，但是仍然承担着多门本科生和研究生课程。对此，他说道："学校培养人才为第一要务，教学也是老师的第一天职。我们一定是要站在教学第一线的，尽可能抽出更多时间跟学生讨论、上课、答疑。最终目标还是让我们的大学培养的学生，能达到社会所需要的水平。"缪向水就是这样，以研究为阵地，以实践为突破，以课堂为舞台，在"中国芯，中国造"的道路上负重前行着。

『研者说，产学结合，桃李争妍』

产学结合，合作共赢。缪向水团队不仅重视学术创新和理论研究，而且强调把科研成果落实在祖国大地上。研究所成立华为联合实验室等 10 余个校企联合实验室，推动相关产业落地。同时以集体的形式对研究生的综合能力进行锤炼，使他们在产学研合作实践中全面发展。在这些举措下，研究成果大量涌现，毕业生在工作岗位上竞相争妍，为中国集成电路产业发展输送了大量优质研究成果和高层次人才。

追求卓越，知行合一。近年来，研究所成员承担国家重点研发计划、国家自然科学基金重点项目等国家级科研项目 30 余项。研究所成员在 *Science*、*Nature Electronics*、*Nature Communication* 等世界顶级期刊/会议发表论文 400 余篇。研究所学生多次获得中国电子学会集成电路一等奖学金、Lam Research 论文奖等、研究生国家奖学金等，并在紫光展锐杯、中国国际"互联网＋"大学生创新创业大赛、中国研究生创"芯"大赛、集成电路 EDA 设计精英挑战赛等赛事上获得国家级荣誉 10 余项，参加国际会议 20 余次。

● 图 4　缪向水和研究所毕业生合照

『朋辈说，又红又专，全面发展』

党旗领航，立德树人。缪老师作为集成电路学院研究生微电子学系第一党支部德育导师，不仅定期为党员同志们讲授党课，而且经常以自身 20余年的科研经历鼓舞支部成员们坚定信心，求真务实，聚焦"中国芯"发展。党支部也在缪老师的带领下积极开展"三结合"：党性修养与专业能力相结合；党员同志与非党员群体相结合；支部建设与个人成长相结合。支部党员同志以缪老师为榜样，积极开展"1＋1"传帮带机制和"1＋N"以点带面机制，团结互助，共同成长，充分发挥党员先锋模范带头作用。

统筹兼顾，文化育人。对于研究所的成员而言，"ISMD"（研究所名称的英文缩写）是大家最亲切的名字，是家一般的存在，大家就是彼此最信任的家人。缪向水既在团队研究课题的总体方向上进行统筹，又注重用自己的实际行动为团队的文化建设注入精神和信念。在科研实践中，在各项比赛中，在日常生活中，缪向水团队中的师生永远都是洋溢着朝气。团队成员曾获得华工杯篮球赛冠军、华中科技大学羽毛球锦标赛冠军、校运会绑腿跑冠军等荣誉。如此一来，缪老师的队伍是一支德智体美劳全面发展的队伍，进而影响了一批人，带动了一群人。缪向水希望学生不仅要打造应国家之所需的中国芯，还要坚定自身追求卓越的决心！

缪老师就是这样，在科学研究的道路上，他永不知疲倦，永不满足，高瞻远瞩又脚踏实地。在人才培养上，他坚守初心，以身作则，不但要"扶上马"，还要"送一程"。他的执着与奉献，赢得了大家的钦佩！

刘禹良：奋斗正青春，以才著华章

— 导师简介 —

刘禹良 华中科技大学人工智能与自动化学院研究员，博士生导师，中国图象图形学学会文档分析与识别专委会副秘书长。入选国家教育部海外高层次人才引进计划、中国科协青年人才托举工程、2023及2024年斯坦福全球前2%高影响力科学家榜单、华为东湖青年学者及中国图象图形学学会优博等。主要从事文字图像智能、视觉语言大模型相关方面研究，近年来在国际期刊和会议如 TPAMI、IJCV、CVPR、ACL 等视觉与自然语言处理顶刊顶会上发表论文 40 余篇，其中 OBSD 论文获 ACL 最佳论文奖、Monkey 多模态大模型获评 CVPR Top20 高影响力论文及华中科技大学 2024 年度重大学术进展，学术总被引 5 千余次。担任《中国科学：信息科学》编委，曾获第六、八、十届（第一指导老师）中国国际"互联网＋"大学生创新创业竞赛全国金奖，MLT17、ReCTS、TextVQA 等十余项国际权威学术竞赛冠军。主持国家自然科学基金青年项目和两项国家重点研发计划子课题。

『潜心教学，以生为本』

刘禹良主讲"视觉语言处理"课程，始终坚持以学生为中心，不断探索新的教学方法，以提升学生的学习效果。在教学中，他注重训练学生的实践能力和提升学生的创新精神，比如组织学生开展演讲报告、自主阅读分享会，积极动员学生参加中国国际"互联网＋"大学生创新创业大赛；同时带领大学生创新创业团队和 IPAD 本科生创新团队，开展甲骨文文字、非洲文字识别探索，以及多模态大模型、数学推理能力等方面的研究。

图 1　刘禹良作为教师班主任参与班会

图 2　刘禹良指导学生开展科研项目

『专注前沿，追求创新』

刘禹良始终专注于文本图像智能领域的前沿研究，取得了诸多具有创新性的成果。他曾入选国家海外高层次人才引进计划、中国科协青年人才托举工程，入评湖北省海外高层次特聘专家和华为学者；主持有国家自然科学基金青年项目，担任 2 项国家重点研发计划子课题负责人，获中国图象图形学会优秀博士学位论文奖；在一流国际期刊和会议，如《模式分析与机器智能交易》期刊（TPAMI）、国际计算机视觉与模式识别会议（CVPR）上，发表论文 40 余篇，谷歌学术引用次数 4000 余次；与商汤、腾讯、阿里等相关研究团队同台竞技，研究成果在国际计算机视觉与模式识别会议上获得视觉文字问答任务冠军、在文档分析与识别国际会议（ICDAR）上获得多语种文字检测竞赛冠军、中文街景招牌文字检测冠军。刘禹良提出的任意形状端到端文字检测识别方法 ABCNet，在取得最佳性能的同时，速度比过去最好的方法快 10 倍以上，其研究成果发表在 TPAMI 及 CVPR 2020 上，成为文本图像智能领域内的一个里程碑。他带领团队提出能感知世界的 Monkey 多模态大模型，被人工智能领域的国际顶级会议 CVPR 2024 接收为焦点论文；提出文字多模态大模型 TextMonkey，突破了通用文档理解能力的边界，通用文档理解性能显著超越现有开源方法。多项研究成果应用于华为云、腾讯音乐、合合信息、Adobe、三菱重工、阿里、金山办公等企业。

『悉心育人，屡创佳绩』

在学术竞赛方面，刘禹良作为指导教师，带领学生在诸多知名国际竞赛取得 6 项冠军，以及第六届及第八届中国国际"互联网＋"大学生创新创业大赛金奖。在专利方面，刘禹良共获得发明专利授权 19 项，涉及文本图像智能领域的创新技术。他还热衷于参与学术活动，如在 2022 年和 2023 年视觉与学习青年学者研讨会中做年度进展报告，在 2024 年视觉与学习青年学者研讨会中协助主持多模态大模型研讨会论坛，邀请讯飞星火、文心一言、上海书生系列等顶尖大模型研究团队的专家进行研讨，得到青年学者的广泛关注；担任《中国科学：信息科学》专刊编委、《中国图象图形学报》编委等职务，为国际知名会议或期刊如 TPAMI、CVPR 等审稿百余篇。他带领学生贡献了十余个学术开源项目，基于此衍生出许多知名工作，相关成果发表在国际顶级期刊和顶级会议如 TPAMI、CVPR 上。其多项代表性工作被浦江实验室等知名算法库收录。

『热心公益，服务社会』

图 3　刘禹良与班级学生在一起

刘禹良一直积极参与学校和社会的各类公益活动和志愿服务项目。他多次参与潮汕地区招生宣传；在武汉二中、重庆八中等开展关于科技前沿进展 ChatGPT 的讲座；参加学院组织的各类公益活动，在学生学习和生活方面提供关心和帮助。在服务国家重大发展战略层面，他参与举办埃塞俄比亚等五国大使参与的中非非洲文字技术交流论坛，并担任主持人；主持教育部中外人文交流中心主办、华中科技大学承办的 2022 年中国高校人工智能训练营，邀请国内外顶级专家为来自清华、上海交大等名校的本科生提供指导；协助创办本科生 IPad 创新研究团队，为学有余力的低年级学生提供资源与教学指导。

对于未来的发展，刘禹良坦言，希望自己能够用青春拥抱时代，以拼搏创造未来，更加关注学生的发展和需求，为学生服务；更加关注学校、社会和国家发展的重大问题，有针对性地做出更大的贡献，在不断的学习和实践中，成为一名更加优秀的青年教师。

陈键伟：用心耕耘教育，引导学生成长成才

— 导师简介 —

陈键伟　武汉光电国家研究中心生物医学光子学研究部副教授、德育导师。2019 年入选武汉黄鹤英才计划（优秀青年人才），2021 年获评华中科技大学优秀教师班主任。现从事全脑光学成像技术及精密仪器研究，发表 SCI 论文 10 余篇，获发明专利授权 10 余项，主持及参与国家自然科学基金、国家科技重大专项、国家重大科学仪器设备开发专项等国家与省部级项目 5 项。

『深耕三尺讲台，心系育人使命』

教书是教师的天职，自加入华中科技大学后，陈键伟先后为本科生、研究生讲授过"生物医学测量与仪器""精密机械设计与 CAD""神经光学成像""生物医学光学原理与成像技术""生物光子学基础"等课程。教学过程中注重多学科交叉，构建多层次课程体系。

陈键伟老师热爱课堂，热爱学生，他总是以极大的热情投入课堂教学和科学研究中。课前他会精心设计每一个教学环节，并在课堂上深入浅出地讲解复杂的概念，使学生能够更好地理解、掌握和应用课程知识。他以丰富的实际案例启发学生思维，通过问答、讨论等方式与学生互动，引导学生主动参与和深入思考。这种互动式的教学方法不仅激发了学生的学习热情，也培养了他们的批判性思维和解决问题的能力。课后采取线上和线下相结合的方式为学生答疑解惑，学生有问题随时都可以得到解答。

陈键伟老师不仅关注学生的学术成长，还特别注重在课程中引入思政元素。他通过实例和对比，引导学生树立科技兴国的理想信念，培养学生精益求精的工匠精神。这种寓教于乐的方式既增强了课程的趣味性，也使学生在学习的过程中获得了更多的启示和思考。

『以研促学，助其成长成才』

自 2018 年起，陈键伟老师先后担任生医硕 1906 班和工科 1901 班的教师班主任，并获评华中科技大学优秀教师班主任。累计担任本科生学业/专业导师 10 余次，指导大学生创新创业项目 5 项，指导毕业设计 10 余人。

● 图 1　陈键伟老师与毕业答辩学生合影

陈键伟老师对待学生可谓倾其关爱，助其成才。一位研三学生学业压力太大，出现了心理健康问题，陈键伟老师及时注意到该生的异常，细致地做该生的情绪安抚和思想引导工作，并尽力帮助其完成学业。该生在学位论文的致谢中写道："陈老师平易近人、和蔼可亲，在我状态低迷时帮助我梳理思路、调整心情，使我有了更好的状态迎接毕业论文的挑战。"

在关注学生学术成长的同时，陈键伟老师还注重培养学生的创新能力和综合素质。他以科研项目为载体，因材施教，根据每个学生的特点和兴趣爱好，引导他们充分发挥自己的优势和潜力。在他的指导下，两名硕士研究生获得了国家奖学金，并在研二时就获得了多项发明专利授权。这两名学生在国际学术期刊上发表了多篇研究论文，其中两篇发表在 *iScience* 和 *Biomedical Optics Express* 等权威期刊上。这些成果展示了陈键伟老师在培养学生科研能力和创新精神方面的成就。

陈键伟老师还鼓励学生积极参加学术交流和学科竞赛，为他们提供展示自我和提升自我的平台。在他的支持和指导下，多名学生获得了荣誉和奖项，这些荣誉和奖项不仅是对学生的认可和鼓励，也是对他的努力和付出的肯定。

『思政引导，立德树人』

自 2022 年起，陈键伟老师开始担任华中科技大学研究生德育导师。他严格遵守学校及研究中心的工作实施细则，尽心尽力地履行德育导师的职责。作为德育导师，他以高度的责任感和敬业精神，关心每一位研究生的成长和发展。

陈键伟老师特别关注学生党支部的组织生活会，每次都会利用这个机会与学生进行深入的交流。他倾听学生的想法和意见，了解他们的思想动态，并关心他们在学习、科研、就业等方面所遇到的实际困难。他以平易近人、和蔼可亲的态度，引导学生以更好的状态迎接各种挑战。

『传递科学精神，点亮精神火炬』

科技是国家强盛之基石，创新是民族进步之灵魂。科学普及是我党的一项重要事业。2022 年，中共中央办公厅、国务院办公厅印发了《关于新时代进一步加强科学技术普及工作的意见》，鼓励科研工作者积极参与科普工作。

自 2018 年起，陈键伟老师作为中国医学工程学会的科学传播专家，积极参与"健康科普行"活动。他多次赴延安、贵州等地进行科普宣传，为

图 2　陈键伟老师为学生进行科普讲解

学生们讲解脑科学知识，激发他们对脑科学的兴趣，培养他们的科学思维、科学精神和实践能力。陈键伟老师的科普宣讲内容丰富、深入浅出，让学生对脑科学有了更深入的了解和认识。他的讲解方式既生动有趣又具有启发性，让学生在轻松愉悦的氛围中收获了知识。他的热情和关爱也感染了学生，激发了他们对科学的热爱和追求。

宣讲的最后，他都会勉励学生要努力学习本领，吸取科学知识，成为堪当民族复兴重任的时代新人。

陈林：与时代共进，与学生同行

〡 〡 〡 〡 〡 〡 〡 〡 〡 〡 〡 〡 〡 〡 〡 〡

― 导 师 简 介 ―

陈林　武汉大学博士，加拿大麦克马斯特大学博士后。现为华中科技大学武汉光电国家研究中心教授、博士生导师，国家人才计划入选者，担任美国光学会期刊 *Optical Materials Express* 副主编，《中国科学：物理天文学》、《光子学报》、*Frontiers of Optoelectronics* 青年编委。主要研究方向为微纳光子学（超表面光子器件、PT 及拓扑光子学）和硅基集成光子器件。以第一作者及通讯作者身份在光学和光电子领域顶级和主流期刊 *Nature Nanotechnology*、*Nature Communications*、*Physical Review Letters* 等发表论文 60 多篇，被 *Science*、*Nature Photonics* 等顶尖学术期刊引用 1800 多次，H 指数为 21。

他先后主持国家自然科学基金项目 5 项、国家重点研发计划项目 3 项，国家重点实验室开放基金项目 3 项，航天科工项目 1 项、华中科技大学自主创新基金项目 2 项、教育部重点实验室主任基金项目 1 项，参与国家重点基础研究发展计划（973 计划）、国家自然科学基金项目等多项。2020 年获湖北省自然科学奖二等奖。

『使命在肩，开拓创新』

陈林是一位严谨认真、勇于创新、具有出色战略眼光的科研工作者。他在电磁学、光学超构材料与超构表面等领域取得了杰出的成就。他始终秉持着开拓创新、勇于挑战的理念，将目光聚焦于国际前沿和国家战略需求，悉心指导和教育学生，要求学生做前沿的研究，探索科研的创新点、突破点。

作为课题组中每天最早到达和最后离开的人，陈林老师以身作则，用自己的实际行动影响和激励着团队成员。他注重理论与实践相结合，在国家重点研发计划和国家自然科学基金等项目中指导学生参与研究，为解决国家重大战略需求及"卡脖子"技术做出积极贡献。

● 图1　陈林老师受邀在国家会议中心参加国际会议并作报告

陈林老师的学术理念和信仰不仅体现在自己的科研实践中，也贯穿于对学生的培养教育中。他强调学术的原创性和创新性，鼓励学生要善于在理论与实践中探索创新点、突破点。他指导学生参与"收发一体化硅光集成芯片"及"可重构光突触阵列研制及多通道调控研究"等重点项目，为国家重点领域的发展做出了贡献。

『循循善诱，因材施教』

"师者，所以传道授业解惑也。"作为导师，陈林不仅注重研究生的学术培养，还关注他们的成长和未来发展。他根据每个学生的专业基础和背景，量身定制研究计划和方向，引导他们完成研究生的身份转变，鼓励他们独立思考，发掘新的研究课题。

陈林老师课题组硕转博研究生许冰聪在他的鼓励下，选择了之前组内没有涉及的拓扑光子学领域。陈林老师包容的态度和课题组自由的学术环境使许冰聪得以不断充实和完善自己的知识体系。对于科研难题，陈林老师会积极联系专业学者参与课题讨论，这加快了许冰聪理解新知识的速度。陈林老师也会严格地把控课题质量，使许冰聪的科研思维得到了迅速提升。

在与陈林老师一起努力奋斗的过程中，博士研究生王洲禹对所研究领域理论的理解越来越透彻，慢慢学会了自主思考和独立创新，也渐渐培养出不轻易放弃、勇于攻坚克难的劲头，对于高强度的科研工作从最开始的不适蜕变为享受。陈林老师一丝不苟的科研态度和亲力亲为的担当作为一次次感染着学生们，是学生成长成才、未来发展过程中宝贵的财富。

陈林老师还瞄准国际前沿和学科发展热点，与国内外高校建立联合研究小组共同研究人工微纳结构等创新领域，支持研究生参与国内外重要学术会议，并做中英文口头或邀请报告，鼓励他们向业界学术大师请教学术问题，拓宽科研视野，提升科研国际化水平。他还组织研究生开展硅基光子集成器件、基于光学超表面的新型器件、光学奇异点光子集成器件等方面的研究，指导研究生发表论文 28 篇，申请国家发明专利 4 项。

◎ 图 2　陈林老师与课题组学生合影

『严谨治学，寓教于心』

陈林老师既注重学生创新、科研能力的培养，也很关注学生们正确价值观、学术兴趣和创新观念的养成。作为"物理光学"课程的授课教师，陈林主动协助课程组组长规划教学内容，改进教学方法，确保讲授方式通俗易懂且内容严谨无误。他还将实验教学、启发式教学、研讨式教学等方法融入课堂教学，结合最新研究成果、综艺科学趣味节目等培养学生主动思考、开拓创新和表达交流的能力，于2020年获校教师教学竞赛二等奖。此外，他还鼓励学生向闵乃本、王大珩等院士学习，努力掌握科学知识，练就过硬本领，勇攀科学高峰。目前，已有数名学生主动要求进入陈林老师的实验室参观、学习，开展业余科研，积极从事光学前沿研究。

作为集成光子学研究部研究生第四支部的德育导师，陈林老师积极参与指导研究生党支部工作，协助开展研究生党员培养发展和教育管理工作，并通过一对一面谈，深入了解和掌握研究生思想状况和学习生活情况，帮助解决他们遇到的问题。他还围绕"德才兼备、全面发展"的核心要求，引导研究生树立正确的世界观、人生观和价值观，引导其养成高尚的思想品质和良好的道德情操，努力培养德智体美劳全面发展、具有全球竞争力的高素质创新人才和领导者。此外，他也高度关注学生们的生涯规划和未来发展，积极指导学生的学业生涯规划，关注学生实践能力的培养，并主动联络国内外高校和院所的知名研究团队，为学生创造实践机会。

栉风沐雨秉初心，赤诚奉献育英才。在教育教学的道路上，陈林老师始终与时代共进，与学生同行。他精于理论，重视实践，以深厚的专业涵养、开阔的学术眼界和宝贵的人生经验帮助学生成长成才。在未来的岁月里，陈林老师还将与一批又一批怀揣着青春梦想的青年一同寻梦、逐梦、圆梦。

刘宗豪：培根铸魂育英才，言传身教助成长

— 导 师 简 介 —

刘宗豪 华中科技大学武汉光电国家研究中心副教授，博士生导师。主要从事新型太阳能电池研究。在国际专业期刊发表学术论文80余篇，其中以第一/通讯作者（含共同）身份发表论文60余篇。论文被引9000余次，H指数45，其中14篇论文入选ESI高被引论文。近年主持国家自然科学基金项目、中国科协青年人才托举工程项目、湖北省杰出青年科学基金项目等多个项目，入选省部级人才计划。

『言传身教，助力学生成长』

作为研究生班主任和德育导师，刘宗豪老师始终站在育人一线。他经常与学生进行思想交流，关心学生的科研学习和日常生活，倾听学生的心理诉求，解决学生的实际困难。

2019年底，博士生杨同学在开展大面积钙钛矿模组课题研究时遇到了困难，迟迟无法取得突破，甚至产生了放弃的念头。刘宗豪老师得知情况后积极与他沟通，了解他所面临的困境后，提出了解决问题的办法，帮助他重拾信心。刘宗豪老师更是亲自指导实验细节，手把手地帮助学生实现模组稳定性的突破。最终，相关的研究成果发表在了权威期刊 *Science Advances* 上。

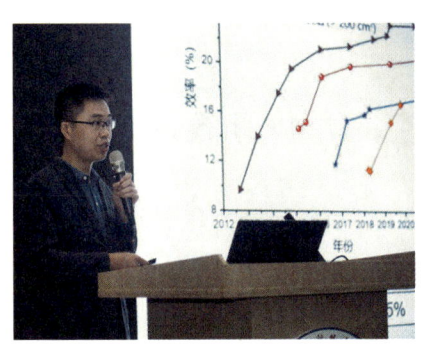

● 图1 刘宗豪参加武汉光电国家研究中心第六届研究生学术年会并作报告

通过类似的言传身教，刘宗豪老师已经指导了多名学生发表高水平论文成果。例如，他指导在站博士后陈博士获得中国博士后科学基金，指导博士生王同学获得校创新基金。此外，刘宗豪老师还指导了硕士研究生刘同学、陈同学、周同学等在权威期刊如 *Nature*、*Nature Energy*、*Nature Communications* 上发表了学术成果。这些成果充分展示了刘宗豪老师在科研指导方面的卓越能力和深厚造诣。

这些成功的经验也充分说明了刘宗豪老师在德育引领方面的成就。他不仅关注学生的科研能力提升，而且注重培养他们良好的道德品质。他以身作则，用自己的言行为学生树立了榜样，激发他们在学术道路上的热情。

『党支部建设，深度参与指导』

刘宗豪老师作为德育导师，积极参与指导学生党支部建设，深度参与到支部党员的培养和教育管理工作中。在党支部特色党日活动中，他分享了自己在华中科技大学从本科到博士，再到海外做博士后直至回到母校的学业经历，借助自己的经历与大家讨论如何做好科研，做有价值、有意义、有创新点的工作。

刘宗豪老师强调，作为党员，应该做好实验室公共事务，因为良好的实验室环境是开展科研工作的基础。他告诉学生，态度决定高度，面对科研工作时要有自己独立的思考，而不能盲目听从他人的指导。同时要不断思考工作的价值、意义以及创新点，思考自己的研究是否能够解决关键问题。他还鼓励学生要积极主动，把握机遇。

为了持续深入开展党史、校史学习教育，刘宗豪老师积极组织学生队伍参加武汉光电国家研究中心第四届"最强大脑"党史知识大赛等活动。他引导学生以赛促学，深入学习党史、校史和研究中心史。通过这些活动，学生可以全面了解和正确认识党的历史成就、宝贵经验、光荣传统和优良作风，了解建校历史和研究中心发展历程，进一步坚定理想信念，传承红色基因，争做卓越华科大人。

图 2　刘宗豪老师与毕业生合影

『拓展实践育人工作』

自 2021 年起，刘宗豪老师在武汉光电国家研究中心能源光子学功能实验室担任主任助理，积极开展实践育人服务工作。他负责组织硕、博士研究生每学期的开题、中期答辩工作，为研究生的学术成长提供了宝贵的支持和帮助。此外，他还负责组织每学年的研究生学术年会能源分会，为研究生们搭建了学术交流平台，让他们能够相互学习、分享最新研究成果，开阔了他们的学术视野。

在武汉光电国家研究中心第六届研究生学术年会上，刘宗豪老师做了报告分享，将自己的科研经验传授给学生。他的报告激发了学生对科研的热爱，引导着他们积极开阔视野、学习新知、追求卓越、潜心问道。这种学术氛围在研究中心一直延传下来，推动着研究中心在创新研究之路上不断前行。

　　除了实践育人工作外，刘宗豪老师还积极参加"双创"活动，并获得湖北教科文卫体系统第五届职工创业创新比赛优秀创新奖。他的创新精神和实践能力得到了广泛认可，为实践育人工作开拓了更广阔的领域。

　　总之，刘宗豪老师以其丰富的实践育人经验和敢为人先的创新精神，为武汉光电国家研究中心的研究生培养和发展做出重要贡献。他的工作成果和荣誉不仅彰显了个人才华和实力，更展现了一位优秀教育工作者的风范。

冯丹：将报国情怀牢牢"存储"心中

— 导 师 简 介 —

　　冯丹　华中科技大学副校长、华中科技大学计算机科学与技术学院教授，博士生导师，信息存储系统教育部重点实验室主任，数据存储系统与技术教育部工程研究中心主任。主要从事计算机系统结构、大数据存储系统、非易失存储技术、存算融合技术等方面的研究。

　　冯丹教授带领信息存储系统教育部重点实验室团队，深耕海量存储领域，服务国家高水平科技自立自强，只争朝夕，不负时代，在计算机存储领域取得重大突破。实验室成为中国在信息存储领域研究人员最多、水平一流的研究单位和重要的人才培养基地，在科学研究、成果转化、人才培养和国际交流合作等方面取得了一系列重要成果，研制出国内首款异构多通道网络磁盘阵列、主动对象存储系统，填补了国内相应技术的空白。培养的博士获全国百篇优秀博士论文、中国电子学会优秀博士论文等，3 位博士入选华为"天才少年"。

『从 0 到 1，瞄准前沿』

　　"我们必须沉下心来，坚持做从 0 到 1 的基础研究。"从 20 世纪 70 年代开始，在计算机都还没有普及的时候，存储研究还是不折不扣的冷门专业。从那时起，华科大存储人就坐上了这个"冷板凳"，并且一坐就是 50 年。1987 年，冯丹以高分考入华中理工大学计算机系，后师从中国存储界泰斗张江陵教授。此后，冯丹教授便一直扎根在计算机存储领域，至今仍在关注着该领域的前沿动态。

此前，国内信息存储技术长期受制于人。20世纪90年代，市面上的存储产品几乎都被国外垄断，没有一个是"中国造"。冯丹教授带领的信息存储系统教育部重点实验室团队多年如一日，经历了各种酸甜苦辣，迈过坎坷与沟壑，破解了"卡脖子"难题，并加速研发新一代存储系统，取得了一系列创新成果，用中国存储方案助力数字化发展，服务于国产IT生态自主可控战略。

● 图1　冯丹老师

2004年，冯丹教授就认识到下一代互联网信息存储的组织模式和核心技术研究的重要走向，其课题组提出建立一种新的存储模式，即以多层次、可扩展的存储对象模式，取代传统的服务器连接磁盘驱动器模式，从根本上满足高带宽网络下对数据存储的高性能要求。在当今数字经济时代，数据呈现爆炸式发展态势，冯丹教授带领华中科技大学计算机科学与技术学院密切跟踪最新技术发展趋势，进行了有针对性的前瞻性研究。在她的指导之下，华中科技大学围绕对象存储、近数据处理、存储计算融合领域分别展开重点攻关，在主动对象海量存储系统关键技术、支持可重构近数据处理的固态盘技术等多方面都具有较大突破。冯丹认为，面向大数据、人工智能的发展态势，华中科技大学在支持神经网络、图像处理等专用体系结构的设计加速之外，还应探索一些能够满足不同的应用需求的通用存内计算架构，以顺应未来存储市场的需求。

2024 年 3 月，冯丹教授连续第三年作为全国人大代表，讲述团队几十年来为实现存储国产化接续奋斗，为发展新质生产力培养新一代高水平人才的故事。冯丹教授多年的坚守，也让她获评全国三八红旗手、湖北省最美巾帼奋斗者、武汉"新时代巾帼英雄"等荣誉称号。

『同心同向，育德育人』

上下同欲者胜，风雨同舟者兴。在信息存储及半导体等高科技领域遭遇"卡脖子"的今天，华中科技大学的研究成果突破了某些关键技术瓶颈，在国民经济建设领域发挥了巨大的作用。这些成果的取得与冯丹教授团队和华科大计算机人几十年如一日的努力分不开。

冯丹教授团队格外重视和强调思想品德教育在整个教学过程中的重要性。除了经常给学生讲授基本的技术理念和人生信念，冯丹教授也积极引导学生将自身掌握的核心技术与过硬本领应用于国家建设，激励学生报效社会、创造人生价值。逐渐地，学院将修德作为育人文化的一项重要内容，其价值一再得到凸显。

在教学和科研方面，在冯丹教授牵头下，学院组建教学团队面向大一学生设计"IT 中国"课程内容，邀请来自互联网、计算机等领域的业界知名专家教授和技术领军人物向学生介绍信息技术的价值、发展趋势；组织学生走进企业，增强学生的实践创新能力；选拔并资助优秀学生赴国外访问，使他们感受国际企业的技术氛围，激发他们的求知欲望。此外，为营造先进优质的科研环境，学院投入大量资金用于实验室设备的建设和升级，为学院科研成果迈向更高水平奠定了坚实基础。

"存储作为高科技产业，与国际领先水平还存在一定的差距。"冯丹坦言道。尽管在存储软件方面，国内外差距并不大，但在大规模系统、先进存储器件等方面，国内研究还需要加大投入、打好基础。

作为中国科学技术协会和教育部主办的"英才计划"计算机学科导师，冯丹表示，兴趣是最好的老师。"英才计划"自 2013 年启动实施，持续引导着学有余力的中学生保持对计算机及相关学科的兴趣，助力其在参与科学实践活动的过程中全面提升科学素养。2022 年，冯丹教授带领团队承办

● 图2 冯丹教授与团队成员合照

首届全国大学生信息存储技术竞赛，致力培养信息存储领域的拔尖创新人才。

『搭桥铺路，心怀大义』

作为一名人大代表，冯丹教授积极履行代表职责。在2023年全国两会"代表通道"向全国人民讲述了自己20多年来不断研发中国籍存储系统、存储设备和存储芯片技术的感悟："只有靠科技自立自强才能赢得未来。"这发出了华科大存储团队的声音，引起了社会热烈反响。如今，数据存储市场再次面临变革。一方面，以云计算、大数据和人工智能为基础的智慧应用在各个行业遍地开花，带来了前所未有的数据存储需求与挑战；另一方面，颠覆性的新技术加速推动着存储体系架构、互联、软件栈与算法走向重塑，以尝试满足数据存储各种新需求。如何在科研方向上更贴近市场需求，让科技在市场中发挥作用？冯丹直言："新存储的根本挑战是要跟得上新应用、新场景的需求。"

在这样的认识之下，冯丹不断推动学校与企业在存储领域开展全方位、多层次的交流与合作。因为"科技从实验室走进千家万户，需要一个良好的转化机制，以实现产学研用无缝链接"，只有这样，科技才能真实地扎根在祖国大地上。而从基础研究到最终"落地",包括原材料供应、工业设计、制造生产等许多环节,只有全链条都有人关注和参与,才能实现有效转化。而这正是冯丹一直关注的问题。

"面向世界科技前沿、面向经济主战场、面向国家重大需求、面向人民生命健康,我们工程领域科研人员,只有不断向拓展科学技术的广度和深度,才能让技术转化为生产力,推动社会进步,最终造福人类。"冯丹所关心的是科技转化,怀揣的是整个社会的进步与人类的幸福。

金海：金针度人德立身，海纳百川爱无垠

——导师简介——

金海　华中科技大学计算机科学与技术学院教授，博士生导师，湖北十佳师德标兵，湖北五一劳动奖章获得者，中央网信办网络空间安全优秀教师。国家人才计划入选者，教育部"人才计划和创新团队发展计划"创新团队、科技部重点领域创新团队学术带头人。2018年当选IEEE会士，2020年获得中国计算机学会王选奖，2022年当选IEEE Computer Society Fellow Evaluating Committee副主席，并获得中国计算机学会创建60周年杰出贡献奖。

『不忘初心，投身科教诚挚报国』

1984年，会读书、爱思考的金海以优异成绩考入华中理工大学。随后十年，他在学校潜心学习、刻苦钻研，从一个初入学校的新生成长为一个优秀的博士。1994年，品学兼优的金海留校任教，1996年获德国DAAD（Deutscher Akademischer Austauschdienst）奖学金前往开姆尼茨工业大学从事科研工作，1998年获香港卓越奖学金赴香港大学从事博士后研究，1999年又赴美国南加州大学继续博士后研究工作。其间，面对美国多家公司和高校的邀请，金海都没有动心。2000年，金海毅然回到母校华中科技大学，他说："我的事业在中国！"回国20余年来，金海立足国际学术前沿，结合国家发展和社会进步需要，开展了一系列前沿的高水平研究，包括集群与高性能计算、流媒体与对等计算、网格计算、虚拟化与云计算、

网络空间安全等，先后主持了国家重点基础研究发展计划（973 计划）项目、国家自然科学基金重点项目等多项国家重大科研项目，建立了在全国有较大影响力的代表性学科创新平台。他为学高屋建瓴、视野开阔，为师言传身教、以德育德，为人严以律己、以德立身，为我国社会经济发展输送了一批又一批爱国、敬业、勇于创新的计算机人才。

高水平的平台搭建起来了，实验室推崇创新的氛围也营造起来了，这为学生提供了一个能够站在巨人肩上往上攀登的好平台和高起点。金海为帮助学生拓宽学术视野，培养科学思维，采取了学术评议、学术沙龙、国际重要学术会议资助、论文奖励等多种措施，鼓励年轻人专心搞研究。实验室制定了完善的科研管理制度，涉及科研工作开题、论文投稿与奖励、毕业预答辩、答辩等各个环节。规范的科研管理使学生的各项工作都有章可循，大大提高了实验室科研工作的效率。当学生有论文被权威期刊录用时，金海教授会第一时间祝贺发表论文的学生，并在实验室网站主页、微信公众号发布相关成果，发表论文的学生会作为实验室内部期刊《并行与分布式计算通讯》的封面人物，分享个人的科研经验，为实验室学生树立榜样。实验室每年还评选当年的最佳杂志论文和最佳会议论文，并给予一定的奖励，鼓励学生勇于创新，追求卓越。

『言传身教，高屋建瓴诲人不倦』

金海老师非常注重学生的思想政治教育。新生入校，他会引导学生围绕国家重大战略需求做"顶天立地"的研究，多思考自己能够为国家的计算机事业做些什么。金海还会邀请学院书记来实验室讲述"学术理想与家国情怀"，邀请业界代表来实验室交流计算机新进展，鼓励大家努力创新，解决"卡脖子"问题。研究生毕业时，金海总是要拉着学生促膝谈话，对学生提出殷切期望，希望学生站得更高，看得更远，坚定理想，心怀家国，贡献力量。

"培养学生，要与时俱进，推陈出新"，金海老师秉承这一原则，开设的课程深受学生欢迎，常常出现一座难求的情况。他切实落实教育部的"教授站讲台"精神，致力于通过课程反映时代的变化和新理论新技术的发展，将最新科研成果融入教学，先后为本科生、研究生开设了"信息技术导论（IT中国）""并行编程原理与实践""计算系统虚拟化""分布式系统"等前沿课程。其中，"并行编程原理与实践"被美国计算机协会（ACM）和国际电子电气工程师协会计算机学会（IEEE-CS）选为计算机专业国际教改方案"CS2013"的全球示范课程，该课程是中国首次和唯一入选的全球示范课程。金海主持采用云计算技术实现虚拟实验，这项改革突破了传统实验容易受到资金、设备、场地等软硬件条件的限制、实验内容不够丰富、难以实现自主设计、实验资源共享度不高等不足，提供了本科4个学科、中学3个学科共182个网络虚拟实验课程，已得到100多万人次的应用。

"称职教师，要呵护学生，关爱学生。"2009年，为了给优秀本科生提供更好的培养条件，金海倡议开办了"计算机科学创新实验班"（简称ACM班），并亲自担任ACM班的教师班主任，定期与班级学生见面，随时了解他们学习中的困惑并逐一耐心解答。金海老师的心中，时刻都惦记着学生。他利用多种途径与学生展开交流，经常处理学生邮件到深夜。学生评价道："他的邮件回复率是100%，在机场候机也是如此，从来没见他倒过时差。"实验室毕业生喻之斌回忆说："金老师对我的指引真的就像一把金钥匙一样，为我打开了计算机体系结构与系统领域的科研大门。如今，13年已经过去，我依然在这扇门后广袤的空间里快乐地前行。"

● 图1　金海老师与师生交流

『善为人师，桃李芬芳春色满园』

金海爱学生，如父如兄。学术上苛刻严厉，生活中体贴关怀。学生过生日了，金海老师的生日祝福会定期送达；学生生病住院了，也会有来自金海老师和实验室的慰问；学生遇到问题了，金海老师会与其倾心交谈。为更好地将实验室团队成员凝聚起来，金海建立了名为"实验室之家"的内部交流论坛，实验室历届学生都加入其中。虽然工作忙碌，金海也会每天在论坛里分享国内外最新科研资讯、业内动态，还会为当天生日的同学送上祝福。金老师的时刻记挂让很多毕业多年的学生都感到十分亲切。

金海爱身边人，平等相待，温润如玉。一位学生晚上加班不慎打破了实验室的玻璃门，但未加处理就离开了。为了安全，实验室管理员在门口睡了一夜。看到录像后，金海眼睛红了，带着学生去赔礼道歉，身体力行地教育学生。实验室所在的大楼管理员是一位小学退休校长，他见面一直尊称他为"校长"，逢年过节，都会去慰问。梅雨季节看到"校长"房间潮湿，他还替"校长"购买了驱潮设备。

● 图 2　金海老师团队 2024 届毕业生合照

金海爱培养人，十年树木，众树成林。近十年里，金海培养的学生中有 1 人获得全国优秀博士学位论文奖，2 人获得中国计算机学会优秀博士学位论文奖。金海的研究生留在本校工作的，已经有 8 人成为教授、博士生导师（均为 40 岁左右的学界骄子），其中既有承担我国计算机人才培养重任的教育部杰出青年科学基金获得者等，也有积极振兴我国计算机事业的创新创业有为青年，还有在重点产业行业担当重要职责的技术人才。

古诗云："鸳鸯绣取凭君看，不把金针度与人。"金海教授却乐把金针度与人，他致力于为国家培养计算机创新人才，服务我国计算机事业发展，他用敏锐独到的眼光、敢为人先的气魄、追求卓越的品质、海纳百川的胸怀，书写着立德树人、大爱无垠！

黄亚平：启智润心，筑梦育人

— 导 师 简 介 —

黄亚平 曾任华中科技大学建筑与城市规划学院院长，二级教授，博士生导师，享受国务院政府特殊津贴。主要研究方向是区域与城市空间规划。2010 年以来，先后主持国家自然科学基金项目 4 项、国家重点研发计划课题 1 项，参与国家自然科学基金重点项目 1 项，主持省部级科研、教研项目 10 余项。主持规划设计项目 150 余项，其中获全国优秀城乡规划设计奖二等奖 1 项、三等奖 9 项、表扬奖 3 项；获省级优秀城乡规划设计奖一等奖 11 项、二等奖 10 项、三等奖 10 项。

『思政实践把好航向』

黄亚平老师将树立正确的价值观视作校园学习的第一课，引导学生扣好人生的第一粒扣子。在每年的学院开学典礼暨新生入学教育上，黄亚平老师总是情深意切地寄语学生，勉励他们为国家和社会的发展做出贡献，以坚定的步伐紧跟国家的发展战略，以长远的眼光关注社会和城镇的需求，并持续将其落实到专业学习和实践中。

黄亚平老师多次深入学生党支部为学生讲授专题党课，开展谈心谈话等工作。为帮助学生学习领会党的二十大精神，他为规划专业学生作"习近平总书记城市建设思想及城市高质量发展的方向""城乡规划科技支撑中国城镇化及城市高质量发展"等辅导报告，深刻分析了新时代中国城镇化的发展趋势和方向。黄亚平老师激励学生们要发挥专业优势，为城乡人居空间品质提升贡献力量。他指出，中国城镇化进入后半场后，城乡人居环境规划建设面临科学化的新要求，需要适应生态发展的新趋势、文化发展的新境界、人本发展的新目标，学生只有固本培元、守正创新，才能成为时代新人，这为学生的学习发展指明方向。

思想引领和实地研学相结合，在"社会大课堂"上讲好"思政育人必修课"是黄亚平老师育人理念的又一体现。还记得 2018 年闷热的夏天，黄亚平老师积极响应国家建设新农村的号召，不辞辛劳地带领学院党员先锋服务队深入乡村一线，来到东湖新技术开发区龙泉街、滨湖街环牛山湖乡村，编制乡村规划，在实地探访中让学生们深入理解了国情社情，明确了自己的社会使命和个人志向。队员们回忆，当时条件有限，黄老师亲力亲为，带头趴在地上画图，反复琢磨、思考，仿佛进入了一种物我两忘的境界！一位队员感触很深，说道："在这个瞬间，我仿佛看到了自己的未来，看到了自己想要成为的样子。黄院长手把手教我们，让我深深体会到，只有脚踏实地、专注严谨，才能成就一番事业。只有做好每一件小事，最后才能做成大事。未来我也要像黄老师一样，保持热爱，在工作岗位上发光发热。"

图 1　黄亚平老师带领学院党员先锋服务队深入乡村调研

图片来源：《设计下乡 青春力行》p171、172

『专业实践培育新人』

黄亚平老师常说的一句话是"科研＋项目实践，两手都要硬"。他不仅着力培养学生扎实的学术研究能力，在专业期刊上发表优秀的论文，而且鼓励学生深度参与项目实践，把论文写在祖国大地上。

黄亚平老师是一位严肃认真、求知若渴的学者。他虽然年过花甲，仍勤勉治学，紧跟前沿，始终保持着对学术研究的热情和专注。在每天的教学工作中，他始终随身携带笔记本，随时做好记录工作。黄亚平老师高度重视研究生的学术能力培养，定期召开硕、博士生论文研讨会，从论文思路到写作规范上予以全方位的指导，

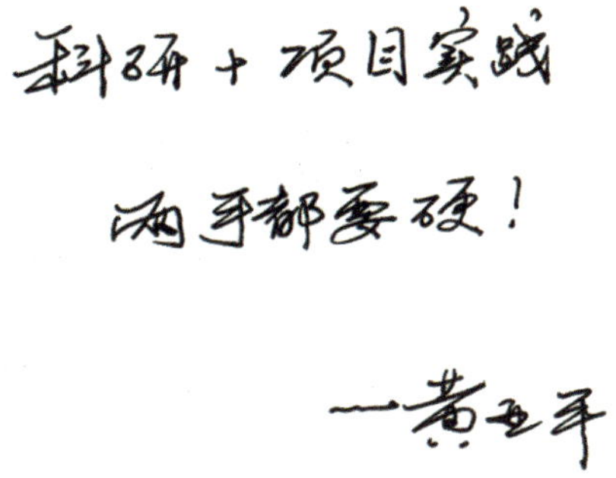

图 2　黄亚平老师题词

在硕、博士生群体里营造了良好的学风。从事规划专业教学工作以来，黄亚平主持的"城市规划原理与设计"课程被评为省部级精品课程，主持的"产教融合、知行融通：城乡规划专业开放式人才培养模式构建与实践"项目荣获第九届湖北省高等学校教学成果奖。

在教学中，黄亚平老师是答疑解惑、传德育人的先行者。他总能在教学之中将知识理论串联成线并娓娓道来，使人豁然开朗。聆听学术研讨会时，他也总能一针见血地指出核心的问题，找到问题的本质，拨开学术道路上的重重迷雾。平时，黄亚平老师教导最多的便是重视学习，起初以为那是作为教师的口头禅，后来才发现那是烙印心灵深处的求知之欲。也正因如此，学生才会将这种学习精神铭记于心。

在项目实践中，黄亚平老师作为项目负责人，长期聚焦区域城镇化及城市空间研究，他主持完成的规划设计项目先后荣获全国优秀城乡规划设计奖和湖北省优秀城乡规划设计奖。他主持的各类设计规划项目，为地方发展提出了重要的建议，产生了显著的社会影响。

　　黄亚平老师长期带领研究生参与各类项目实践，大到"都市圈"层面的国家重点研发计划，小到"完整社区"层面的地方项目实践。他在项目实践中手把手带学生改图，使大家能够近距离学习规划方案设计，及时把学习到的专业知识运用在城市规划建设中。在黄亚平老师看来，既然选择投身于规划设计这个领域，就要树立信心、坚守初心、保持恒心，尤其是在当代社会，各类新技术、新方法层出不穷，数字设计、韧性城市、智能城市成为新方向，规划行业的同仁和学子更需要保持专业学习热情，以仰望星空、脚踏实地的姿态不断夯实、提升专业本领。

● 图 3　黄亚平老师带领研究生参与项目实践

『导学传承春风化雨』

　　黄亚平老师是一位既严肃又可爱的导师，严肃的外表下面有颗热忱、可爱的心。他虽然在课程教学中不苟言笑，但总是能隐隐感受到他渴望与学生互动的热切。尤其是在课余会后的交流中，溢于言表的交流渴望与强忍端庄的可爱神情就那样突兀又自然地融合在一起，融合成我们可敬又可爱的黄老师。

　　在教师节前夕，工作室学生为了表达对黄亚平老师的感激之情，联合往届师兄师姐做了一期感谢恩师的教师节视频，黄老师看后明明很感动，却又装作不在意，全程绷着脸。他出门后又回过头，强装平淡地说："把视频发给我。"

● 图 4 黄亚平老师团队师生教师节合影

在学生心中，黄亚平老师绝对是一个楷模。他严谨的治学态度在工作室的学术讨论中得到了充分体现，他对学生们的论文情况十分关注，向其中倾注了大量心血。虽然黄亚平老师日常工作极为繁忙，但他依然认真审阅每一篇初稿，给予细致的修改意见，让学生感到温暖与安心。有了黄老师的把关，学生在论文撰写过程中都充满了信心。

黄亚平老师始终坚持因材施教。自 20 世纪 90 年代起，他的工作室就吸引了众多有志于学术深造的学子，硕士和博士研究生数量逐年攀升，如今已累计超过 100 人。这些学子中，出类拔萃的不在少数，他们在各自的领域里大展宏图：有的成为高校里的中坚力量，为学子们传道、授业、解惑；有的则选择扎根基层，成为服务人民群众的选调生；有的进入设计院成为专业规划师，为城乡建设贡献着智慧和力量；还有的在各大企业独当一面，成为行业精英。他们毕业后遍布全国各地，为国家的现代化建设注入了源源不断的活水、动力。

覃晖：江河映照科研梦，水利润泽中华魂

— 导师简介 —

覃晖 华中科技大学土木与水利工程学院副院长、教授、博士生导师，数字流域科学与技术湖北省重点实验室主任，华中科技大学水利水电科学研究院副院长，国家级青年人才，全国优秀博士学位论文获得者。主要从事水电能源系统优化调度、水风光储多能互补优化调控等方面研究，主持国家级科研项目 10 余项，应用研究课题 20 余项，以第一作者/通讯作者身份发表 SCI 论文 40 余篇；获专利授权 20 余项，出版专著 4 部，获省部级科技奖项 5 项。曾获校"我最喜爱的教师班主任"及"优秀教师班主任"等荣誉，兼任长江技术经济学会流域智能水电及装备专委会秘书长、中国大坝工程学会流域水循环与调度专委会委员、《水电能源科学》编委等学术职务。

"此生即结缘于水，就甘做其中一滴。无声地润泽土地，望其能滋养桃李。"这句话是著名水电能源专家张勇传院士在获得湖北省科学技术突出贡献奖后接受采访时所说。覃晖教授课题组作为张勇传院士团队的核心，也始终践行这一信念。覃晖老师的团队在流域梯级水电能源联合优化调度、流域水循环演变规律及预测预报等方向的研究成果，为金沙江下游-三峡梯级国家重大水电工程的科学调度和运行管理提供了有力的技术支撑，同时也培养了一批优秀的水电专业硕博士研究生。他们深受行业内各用人单位的重视，每年都争相来学校"争夺"人才。

● 图 1　覃晖老师团队合影

『因材施教，学用相成』

　　覃晖老师的团队积极践行创新驱动发展战略，着重培养创新型、复合型、应用型人才，在指导学生时注重以兴趣为导向，以行业实际痛点为需求，结合每个学生的发展需求、兴趣制订不同的培养方案，因材施教。每年在新人进入课题组后，覃晖老师会组织一场新生见面会，强调研究生应当勤思善变，敢于质疑，敢于创新，鼓励大家"多看、多想、多聊"。针对大多数新生刚进入研究生阶段比较迷茫的情况，覃晖老师采用"老带新"的培养策略，建立了"传帮带"的培养体系，安排组内师兄"以现有研究为主干不断开枝散叶"，带着每位新同学去学习和探索，逐步引导学生发现自己感兴趣的领域，并鼓励学生深挖问题。"站在巨人的肩膀上才能更快触碰到科研的边界并努力破壁"，这是覃老师对每位新同学的谆谆教诲和殷切期望。

　　在日常学习和科研中，为便于同学们就不同方向和领域的最新研究进展交流学习，覃晖老师统筹管理各年级的学生，将其划分为负责不同课题的科研小组，并要求每周进行小组内部交流会，每月开展小组间交流，以互相借鉴和学习不同科研小组的新思路新方法，实现学术交叉，避免陷入

"自我旋涡"。不仅如此，覃晖老师还鼓励大家开阔国际视野，通过"引进来"与"走出去"相结合的方式，开展丰富的国际国内学术交流活动。课题组每年有数十人参与国内外的学术交流活动。

● 图 2　团队参加国外学术会议

　　覃晖老师鼓励大家学用相成，带领学生深入水电企业生产一线，将课堂理论教学知识融入项目研究，加快科技成果转化，形成水利行业发展的新质生产力，更好地发挥水利工程"兴水利、除水害"的作用。在 2022 年 9 月汉江洪水灾害期间，覃晖老师带领学生赴水利厅利用开发的洪水预报系统计算未来一周的径流，为梯级水库群防洪联合调度提供了有力支撑；同时开展十堰市堵河流域水库群防洪联合调度专题研究与管控系统培训工作，有效支撑了汉江流域防洪减灾工作。在长江流域进入汛期时，团队成员运用自己开发的长江上游巨型电站群水电调度运行决策支持系统，同三峡梯调专家会商，合理编制了水库群联合调度方案。团队相关事迹被湖北经视、长江云、掌上武汉、极目新闻等多家媒体报道，让大家切身体会到了"学有所成、学有所获、学有所用"，极大地提高了学生的责任感与使命感。

『德行兼备，责任担当』

　　覃晖老师秉持"德行兼备，责任担当"的育人理念，致力于全面提升学生的素质。他以科研和实践为育人路径，激励学生树立崇高理想、明辨是非、追求卓越、勇于担当。他坚信"身教胜于言传"，以身作则，使学生们学会以德立身，以行立信，以才立业，以责立命。他经常告诫学生"立人为本，德行为重"，一个学生优秀与否，不应该只从科研成果方面评价。他常说，"每个学生对科研的追求不同，所擅长的领域也不同，但做人一定要正，身正方可立世"，因此非常鼓励学生们不仅深耕自己的领域，而且做到德行兼备，勇担历史使命，积极参与到社会实践和志愿服务活动中。在覃晖老师的教导和感染下，课题

● 图 3 覃晖老师

组学生曾多次前往红色革命基地参观学习，利用假期时间看望革命前辈，听革命故事；在新冠疫情期间，组建线上支教服务队，为基层中学开展水文科普，加强大众对水资源防洪发电的理解与认识；每到冬天下雪天气，为保障师生出行安全，他们还积极志愿清扫积雪。

『亦师亦友，全面发展』

覃晖老师是学生们学术旅程中的引路人和心灵导师。他不仅以深厚的专业知识和严谨的学术态度，为学生提供专业的学术指导，更以开放的心态和亲切的关怀，成为学生的朋友和伙伴。在学术探索中，覃晖老师鼓励学生勇于提问、敢于质疑，培养他们独立思考和解决问题的能力。在个人成长上，覃晖老师关注学生的全面发展，支持他们追求多样化的兴趣和才能。无论是艺术、体育还是社会实践，他都鼓励学生积极参与，拓宽视野，丰富人生体验。在学生遇到困难和挑战时，覃晖老师总是第一时间提供帮助和支持，用理解和鼓励的话语，帮助学生重拾信心，继续前行。

"覃晖老师跟朋友一样，毫无架子，特别好相处"，这是很多学生对覃晖老师的评价。在日常生活中，覃晖老师会和学生谈心，时刻关心学生。每到过节他都会给学生准备小礼品，还会在工作之余带着学生去"探店"，在节假日还经常带着留校学生去"开小灶"，在毕业季开展欢送活动。他了

● 图 4　团队积极参加美育、体育活动

解每个学生的饮食特点和生活习惯，能够发现学生在生活中的不同点和闪光点，鼓励每一个学生为自己的理想和爱好而奋斗。

　　一位毕业生曾在致谢中写道："覃晖老师对学生做到了引导但不束缚、自由但不放纵；严谨中有变通、灵活中有细致。"作为一名优秀的研究生导师，覃晖教授不仅以身作则，教导学生以人为本，立德树人，引领他们不断进取；更因材施教，注重将科研文章写在祖国大地上，引导学生学用相成。在他的指导下，学生们心中有理想，脚下有力量，未来有方向。

杨家宽：传承贯通，生生不息

— 导师简介 —

杨家宽　华中科技大学环境科学与工程学院院长、教授、德育导师，获省部级科技成果 5 项，曾获湖北省名师工作室主持人、第二届华中科技大学研究生导师"师表奖"育人伯乐奖、校师德先进个人、国务院政府津贴专家、宝钢优秀教师奖、教育部新世纪人才等荣誉。

"原来党团支部是按照专业和年级来划分，现在改成了按照课题组纵向设置。像我平常工作比较忙，学生的论文经常只能打印出来在出差的路上修改……这一转变就方便我把支部活动与组会结合，就科研和为人处世的一些共性与学生做好沟通，再通过学生的传帮带，把工作做起来……"

这位事务繁忙却不忘培养学生的老师正是华中科技大学环境科学与工程学院院长杨家宽教授。杨教授一直关注学生思想建设，自 2021 年成为德育导师后，他对自己所负责的学生党支部的思政科研教育更加关心了。

"多了一个德育导师的身份，我感觉自己在立德树人方面的职责也就更重了。怎样及时了解学生的思想动态，及时给出指导建议，这对我来说是一个很大的挑战。"杨老师坦言。

『敏思践行，鼓励学生突破』

杨家宽教授积极倡导敏思践行理念，并且通过一系列生动有趣的活动将这一理念付诸实践。每周他都会举办学术交流会，为团队成员建立学习的平台。在这里，大家可以积极参与讨论，开放地交流自己的观点，从而培养表达和沟通能力。这种开放式的交流环境也促进了不同研究方向之间学术思想的碰撞，激发出更多灵感和创新。此外，杨家宽教授还定期参加学生党支部的党建交流活动。他以生动活泼的方式向研究生们宣讲二十大精神和其他时政理论，并结合环保领域知识为同学们讲授专业思政课，希望通过这样的引导和教育，引领环境学子们不断增强建设美丽中国的责任感和使命感。

在最近一次的发展对象入党谈话中，杨家宽教授特意咨询了学生对于党支部由"横"改"纵"的变化感受。"学生们认为现在支部里都是同一个课题组的，互相认识，感觉这样挺好。但我就跟他们提了一个建议，一个人并不是说老是生活在自己熟悉的那个环境就是好的，对于学生来讲，更要敢于突破，多尝试交流。"

● 图 1 杨家宽教授为支部学生指导科研规划

曾到剑桥访学的杨老师道出经验之谈："比如剑桥大学实行的是学院制，不同专业不同年级的学生和老师都在一起交流，剑桥的学院像是一个'家'，提供了一个学科交叉的交流碰撞平台，我们就可以学习其中的精髓。"有了这次经验，杨老师便着手将其运用于学生培养实践当中。他通过整合多学科的优势师资，组建了创新研究院学科交叉博士研究生培养团队，希望通过多学科交叉融合的模式来激发研究生的创新潜力。不仅如此，杨老师还积极推动国际学术交流，连续多年邀请加州州立大学富乐顿分校的 Jeff Kuo 教授来参与硕士生"固废处理与资源化"的课程教学，使这门课程与国际学科前沿接轨，以此来开阔学生的国际视野。与此同时，杨教授也鼓励课题组成员多参与国内外的学术会议，不囿于书本中现有的知识。正是出于这方面的考量，他支持课题组内每名博士生至少参加 1 次国际会议，硕士生至少参加 1 次国内学术会议。学生们在参加完会议之后都备受启发。除此之外，杨老师还指导着一个充满活力的研究生党支部，他们积极开展活动，共同探索以党建为引领的学科交叉融合新模式。他们还在院系和校企之间展开合作，为学科交叉融合搭建了桥梁。这样的努力使得研究生团队更加有活力，也更加具有创新性。

● 图 2　杨家宽教授（右二）带领学生参加国际会议

『传承贯通，争创一流团队』

如何更好地引领青年教师继续发挥立德树人的职责作用？"团结、传承，这是我们教师团队建设的最佳经验。"杨家宽教授分享道。这四个字也是杨老师带领的教师团队获得华中科技大学"优秀研究生导师团队"的制胜法宝。

"团队建设最重要的一点就是团结。"杨老师如是说。杨老师一直强调团结的重要性。在他的带领下，团队形成了"团结奉献、力争上游、敏思践行、传承贯通"的 16 字文化。有了这些优秀文化的指引，团队兼重学生科学素养与社会责任感的培养。目前这个团队正在朝着"打造国际一流导师团队"的目标大步迈进。

● 图 3 杨家宽教授（二排中间）举办师生家庭聚会

"第二个就是做好传承，所有的工作都要有延续性，不管是某一个团队，还是整个学院，形成特色文化并不断传承延续的过程非常重要。"杨老师补充说道。回忆起学院里一个个德高望重的前辈，杨老师十分感动。他也身体力行地将老一辈环院人的优良传统继承了下来。杨老师的团队内有几位年轻教师深受他的影响，他们秉承着团队精神和课题组文化，将立德树人理念融入研究生培养的方方面面。他们始终以科学精神引导学生，帮助他们培养严谨求实的科研态度。这些年轻教师为广大研究生树立了典范，正引领着一届又一届环境学子全面发展。

『德高身正，凝聚环院家庭』

"教书育人、立德树人"是杨老师为自己设立的最根本的职责。他践行"德高为师，身正为范"的育人理念，多年如一日，兢兢业业工作在教书育人的岗位。为帮助学生身心健康全面发展，杨老师定期组织课题组的羽毛球、春秋游、元旦包饺子等活动。毕业送别诗会更是课题组的保留节目，杨老师带头将每位毕业生的姓名用作藏头诗，给每位毕业生留下了最美好的毕业礼物。除了传授专业知识，杨老师还积极倡导华中科技大学的人文素质教育理念。他注重培养学生的家国情怀，并且全力支持研究生参与各种社会实践。每年，他亲自带领研究生走进合作企业的现场，进行实地调研。这样的实践活动不仅拓宽了学生的眼界，还让他们亲身感受到生态环保事业的重要性。杨老师希望研究生们秉持着对生态环境的关注和热爱，鼓励他们投身于保护生态环境的事业，成为生态文明进步的积极推动者，让他们在追求学术卓越的同时，也能为社会做出积极的贡献。

正因有了这样的一位老师，许多学生毕业后依然想念着从前的点点滴滴：

"是杨老师一个标点一个字地修改，一句句的鼓励和建议，一次次地以身作则，让我改掉了陋习，提升了能力，让我从一个'小白'蜕变成独当一面的师兄。"

"经常在晚上十点还能看到杨老师办公室里的灯亮着。杨老师对科研的投入、热爱与追求让人备感钦佩，并在我们偶尔懈怠时不厌其烦地敦促我们，在我们犯错时大度地包容我们，凝聚起了我们课题组这个生生不息的大家庭。"

吴晓晖：融合创新促发展，立德树人育全才

| | | | | | | | | | | | | |

— 导师简介 —

吴晓晖 华中科技大学环境科学与工程学院副院长，教授、博士生导师，研究生第二党（团）支部德育导师。目前担任校学术委员会工科分委会委员、生态环境部长江生态环境保护襄阳市驻点跟踪研究首席专家、湖北省城镇供水排水协会教育专业委员会副主任委员、长江生态环保集团科学技术委员会委员等。长期从事污水处理及其资源化技术研究，先后主持和参与"水专项"、科技部政府间国际合作专项、"863"课题项目、科技支撑计划课题项目、自然科学基金项目、省部级及企业合作项目 40 余项，在国内外学术期刊上发表论文 50 余篇，获授权专利 10 余项，获省部级科技奖励 2 项。

『推己及人　让学生走上个人发展的高速公路』

"生活中，吴老师人非常好，很能体谅学生的难处，有时候遇到了问题，我们还没有去主动找吴老师，他就先来关心我们了。"

"我之前的实验进度不太理想，有点沮丧。在组会上，老师没有批评我。会后，吴老师单独找到我，并耐心安慰我，让我不要急。尽管对于老师而言，这可能只是很小的举动，但我当时十分感动。"

"师兄说他之前去了一个设计院实习，设计院也说看好他，会考虑签约，聊了几次后却说让他等一等。吴老师听后，担心设计院那边有什么变故会耽误师兄找工作，当即找到相关负责人的电话打过去问清楚。"

同学们口中的这位吴老师，正是华中科技大学环境科学与工程学院教授吴晓晖。吴晓晖教授自 2021 年起担任研究生第二党（团）支部德育导师以来，十分关心并记挂着每位学生的成长和发展。

1993 年 9 月至 2004 年 6 月，吴晓晖教授先后在华中科技大学获得给水排水工程学士、市政工程硕士及环境工程博士学位，后留校任教。2005 年获首届"中英政府优秀青年奖学金"项目资助，赴英国爱丁堡大学土木工程系从事博士后研究。看似一帆风顺的履历，背后却藏着多次的艰难抉择。这给吴老师留下了些许遗憾，也让他更加关心学生的生涯规划。"我很希望在关键的节点上，作为导师和朋友，用自己的求学经验和生活阅历，指导学生尽量少走弯路，走上快车道；让学生做出适合自己的选择，在此过程中有所收获，得到正面回馈。"吴老师说。

"如果有需要，吴老师真的会为我们尽力提供支持，吴老师是一个真正在乎学生，希望自己的学生都能走上更好道路的老师。"一位学生说道。

『润物无声　让德育融入薪火接续的传承脉络』

新学期伊始，吴晓晖教授带领着研究生第二党（团）支部前往校史馆参观学习。忆起过往的求学经历，吴老师感慨万千，勉励同学们把自身前途命运同国家和民族的前途命运紧紧联系在一起："其实对现在的学生来讲，很难想象当初建立华中工学院时的百废待兴，那是个很艰苦的过程。整个学校的发展史其实也是新中国高等教育发展的缩影，了解一下历史，对你们做人生规划是有好处的。"

在世界权威榜单发行机构 QS（Quacquarelli Symonds）发布的"年度全球毕业生就业能力排名"中，雇主与学生的关系是一项重要评价指标。该指标排名中，我校位居全球第一。"华科大的学生的培养质量还是很好的，立德树人对于老师来说是第一要务，看到这样的结果真是很高兴。"吴老师谈及此事时十分自豪。他很少将德育内容单独摆出来向学生说教，但会结合专业知识开展课程思政，将正确的价值要素融入课堂中，将社会责任感的培养穿插到一个个鲜活的教学案例中。

● 图1　吴晓晖教授带领同学们参观校史馆

正如吴晓晖教授所说："敢于竞争，善于转化，是这所大学独有的精神。我们没有资源的优势，没有行业地位的优势，只有靠自己去奋斗，去不停地增添新的东西，这是刻在华科大人骨子里的精神。"加身的荣誉属于过去，只有将披荆斩棘的精神谱系接续传承，才能够在未来再次铸就辉煌。

『科研引领　让团队迈向互促互进的融合大道』

作为学院副院长，吴老师要求自己每周工作六天，白天忙于行政教学，晚上专精科研攻关，只能挤出时间去陪伴家人。被问及为什么还要担任德育导师时，吴老师这样表示："忙归忙，但是我认为，首先我还是一名光荣的教师。其实副院长也好，其他职位也罢，早晚都有卸任的一天，但是能作为教师去引领自己的学生成长，才是让人长久开心的事。"

吴老师非常注重德育与创新教育相结合，积极提倡团队内外的交流合作。"现在是以科研团队划分党支部，做德育导师其实是正好的。来参加党支部的活动与学生有更多的互动，能够促进与学生的交流，解决大家的困难，进而促进我们整个团队的科研发展。"担任德育导师后，吴老师开展工作更是兢兢业业。

"既然答应了，这个事肯定是一个责任，不能只是嘴上说说。"微党课授课、民主评议、雷锋月活动、团队科研交流、支部共建、趣味运动会、校史馆领学……吴老师从不缺席学生支部活动，以身作则地践行着立德树人的宗旨。团队内的几位研究生导师也均担任本科生教师班主任，与学生在思想、学业、生活各方面做好沟通，在各项比赛中精心指导学生。

图 2　吴晓晖教授（左二）参与研究生第二党支部趣味运动会

吴老师认为，研究生教育需要通过常态化的党建交流，助力课题组内外及科研团队之间学生群体的互帮互助。"假如我们一个大团队内部都不能做到很好地融合，那在整个学院里面，团队和团队之间就更不用说了。我们要清楚每个人做的是什么方向，研究进展到什么程度，并思考怎样通过学科交叉催生新的研究点。这些工作是很有意义的。"

在科研上，吴教授鼓励研究生提升学术创新创造活跃度，突破卡脖子技术。"我发现大家都更愿意去做一些承上启下的研究方向，但面对一个新的领域大家却容易从内心里抗拒，担心自己做不来。其实老师们也是在不断学习新的东西，才能够传授给大家。我作为德育导师，还是希望引导大家去积极突破自己，做有创造性的研究。"

吴晓晖教授先后指导 32 名研究生毕业，他所在的绿色修复团队近五年在 *Environmental Science & Technology*、*Water Research*、*Bioresource Technology* 等高水平 SCI 期刊上发表多篇学术论文，成员中多人多次获得国家奖学金、优秀毕业研究生称号，以及国内知名的高廷耀奖学金、唐孝炎奖学金和奥加诺（水质与水环境）奖学金等，毕业生多就业于生态文明建设的第一线。

吴教授也十分重视研究生的文理工全方位发展，要夯实研究生的人文素养基础，实现工科思维的拓宽。杨叔子院士曾说："大学教育必须把科学和人文融合起来，大学的主旋律是'育人'，而非'制器'，是培养高级人才，而非制造高档器材。"吴老师也认为，广大环境学子们都有机会成为国之栋梁，却大多囿于工科思维，因此需要更多地参与人文讲座论坛或相关活动，开阔眼界，锻炼能力，提升人文素养。

吴晓晖教授恪尽职守，扎根学生教育事业。他言传身教，以严谨求实的态度、开放包容的思想指导学生进行科研探索，深化团队交流互鉴，推动学科交叉；以饱满的热情、殷切的关怀传道授业，是"立德树人"的忠实践行者。

武剑洁：精研于心，育人于行

— 导 师 简 介 —

武剑洁 华中科技大学软件学院副教授、硕士生导师。主要研究方向包括计算机辅助设计、建筑信息建模技术研究及应用、图形图像处理、软件工程等。主持或参与多项国家和企业合作科研项目，研发基于 WEB 的三维可视化、智能识别等应用软件。在 *Automation in Construction*、*Advanced Engineering Informatics*、*Information and Software Technology* 等国内外重要期刊和会议上发表高水平论文多篇。面向本科生和研究生开设"软件质量与测试""软件测试与质量保证实践"等课程，出版教材两部，主持国家一流本科课程"软件测试与质量"。

『学业督导，筑严谨学术之风』

武剑洁老师始终坚持学业督导与科研严谨并重，致力于打造一个既注重理论学习，又强调实践创新的研究团队。在武老师的引领下，实验室的学业督导机制严谨有序。她深知学术根基的重要性，因此对每位学生的学习进度和质量进行密切跟踪，确保每一位成员都能在扎实的理论基础上开展研究。在每周一次的学术研讨会中，武老师鼓励学生们分享心得、相互启迪。特别地，武老师常要求所有参加组会的学生在听取完同学汇报后必须提问，且问题不限大小，从最细节的代码问题，到算法设计思路，再到宏观应用背景等，都可以提问，被提问者须耐心解答，直至提问者听懂为止。在提问过程中，她鼓励所有同学参与问题回答和讨论。这种督导方式不仅锻炼了学生们的口头表达能力，提高了他们的学术水平，更培养了学生们独立思考和批判性思维的能力。

● 图 1　武剑洁老师（前排左二）实验室合照

● 图 2　武老师团队在研讨　　　　● 图 3　武老师团队开研讨会

科研严谨，是武老师实验室的鲜明标志。她强调每一个科研项目都要遵循科学方法，从选题到方案设计，从实验设计到数据分析，每个环节都要求精准无误。她常常说，实验是用来验证算法设计的，要先有理论分析，再用实验来验证理论，而不是根据实验结果倒猜理论。她教导学生，在软件领域，科研不是简单的代码编写，而是对知识的探索和创新，每一行代码背后都应该是对问题本质的理解和解决方案的创造。实验室的每一项成果，都是经过无数次的推敲、验证和优化才得以呈现的。

『课业常新，赋精品课程之能』

武剑洁老师深知，随着科技的快速发展，教学内容只有与时俱进，才能赋予学生应对变化的能力。"软件测试与质量"作为国家级一流本科课程，其内容丰富，涵盖了软件测试的基本理论、核心技术和管理实践。武老师以项目为导向，将课程设计与实际开发过程紧密结合，让学生在实践中学习，在学习中实践。这种教学模式不仅激发了学生们的兴趣，也强化了他们解决实际问题的能力。

实验室是理论与实践的交汇点，武老师在这里构建了一个动态的学习环境。她鼓励学生在实际的软件项目中不仅要做研究，还应时刻注重软件质量，通过模拟真实的测试场景，提高学生的动手能力和团队协作技巧。在教学中，她不断总结科研项目实践成果，对课程案例进行持续更新。她始终强调质量意识和测试策略的重要性，引导学生深入理解软件质量的多维度衡量和控制。她通过案例分析、小组讨论和实战演练，让学生在互动中深化理解，提升技能。课程的创新性和实践性，以及实验室的开放性，共同构成了一个动态的学习生态系统。在这里，学生不仅是被动的知识接收者，更是主动的探索者和创新者。

『细思关情，暖莘莘学子之心』

武剑洁老师的实验室不仅是一个学术研究的场所，更是一个充满关怀和温暖的学习家园。"培养优秀软件人才，不仅要关注学术成长，更要关心学生的心理健康和情感需求。"她以细致入微的关怀和深沉的教育热情，温暖着每一位学子的心灵。在实验室的日常运作中，武老师注重团队精神的培养，鼓励学生之间的互助与合作。这里鼓励开放交流，推崇创新思维，无论是面对技术难题还是学术争议，他们都能以平和的心态和理性的分析去解决。团队里学姐有数据获取的困难，学弟学妹们二话不说，人手一个账户帮忙下载数据；学弟的代码卡住了"跑"不出来，学长学姐立刻结对编程，一行行查代码、一个个核数据，力克难题。除了课题内研究交流，武老师还定期邀请高年级同学为低年级同学做技术和研究分享，特别在每年研三同学面临暑期实习、校招等时期，邀请已毕业的学长积极分享相关经验、提供相关招聘讯息，尽可能地为同学们提供工作机会。这种"我为人人，人人为我"的环境使得实验室成为一个孕育科研成果的温床，也为学生们提供了宝贵的团队合作经验。武老师在指导学生科研项目时，不仅关注技术的精进，更关心学生的个人发展。她定期与学生进行一对一交流，了解他们对于学业、未来、生活等多方面的困惑，提供个性化的建议。有的学生喜欢游戏，她除了为其设置图形开发相关的项目研究方向，还鼓励学生多钻研图形引擎，该生后顺利入职网易，从事图形引擎研发相关工作，事业蒸蒸日上。有的学生毕业时面临就业行业和未来发展方面的迷茫，武老师与其促膝长谈，帮助他分析自己的优势和劣势，找到自己的方向，该生后就业于国内相关行业龙头企业，从事国产工业软件研发。他说："感谢武老师当年的指点，让我找到了自己事业发展的方向，与企业共成长，虽苦也甜。"武老师善于发现学生的特长，激发他们的潜力，帮助他们在学术道路上找到属于自己的方向。

笃志明如剑，师心似玉洁。武剑洁老师以其深厚的专业素养和以人为本的教育理念，培养全面发展的软件人才，助力每一位学子在学术和人生道路上不断前进。

第三部分

人文专业育人故事

刘根辉：古籍传承续文脉，文工交叉谱新篇

―――――――――――――

― 导 师 简 介 ―

刘根辉 华中科技大学人文学院院长助理、院工会主席、教授、博士生导师，中国计算机学会会员、中国中文信息学会会员、湖北省语言学会理事、湖北省网络空间安全学会内容安全专委会委员。1999年、2005年在华中科技大学先后获文学硕士、工学博士学位。1999年留校任教，主要从事古籍数字化、古汉语信息处理、数字人文、汉语国际教育等方面的教学和科研工作。目前主持国家社会科学基金重大项目子课题、全国高校古委会项目、校人文社科重大原创性成果培育项目等科研项目，先后在《古汉语研究》《方言》《语言研究》《中文信息学报》《现代外语》《外语学刊》《计算机工程与应用》和 *Advances in Systems Science and Applications* 等国内外权威期刊发表论文 30 余篇，曾获省优秀学士学位论文指导教师（2 次）、校教学质量优秀奖二等奖（4 次）等荣誉称号。

『汲古慧今，文工交叉赋予古籍新生』

古籍是中华优秀传统文化的重要载体，也是前人智慧和心血的结晶，对于我们认识和改造世界，赓续和传承文明具有重要作用，值得深入挖掘。然而，随着岁月的流转和历史的变迁，许多珍贵的古籍逐渐失传或蒙尘封存，没有得到很好的保护和利用。习近平总书记强调："要运用现代科技手段加强古籍典藏的保护修复和综合利用，深入挖掘古籍蕴含的哲学思想、

人文精神、价值理念、道德规范，推动中华优秀传统文化创造性转化、创新性发展。"

　　作为一名共产党员，刘老师从自身做起，一直以来积极响应习近平总书记的号召，利用自身文工交叉的专业背景和优势，深耕于古籍保护和古籍数字化工作。

　　基于其丰富的学识和深厚的研究背景，刘老师坚信古籍的传承应该与现代科技相结合，只有这样古籍才能在信息时代焕发新的生机。于是，在学院的大力支持下，2015 年，刘老师牵头建立了"汉籍数字化实验室"，并带领自己的学生组建了横跨本硕博三个层次的古籍数字化研究团队，开启了一场古籍数字化的探索之旅。

　　团队成立初期，由于同学们大都是文科背景，古籍数字化所涉及的计算机知识积累比较薄弱，加之古籍整理的繁杂枯燥，同学们有时会产生迷茫、浮躁的情绪。为此，刘老师经常跟同学们沟通，鼓励大家积极研读古籍，理解其中蕴含的思想和价值，并将自己在古籍数字化方面积累的宝贵经验倾囊相授，同时以自身跨学科学习研究的经历勉励大家拓展自己的知识边界。这些都让大家更深刻感受到古籍数字化传承的意义，坚定了用现代科技手段赋予古籍新生的信心和决心，也为大家打开了一扇通往全新知识领域的大门。

　　古籍数字化实践过程中，刘老师给予了同学们充分的信任和自主权，同时又在每个环节提供丰富的资源和专业的指导。在古籍整理时，他耐心教导学生如何辨认和分类不同类型的古籍，如何处理古籍中存在的破损和遗失的问题；在古籍建库时，他细心指导学生进行包括字段、表结构、表关系等数据库的设计，甚至 SQL 语句的修改。在刘老师的指导下，同学们分工合作，利用现代技术手段进行扫描、修复和整理工作，确保古籍的原始性和完整性得到保留。

　　同时，刘老师还引领同学们运用文工交叉的方法对数字化之后的古籍进一步开展创新性研究。同学们结合人工智能、数据挖掘等技术手段，通过编写计算机程序，对古籍进行分析和解读，挖掘出古籍中隐藏的珍贵信息和知识，为古籍研究提供了新的视角和方法。

　　这一系列的工作取得了显著的成效。目前，刘老师及其团队依托多项科研项目，累计完成 150 余种上千卷古籍的整理修复和数字化工作。团队成员基于这些成果开展了学科交叉研究 20 余项，团队建设的古籍数据库成为校内外学者和研究人员的重要参考资源。他们坚信，通过努力和持续的探索，古籍将在数字化时代焕发出崭新的光彩。

图 1　刘老师指导学生进行古籍数字化扫描工作（一）　　　图 2　刘老师指导学生进行古籍数字化扫描工作（二）

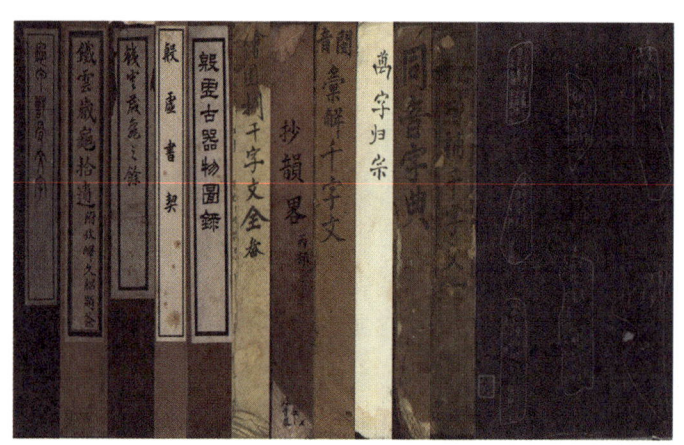

图 3　刘老师团队目前完成的部分数字化古籍

『党建引领，知行合一激发青春活力』

习近平总书记在党的二十大报告中强调："育人的根本在于立德。"作为一名德育导师，刘老师深知，要想真正培养出高素质拔尖创新人才，单纯的学科知识讲授远远不够，更重要的是不断提升团队成员的思想觉悟和实践水平，从而真正地践行"立德树人"的使命和职责。因此，他始终将"党建引领，知行合一"作为自己带领团队的理念。

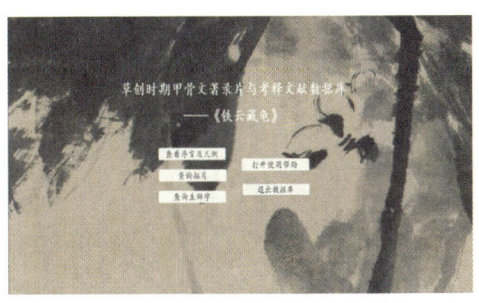
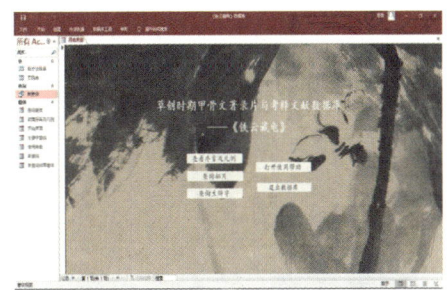

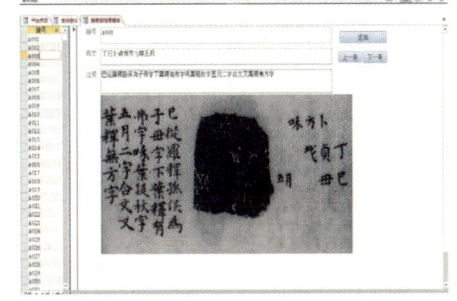

图4 刘老师团队研发的《铁云藏龟》甲骨文数据库

　　一方面，刘老师积极引导团队的学生认识到党组织的重要作用，鼓励学生积极向党组织靠拢，参与党建工作和党建活动，帮助大家树立正确的世界观、人生观、价值观。在刘老师的引导下，目前团队中2/3的同学先后加入了中国共产党，并有多位同学在校研究生会、院研究生语言专业党支部、院党建服务中心、各班班委等各级组织机构中担任职务，并积极参加诸如华中科技大学2020年"聚焦专业视野，弘扬抗疫精神"主题调研、2021年"百年峥嵘初心不改，七十华诞薪火相传"主题调研、"第五期青马班"、人文学院2022年"青春逢盛世，奋进新征程"党史知识竞赛等各级党建活动，并获得"优秀团队""优秀调研报告""优秀研究生干部"等多项荣誉。

　　另一方面，刘老师大力提倡知行合一的教育理念，鼓励学生不仅要努力学习专业知识，还要积极投身志愿服务、学科竞赛、暑期实践等各类社会实践活动，包括大学生志愿者暑期文化科技卫生"三下乡"社会实践、"一起云支教，奋进新征程"志愿服务、全国研究生汉语教学微课大赛、2023年武昌古城"半马"志愿服务等。在刘老师的鼓励下，学生们在兼顾学业成绩的同时（团队学生学业平均成绩90.95分），勇于尝试，跨出课堂，亲身感受社会的温暖和挑战，在增强社会责任感和担当意识的同时，实现了自我价值的不断提升，展现出了青春活力和创造力。

『春风化雨，温暖儒雅呵护芝兰玉树』

"在学术上，刘老师是一个严谨的人；在生活中，刘老师是一个关爱学生的暖男""刘老师永远都是那么的亲切、随和、温柔，无论在学业还是生活上都给予了我无微不至的关怀""刘老师十分细致地观察到了我刚融入师门时的拘谨，而后循循善诱，让我十分感动""刘老师常常在沙龙上分享自己求学和生活上的趣事，每周一次的沙龙更像是一次温暖的家庭聚会"，在刘老师的关心和呵护下，团队中的每位学生都如沐春风。无论是在学业上还是在生活中，刘老师总是如春风化雨般，以他独特的儒雅风范，给予学生们无微不至的关怀和照顾。

在学业上，入学时，刘老师会和每一位学生进行沟通，结合大家各自的兴趣和专长，与大家商讨未来的规划，为大家指点迷津；日常科研中，刘老师总以严谨的态度对学生严格要求，同时予以耐心细致的指导。如在指导学生修改文章时，刘老师事必躬亲、字字斟酌、严谨求实，给学生树立了典范。而每周一次的学术沙龙更像是"家庭聚会"，大家广泛讨论、畅所欲言。在这种积极的学术氛围中，大家不仅得到了知识和经验的积累，还受到了刘老师学术道德和学风的熏陶，培养了扎实的学术素养和独立思考的能力。

而在生活中，刘老师更是用心呵护每个学生的成长。他时常关注大家的身心健康，让大家将身体健康放在第一位，鼓励大家积极参加体育锻炼，保持良好的生活习惯。

温文尔雅，如沐春风，这是所有和刘老师接触的人的感受。刘老师为大家营造了一个宽松温馨的团队氛围，使得学生们能够互相扶持、共同成长，感受到了人与人之间的真诚与温暖。这不仅在他们的学术道路上起到了积极的推动作用，也对他们的人格塑造产生了深远的影响。

周新民：育人为先，学术为基

— 导 师 简 介 —

周新民　华中科技大学人文学院二级教授、博士生导师。国家社会科学基金重大招标项目首席专家、全国文化名家暨四个一批人才、国家百千万人才工程人选、国家"有突出贡献中青年专家"、国务院政府特殊津贴专家。兼任中国新文学学会副会长、中国小说学会理事、国家出版基金评审专家、湖北省评论家协会副主席等学术职务。在《文学评论》《中国现代文学研究丛刊》《光明日报》等期刊、报纸发表学术论文、文学评论200多篇。出版《中国当代小说理论发展史研究》《对话批评：诗·史·思之维》《中国"60后"作家访谈录》《当代小说批评的维度》《"人"的出场与嬗变——中国近三十年小说中的人的话语研究》等著作。

● 图1　周新民教授

1999年，周新民教授开始从事高等教育工作。25年的从教生涯中，他始终把育人、育才、打造"六边形"（学术、工作、人格、情感、生活、精神）团队当作为人为师的核心任务。在他的言传身教之下，41名硕士研究生、8名博士研究生、2名国际博士生相继毕业，在各个领域发光发热。其中2名博士生成长为教授，2名学生成为省级人才，8人接过教育的接力棒，在中小学担任人民教师。1名研究生的毕业论文获评省优秀硕士学位论文，1名研究生获评 2023 年度华中科技大学优秀毕业研究生。目前，周老师"门下"在读博士研究生有 5 名（含外校 2 名），在读硕士研究生 12 名。

在周老师及其学术团队的努力下，周老师在 2022 年成功获得国家社会科学基金重大项目"《中国现当代小说理论编年史（1895—2020）》编撰暨古典资源重释重构研究"与国家社科基金重点项目"中国现代小说理论编年史"。周老师常说，没有团队的支持，一年之内无法获得两项重大课题。他说，师生双向奔赴，共同成长，是师生之间最美丽的故事。

『高擎心灵的火把，照亮学生前行的人生路』

故事的开始要从周老师的教育理念说起，"育才先育人"是周老师秉持的教育理念。他始终把塑造有灵魂、人格健全的生命个体作为教育的终极目标。对每一位学生，他都悉心教导，给予关爱。面对学生在成长和学习的过程中遇到的各种问题，周老师都会积极帮助他们寻求解决办法。

一位 2020 级硕士研究生以优异的成绩进入课题组学习。在周老师的眼中，她聪明勤奋、天赋过人，但是在研究生三年级时，她的情绪一度陷入低谷，学业也因此耽误。周老师察觉到这位同学情绪上的问题，没有批评她疏于学业，而是多次主动找她谈心。经周老师的开导，该同学情不自禁，痛哭流泪，敞开心扉，坦诚心中所痛。她反感父亲对她人生所做的设计，与父亲关系紧张，无法沟通，于是以"躺平"的方式来反击。周老师了解情况后多次和这位同学的父亲、母亲电话沟通，坦言孩子"躺平"的症结之所在。家长也认识到了问题，改变了对这位同学的态度。该同学心理得到了疏导，学习劲头大涨，最终顺利完成了毕业论文的写作，找到了理想的工作。在周老师看来，人生只有困境，没有穷途，他从不放弃引导任何一名学生向上的可能。周老师认为，教育不只是知识的获得，还是情感和灵魂的滋养。这种面向"人"的全面教育是"周门"学生的终身财富。

最近，周老师常常与学生探讨事业成功与人生幸福之关系的话题。毫无疑问，周老师在学术事业及教育事业上是成功的。但周老师说，事业的成功并不意味着人生的幸福。这或许是周老师千百次折返于理想与现实，登高而望远后得出的肺腑之言。他鼓励学生，事业上固然要追求成功，但是，也不要放弃对于幸福的找寻。他告诉学生，为事业而奋斗是人生的过程，而不是目的。他常说，心灵的充盈才是幸福的根本。在"周门"弟子看来，周老师就像引路在前的执火者，也许那火把只有微光，但薪火相传，终能照彻人文研究者心灵的夜空。

『高举创新旗帜，引领学生勇闯学术无人区』

2020 年，周老师率领团队大胆探索，勇闯学术无人区——中国当代小说理论编年史编撰。这个领域并无前人开路，做什么、怎么做都是未知之数。"创业"之初，总会面临很多困惑。但是，周老师凭借在当代文学领域多年深耕的经验，相信这是一条能有所开拓的道路。2021 年初春，一名导师、一名博士生及三名硕士生的小团队，开始了在东五楼 403 办公室的艰难探索。每周例行组会上，每位研究生要交出至少一万字的爬梳材料，再由周老师逐段、逐句甚至逐字和学生探讨。埋首书籍中的身影，朦胧的月光，阵阵虫鸣声，构成了一幅春天创业的壮丽图景。功不唐捐，篇幅约 350 万字，八卷本《中国当代小说理论编年史（1949—1979）》已经获得湖北省公益学术著作出版专项资金资助，在 2025 年之前出版。

在日常的学术训练方面，周老师采取"常态训练＋重点突破"的系统化指导模式。周老师常常强调"一定要摸史料""一切从史料开始"。周老师认为，从材料开始，才能迈出学术创新的第一步。因此，周老师以每周组会的形式带领学生摸查史料，这已成为学生常态学术训练的重要环节。同时，周老师鼓励学生在摸查史料的日常训练中"重点突破"：发现有学术意义的问题、厘定毕业论文选题。他在会上的"灵光一闪"常常成为学生们拨云见日的契机，也是重点突破学术难题的良机。比如，今年两篇硕士学位论文，就是源于组会讨论中迸发的"灵感"。

周老师严抓毕业论文质量，引导学生克服困难，坚持走学术创新的路子。2020 级硕士研究生贺路智研究的"注释文体"是学界尚未注意到的领域，故而缺少参考资料，缺少可供借鉴的思路。周老师在组会上让贺路智定期汇报论文进度，并引导其触类旁通，寻找当代小说现象与中国传统文学的渊源，确保贺路智在正确的方向上探索。最终，贺路智的硕士学位论文《中国近 30 年（1990—2022）长篇小说的注释文体研究》获得盲评和答辩全优的成绩。一位盲评专家甚至动情地写道："尽管为了评阅您的文章，我快速浏览了您所参考的童庆炳先生的专著，但实际上我仍不同意长篇小说'注释'文体这一提法，也在您的论述之中发现了似乎可以缝补的论证裂痕。但是没关系，这不妨碍我对一位硕士研究生大胆进行理论探索精神和严谨论述能力的欣赏。硕士论文可以做到这种程度，是老师教得好，也是您自己学得好，所以，记住导师的教导之恩，铭记一生，也感谢自己的不懈努力，并在未来继续努力。"

『高奏知音乐章，厚植学生成城断金之精神』

周老师非常注重团队精神的培养与传承。他常说，老师和学生亦师亦友，而老师和门下弟子、门下弟子之间均是学术"知音"，要协奏"高山流水"。2022 年冬季，新冠病毒肆虐，为确保学生的健康和安全，周老师敦促学生们离校返乡。其后，团队的学生们也陆续感染了新冠病毒，出现高烧、咳嗽等症状。博士生余子栖的病情比较严重，《中国当代小说理论编年史（1949—1979）》的编撰工作正处于重要的收尾阶段，任务紧急，时间紧迫。博士生周明洁见状，暂时放下手中的工作，主动协助余子栖，终于保质保量地完成了工作任务。

● 图 2　周新民教授及团队日常组会

2021级的黄逸飞、李光璐、何芷苓、邱文婷四位硕士生也是团队的顶梁柱。虽然他们已经完成了各自的编年史工作，但在收尾阶段，他们仍然做到了哪里需要哪里来"搬"。他们认真负责，为团队提供了重要帮助。几位已在高校工作的博士，秉承"周门"成城断金之精神，分别在湖北大学、武汉工程大学、信阳师范学院组建学术团队，助力《中国当代小说理论编年史（1949—1979）》的研创工作。

"育人为先，学术为基"，这八个字可谓是周新民教授导学团队的根系与基底，这八个字也因此成为"学术、工作、人格、情感、生活、精神"全面发展的"六边形"团队的灵魂与旗帜。

欧阳康：以"哲"育人，求索悟真

| | | | | | | | | | | | | | |

— 导师简介 —

欧阳康　华中科技大学原党委副书记，华中科技大学国家治理研究院院长，哲学学院二级教授，国家人才计划入选者，湖北省首届最美社科人，"华中学者领军岗"教授、博士生导师。

欧阳康已从教 40 年，曾任第六届、第七届国务院学位委员会马克思主义理论学科评议组成员、全国高校哲学教学指导委员会副主任、全国高校文化素质教育指导委员会秘书长、亚太学生事务协会主席、湖北省社会科学界联合会副主席等，现为中国辩证唯物主义研究会副会长、社会认识论专业委员会会长、教育部社会认识论人才培养模式改革虚拟教研室主任、社会认识论研究国际联盟主席等。独著和主编有《社会认识论导论》等 40 余部著作，在《中国社会科学》《哲学研究》等刊物发表中英文学术论文 400 余篇，作为首席专家主持数十项国家、省部级和国际合作科研项目，20 余次获国家和省部级科研、教学优秀成果奖，数十次出境参与国际学术交流和国际合作研究，指导了硕士和博士共计 120 余名。

『用生命体悟哲学，以哲学启润学生』

每当提起欧阳康导师的时候，他的学生们总是这样评价："学术探索之路上，老师孜孜以求，用生命体悟哲学；教书育人时，老师也诲人不倦，以哲学启润学生。"

图 1 青年欧阳康

回顾自身的成长经历，欧阳康教授满含热情地鼓励学生用生命体验哲学，这也是他的哲学课的导言所在。他说："在我们的一生中，我们总会自觉地或不自觉地遇到很多与哲学相关的问题。"欧阳康教授特别指出，学生对哲学学术的思考，需要深厚的历史感，善于从哲学的历史发展中把握人类哲学思想演进逻辑，也要尤其关注马克思主义哲学和思想史上的变革及其后续影响，还要善于寻找马克思主义与中国哲学与文化的交汇点，探寻其中国化的基础和途径。正是基于这样的认识，欧阳康教授身体力行，努力探索一条个性化的哲学研究道路，从对元哲学问题的探讨开始自己的哲学之旅，尤其关注哲学研究的方法论。

在欧阳康教授看来，教书育人是教师的天职，也是作为教师最为快乐的事情。自 1989 年开始招收硕士生、1994 年开始招收博士生以来，欧阳康教授带领团队在社会认识论领域取得了丰硕的成果，欧阳康教授指导研究生等先后撰写了 60 余篇社会认识论系列博士学位论文和博士后出站报告，探讨了一大批全新的社会认识论理论和实践问题，在事实上建构起了一个完整饱满、具有自主知识体系品格的马克思主义社会认识论体系。

"作为老师最大的快乐就是看到同学们的成长，并在这一成长过程中感受到大家的活力和魅力。"欧阳康教授希望所有学生，不管毕业后去了何地、从事何种工作，在事业方面，都能够有所成就，能够通过自己的努力为所在的地区、行业做出应有的贡献；在家庭方面，能够幸福美满，这是人生非常重要的内涵；在人生价值方面，能够实现自己的人生理想；每个人都健康快乐成长，这也是生命最重要的意义。

『与时代共振，更显桃李天下』

随着新媒体的深入发展，网络课程以其传播广泛迅捷而引起重视，欧阳康教授较早进入网络课程领域，并在中国大学慕课的教学中取得了累累硕果。他所主讲的本科生课程"人文社会科学哲学"入选教育部 2009 年"国家级精品课程";主讲的中国大学视频公开课"哲学导论"2015 年入选教育部第二批"精品视频公开课";主讲的"人文社会科学哲学"视频课2016 年入选首批"国家级精品资源共享课";主讲的中国大学慕课"哲学、文化与人生智慧"2020 年入选教育部"首批国家级一流本科课程(线上课程类)"。

在欧阳康教授担任华中科技大学党委副书记期间,他也将爱心与智慧运用于学生事务,鼓励学工战线教师干部做"有思想的实践者"和"会实践的思想者",极大激发了学工战线的创新创造热情,先后开创了"党旗领航""烈士寻亲""红色寻访""衣援西部""公德长征""医援西部""心灵之约"等学生工作品牌。他积极推动我国高校学生事务国际化,当选亚太学生事务协会主席,举办了我国高校首届学生事务国际学术会议,扩大了我国高等教育的国际影响。他倡导大学生文化素质教育的实践导向,主张在"全员育人"的同时推动"全员自育",先后获得了湖北省教学成果奖一等奖和全国教育科学研究优秀成果奖。

『以身垂范,实现"哲"以导行』

欧阳康教授的授课不仅在大学的课堂,也在各种形式的学术报告、理论宣讲、干部培训课程中。他低调、慈爱、谦逊,和学生之间在生活和学业上建立了深厚的师生情谊。他常常抽出时间开展讲座,大到谈哲学社会,小到聊学习生活,他总是坦诚和悦地与大家一起交流。欧阳康不仅是学生学术道路上的引导者,也是他们成长道路上的心灵守护者。他告诫学生:"治学要脚踏实地,板凳要坐十年冷。"这样的治学态度影响着他的学生,大家都重视基础理论和扎实功底。他绝不马虎对待教学和研究生指导,倘若缺乏整块的时间,就利用平时走路、骑车、坐车、乘飞机的时间思考学术问题。万米高空上,他也不忘仔细阅读学生的论文,并思索修改意见。每逢佳节,欧阳康总能收到来自五湖四海的祝福,这时一段段美好的回忆便涌上他的心头。

● 图 2　欧阳康教授现场对学生答疑指导

『明德厚学，用马哲启迪智慧』

　　欧阳康教授深谙教学之道，他认为："教师要让马克思主义贴近学生的生活，用他们听得懂、喜欢听的语言讲马克思主义，才能让理论深入人心。"因此，在每门课程中，他坚持：第一，充分重视哲学的价值引领和实践指导功能，秉持"以哲学思维推进文化素质教育"的教育理念，他的课堂处处体现出以理服人、以文化人、以情感人的教育魅力；第二，始终贯彻问题意识与对话意识，教学风格极具启发性与开放性；第三，十分重视教学与科研的有效结合。

　　在课程评价中，学生们不吝对欧阳康老师开设课程的喜爱。有学生留言："课程虽有限，但是给予我们的激励与知识是无限的，对个人的不断探索与进取也是无限的。"

　　"学习、研究马列主义经典著作要敢于反思、不断追问，要用批判的眼光看待问题，用新视角、新观点为马列主义经典著作注入新鲜的血液。中国如今面临前所未有的机遇和挑战。新一代青年既要有责任意识，又要有思想准备，迎接未来的机遇和挑战。"欧阳康说。他希望自己讲授的课程能给年轻人启发，帮助他们利用哲学思维找好自身定位，探索自己的使命和担当，做马克思主义的忠诚信奉者、坚定实践者。

王闰梅：至亲至善，亦师亦友

— 导师简介 —

王闰梅　文学博士，华中科技大学外国语学院日语系主任，硕士生导师，湖北省日语教学研究会副会长，中国日语教学研究会常务理事，高等学校大学日语教学研究会常务理事。

韩愈在《师说》里言道："师者，所以传道受业解惑也。"古往今来，知识渊博而又辛勤劳动的教师总是奉"传道授业"为使命，以"答疑解惑"为本职。王闰梅老师就是这样一位师者，引领一代又一代的求知者开启智慧的大门。

『治学之路，育人为先』

王闰梅老师治学严谨，学识渊博，是一位秉性朴素而又充满热情的人。她在自己的专业领域里常年耕耘，勤勤恳恳地教书育人，培养出了一代又一代的优秀毕业生。在教育道路上，王闰梅老师始终秉持"学生为主导，老师为引领"的教学理念，甘为学生治学道路上的基石。她给予学生充分的自由，但又不至于让学生因过度自由而感到迷茫。她鼓励学生在研究上独立思考，指导学生学问之道，用心培养每一位有志于学术的学生。

2022级日语语言文学专业硕士生梁婷仍对自己当年与王闰梅老师的相遇感慨万千："第一次见到王闰梅老师是在大一的'中日文化交流史'课程上，那时的我对历史颇有兴趣，因此对于为我们讲述中日交流史的王老师也抱有莫名的好感和敬重。"许是出于迷失在纸上世界的兴奋，许是出于王

● 图1 王闰梅老师在第八届全国
日语专业院长/系主任会议上发言

老师的娓娓道来和旁征博引，梁婷感受到了知识之外的吸引力——那便是王闰梅老师的人格魅力。王老师常常鼓励学生们自由思考，畅所欲言。她尊重同学们的想法，同时也会以轻松快乐的方式向学生展示广阔的知识海洋，带领同学们以包容开放且具有人文关怀的眼光来看待他们暂时还未触及的世界。"正所谓'治学以育人为本'，我想，我之所以敬佩并喜欢王闰梅老师，正因为她能让学生们发现自己的成长吧。"梁婷说道。

王闰梅老师说："科研的真谛在于积极地探索，学识的长进源自日积月累。"她将这句话体现在教学育人的方方面面，无论是组会答疑还是毕业论文指导，王闰梅老师始终耐心指导，认真倾听并解决学生困惑，以身作则地向学生展示求真务实的进学之道。在工作中，在课堂上，在生活里，王闰梅老师时时以自身的人格魅力感召着学生们，以"祖国的需要就是我们奋斗的目标"为座右铭鼓舞着周围人一起进步和成长。

『关爱学生，亦师亦友』

王闰梅老师为人谦逊，风趣幽默，和学生们相处融洽。她常常从学生的角度出发思考问题，善于为学生着想。同时，王老师关心学生的科研、学习与生活，经常与学生们推心置腹地谈心，探讨学术问题，疏解学业及生活压力。无论何时，只要学生们有问题或者有烦恼想要去咨询王闰梅老师，她总会在日语系办公室里等候着学生们，让他们感受到回到港湾处才有的安心和踏实。

2022级硕士生曹豆豆在回忆自己与王闰梅老师的相处时，谈到王闰梅老师带给她的影响："求学之路漫漫，是王老师始终给我指点迷津，帮助我找回了自信与方向。她不仅是我在学术道路上的良师，也是我生活上的益友和倾诉对象。"2021级硕士生吕沛纯感叹道："虽然在华科大的几年里，我走得磕磕绊绊，但王老师常常化身及时雨，为我的人生和学业出谋划策。我常感幸运能遇见如此合拍的老师。我也深知，唯有在学术道路上砥砺前行，才能不辜负老师之期望和恩情。"

● 图2　王闰梅老师与毕业生合照

　　王闰梅老师在治学之路上严谨而充满热情，不仅传授学问，更重视育人为本，培养学生独立思考的能力，点燃学生内心对未知世界的探索激情。她的人格魅力和对身边人的真挚关爱也使得她与学生之间建立了深厚的师生情谊。在学生们的心中，她不仅是学术上的良师，更是一位值得终身铭记的朋友，引领着他们走向光明的未来。

张易凡：用热爱激发热爱，用年轻鼓舞年轻

— 导 师 简 介 —

张易凡 华中科技大学外国语学院翻译系主任、副教授、硕士生导师，中国翻译协会专家会员，2021 年湖北五一劳动奖章先进个人，2021 年湖北省青年教学竞赛外语组冠军。重庆大学英语和经济学双学位学士、香港理工大学翻译与传译（口译方向）文学硕士、华中科技大学中外语言文化比较研究博士。

作为同声/交替传译员，张易凡老师曾经为比利时国王、智利总统以及数任湖北省委书记及省长等多位政商界要人担任过同声传译员，其口译服务客户包括联合国教科文组织、联合国发展署、世界自然基金会，商务部、国家发展改革委、工信部、教育部、科技部等政府机构组织以及麦肯锡、JP 摩根等世界 500 强公司。作为湖北省青年教学能手，张易凡老师自 2015 年起在连续多届全国性口译大赛上指导学生拿到湖北省赛、华中区赛前三名并获得全国总决赛优秀指导教师称号，数十名本科生、硕士生通过人事部 CATTI 二级口译考试。

张易凡老师务实求是的科研精神、真诚坦率的性情，一直深深地打动着学生们。尽管在学术实践和课堂上标准严格、言辞犀利，但生活里，他乐于和学生们打成一片。张易凡老师用开放的胸怀和敏锐的洞察力，充分激发出学生的潜力和对翻译事业的热情，鼓励学生们积极投身于中外文化交流的实践过程中，为"讲好中国故事，传播好中国声音"做出积极、切实的贡献。

『用热爱激发热爱』

　　作为资深同声传译及交替传译译员，张易凡老师经常会在授课过程中与同学们深入交流作为译员的体会，并且从不吝啬于向同学们传授自己的经验技能。在访谈中，他多次谈到科研和口译实践带给他的感受："从这一过程中，你可以了解到周围最新的一些事情。比如你做学术研讨会的口译实践，就能接触到某些领域最新的一批科学研究成果，拥有很多前沿领域的背景知识。我也参与过很多发布会的口译实践，从而有信息渠道接触到某些企业最新的产品、某个领域最新的进展。通过口译实践，我能了解到京东、阿里巴巴、科大讯飞的一些首席科学家，包括一些院士乃至诺贝尔奖得主的演讲内容。前段时间我做过人力资源援外培训的口译实践，甚至之前还做过援外乒乓球教学口译实践。这些都对我自己在各个方面的知识储备有非常大的扩充。"张易凡将这些引人入胜的口译实践故事带到课堂上，常常让学生们听得津津有味，大家也会和他讨论不同情境下译员该如何巧妙应对困难、化解风险、实现自我价值。正是在这样轻松愉快的对话式教学环境中，学生们能够对口译实践有真切、接地气的感受，也为他们日后踏上口译实践的道路增添了自信和热情。

　　张易凡老师对口译实践的热情激发了学生们为传播中国文化而奋斗的使命感，也激发了同学们对语言专业更加深厚和立体的热爱。谈到外语学习者的使命和个人价值的实现时，张易凡老师说："在现在的环境下，外语学习者的使命一方面是传播中国文化；另一方面，作为一个全球公民，我们要有全球意识，更多地参与到国际治理中，参加国际组织，做国际公务员。"张老师认为，在实现个人价值层面，第一点是要加强文理融合，实现多方面发展。第二点就是要更加脚踏实地，"connect all the dots"——不能只学习对我"有用"的东西，因为有时候不经意间做的一些事情，参加的一些活动、竞赛，可能会对之后的事业有很大的帮助。"学生应该尽量在整个学习过程中或者在在校读书的这段时间里不断去试错，了解自己适合做什么，不适合做什么，进而找到人生未来发展的方向。"张老师教导学生说，作为一位语言工作者和研究者，除了具备过硬的职业素养，更要具有开阔的眼界、探索的精神、好奇的冲动和永无止境的进取心，感受国家向前迈进的步伐和时代发展的脉搏，将自我个人价值的实现融入集体和时代发展中——这种人生观、价值观上的积极引导对学生而言无疑受用终生。

● 图 1 张易凡老师（中间）带领学生参加 2022 年高等教育国际论坛年会

『用年轻鼓舞年轻』

作为一名年轻导师，张易凡老师和学生们一样有着许多"年轻"的爱好，因此他能与每个学生做到有"通感"，痛大家所痛，想大家所想。研究生生活并非一帆风顺，大家经常会有很多迷茫、失落的时刻，但是张易凡老师总是能用自己的奋斗经历鼓舞大家，引导大家将眼光投向更加光明的地方。

张老师曾经和学生谈到自己学生时代的经历。2015 年，张易凡老师在职读博期间一边工作、一边撰写博士论文，当时的他为了深入论文理论分析而努力学习并整合相关领域研究者理论，在博士论文外审时心情格外忐忑。这些都令在论文理论研究选择和应用上痛苦挣扎的学生深深共情，也让他们更加坦然面对学术上的困难。在另一段艰难岁月中，张易凡人生中第一篇论文的发表可谓坎坷曲折。他回忆道："当时我的导师许明武老师帮我改了七稿。最终文章投中之后，出版社回复了我一封关于论文清样的通知。阴差阳错的是，我一周后才看到这封邮件。当时我真的惊呆了，因为看到邮件的第二天我必须把改好的清样给出版社寄过去，而且对方只接受当天的邮戳。所以那天晚上上完了第八节课后，我改论文一直改到了凌晨四点，之后又要去上第二天的八节课。"张老师的语气虽然轻松，但是从他的描述中仍能感受到当初的压力和紧张。这种"飞来横祸"的经历令大家深有感触，也让大家在面对生活、学习中的困难时更能秉持平常心。张易凡老师用自己的"年轻"鼓舞大家在年轻的时候不要害怕吃苦，努力为自己的目标不懈奋斗。

爱岗敬业，幽默风趣，这是张易凡的学生们对他的一致评价。2021级口译专业硕士生窦雨琪说："张老师是业内唯一 VIP，绝不让中间商赚差价，口笔译任务一对一派发，自掏腰包让学生发家致富。"学生们亲切又打趣地称张易凡老师为"张老板"。在他们眼里，张易凡不仅是研究生导师，还是"碳酸饮料品鉴专家""金融行情精通者""5G 冲浪选手""微信消息秒回人士""分心大神"，是集各类"title"于一身的宝藏导师。2023级口译专业硕士生张杨倩说："生活中，张易凡老师经常加入学生们的话题，一起谈论喜欢的球队，同时也不忘'适时'督促学生们学习。在学生旅游时的朋友圈评论区也能经常看到他催交论文的身影，既促学又促玩，让学生全面发展。同时，张易凡老师还是一位全平台冲浪玩家，每一位学生的状态他都能实时掌握，以便更深入地了解学生。"

在张易凡老师的带领下，外国语学院成立了"喻译"语言青年服务团队，并获得校级青年五四奖章。其中，20 名团队成员完成了联合国开发计划署（UNDP）、联合国教科文组织（UNESCO）等国际组织的重大翻译项目。团队还为中国科学技术协会翻译了《中国科学技术协会通讯》共计十七期、十万余字的文稿。有 13 名团队成员参与了在武汉举办的"《湿地公约》第十四届缔约方大会（COP14）"及其系列会议，担当重要嘉宾使团及相关代表团的联络口译员，并获得了主办方的高度肯定和赞扬。受新华社邀请，有 20 名成员于 2023 年 7 月 23 日至 8 月 9 日赴四川成都担任第 31 届世界大学生运动会（简称大运会）语言服务人员。本次大运会信息采集中的即时引语部分均由新华社信息服务中心委托"喻译"团队负责，日均整合文稿 91 篇，大运会期间产出文稿达 800 余篇。其中，团队采访了覃海洋、曹茂园、韩旭、Simone Stefani 等中外明星运动员，极大便利了中外记者的赛事报道。"喻译"团队此次语言服务收获赛事官方和媒体从业者的一致认可。国际大体联首席新闻官赞扬了"喻译"团队产出的稿件。在新华社相关报道中，来自《光明日报》《北京日报》等媒体的记者对团队负责的"即时引语和消息"板块称赞不已。

图2 "喻译"语言青年服务团队成员在大运会上进行翻译服务

张易凡老师为同学们提供了广阔的实践平台，鼓励学生大胆尝试，用自身的实践引导同学们在口译实践道路上稳步前行。

图3 外国语学院"喻译"语言青年服务团队（一排右二为张易凡）

第四部分

社会科学专业育人故事

甘煦：师者如光，微以致远

||||||||||||||

— 导师简介 —

甘煦　华中科技大学管理学院计算金融系讲师、硕士研究生导师，武汉大学金融学博士，香港大学访问学者，研究方向为家庭金融、公司金融。研究成果发表于 *Journal of Financial and Quantitative Analysis*、《经济学动态》等学术期刊，主持国家自然科学基金青年项目。曾多次在国内外学术会议中报告论文，如美国金融学年会（AFA）、美国金融管理学会年会（FMA）、亚洲金融学年会（AsianFA）、中国金融学年会等，并荣获第七届中德林岛项目（经济学）国家级奖项。

『相知相遇，匆匆三年共建集体』

学业指导，照亮前行之路。2021 年秋季，甘煦老师正式成为硕士生 2001 班、2003 班的德育导师。在与学生接触的过程中，甘煦老师深刻体会到学生在科研和就业方面的困惑与迷茫。为此，甘老师决定在班级中开展学术启蒙论坛、职业规划答疑会等系列活动，为学生提供专业指导，帮助其更好地进行职业生涯规划。

班级建设，凝聚共同力量。在帮助学生们解决学术与职业困难的同时，甘煦老师意识到班级凝聚力对于学生成长的重要性。为了进一步加强学生之间的互助交流，建设优良班风，甘煦老师积极组织参与党班团活动。通过系列活动，甘煦老师将立德树人的初心贯穿始终，与学生交流更加深入，班级凝聚力也不断增强，形成了良好的朋辈互助、学海同行的学习氛围。

平易近人，释放如炬微光。为了更好地了解学生们的生活和学习状况，甘煦老师积极开展谈心谈话工作，与学生进行针对性交流和定点帮扶。2022 年 2 月，由于疫情防控需要，部分学生宿舍实施临时管控，同学被隔离在宿舍中。在这个特殊时期，甘煦老师及时与学生们取得联系，通过线上交流和班干部的一对一帮扶，为学生们的日常生活提供了暖心的护航。

● 图 1　甘煦老师

『言传身教，漫漫人生指引前行』

立业引航，逐梦未来。2022 年秋，学生迎来"最卷"秋招季。了解到学生不仅要应对求职过程中的激烈竞争，还要承受毕业论文等方面的压力，甘煦老师决定举办就业交流论坛系列活动，邀请优秀毕业生分享经验，培训求职技能，助力学生职业发展。纵使受环境限制，只能线上开展活动，可学生交流互助的热情丝毫未减。活动结束后，班级群也保持着活跃的气氛，大家在群里分享最新的求职信息，互帮互助，共同解决问题。在甘煦老师的引导和帮助下，同学们在就业的道路上形成了一股强大的团队力量。这种团队的力量，不仅帮助学生共渡求职的难关，也让他们在面临困难时，有了更多的信心和勇气。

殷殷嘱托，拳拳骐骥。2023 年夏季，甘煦老师所带班级的同学实现100％的升学与就业率，学生在竞争异常激烈的就业市场中获得了心仪的 offer。为了让学生的研究生生活不留遗憾，给研究生阶段画上圆满的句号，在毕业季，甘煦老师精心策划了一系列毕业活动，给学生留下了美好回忆。在最后一次毕业活动中，甘煦老师对毕业生表达了殷切期望。她表示，希望同学们能够永远保持乐观的心态，在挫折中看到希望，不为一时不顺而焦虑，不为一时挫败而放弃。同时，她希望同学们成为一个可靠、负责、值得信任和托付的人。如此，才能在未来工作与人生发展中行稳致远。最后，她希望同学们不管今后身在何方，都坚持阅读、坚持学习，持续提高核心竞争力、充实自己，从书中收获知识和力量。

● 图 2　毕业晚会献花合影（左四为甘煦老师）

师者如舟，千里不殆；师者如光，微以致远。甘煦老师以细致入微的关怀，照亮学生的漫漫征途，给予学生无尽的力量。

郭炜：每张财报后都体现着会计职业道德

— 导 师 简 介 —

郭炜 华中科技大学管理学院教授、会计系主任、MPAcc教育中心主任、德育导师。所授课程包括"财务报表分析""财务管理理论与实务""金融市场与金融工具""财务成本管理""Advanced Financial Management（ACCA P4）"等。曾获首批国家级一流线上课程（"财务报表分析"）、宝钢优秀教师奖、全国"互联网＋"大学生创业大赛金奖指导教师（3次）、华中科技大学教师教学竞赛一等奖、全国ACCA优秀专业指导教师、华中科技大学教学质量优秀奖一等奖、华中科技大学第一届研究生"知心导师"等。

担任中国会计学会高等工科院校分会副会长、湖北省会计硕士专业学位联盟副理事长、湖北省国资委出资企业总会计师履职评审专家、湖北省会计学会常务理事、武汉市高级会计人才专家评审委员会委员、多项创业大赛评审专家；在多家公司兼任独立董事、监事、合伙人等。

『 "双重身份，拉近了我与学生的距离" 』

作为管理学院MPAcc教育中心的主任，郭炜老师和学生们的关系一直很密切，不论是指导学生课程还是帮助学生做未来规划，他都是许多学生沟通和问询的首选老师。2021年9月成为德育导师后，他对自己所负责的学生党支部的思想政治教育更加关心。

郭老师坦言："也许是现在多了一个身份，和同学们见面的次数更频繁了，有一些过去学生不会和自己说的话，现在都会来找到自己倾诉。"他也非常愿意通过各种方式，听到更多同学的心声。

『创新课程思政，"案例""启发"双措并举』

通过将思政内容融入专业教学，郭炜老师的"财务报表分析"课程思政项目结题被评为"特优"。获此佳绩，郭老师为我们介绍了他自己的"独到领悟"。

图1　郭炜老师

"从学生层面理解思政教学，我认为课程思政要建立在专业教学的基础上。比如面对一个企业，它厚厚的财报包括大量具体数据，如何通过教学让我们的学生尤其是全日制没有实务工作经验的学生，能够掌握通过财报读懂企业背后更深层次运营信息的能力，这就是对我们老师的要求。"

"所以我十分注重案例分析。在'财务报表分析'这门课中，我运用了81个上市公司的案例，此外还提供了从这些知识点衍生出来的44个思政案例，用大量的案例给学生展现一个真实背景，帮助他们理解企业财务状况可能出现的问题，这就很符合这门课程贴合实际的特点。"

除了案例教学，启发式教学也同样重要。

"在具体的教学过程中，我通过问题一步一步地进行引导，把一个核心知识点拆分成几个相关的子问题，这样一步一步深入，引导学生把知识点理解透。在教学中我还十分注重教辅工具的运用，让学生的电子设备成为教学的工具。通过'雨课堂'小程序的使用，让同学们进行现场答题，我可以即时把握学生的学习状况。同时，学生如果还存在没有听懂的地方，他也可以通过'雨课堂'直接在那页PPT上做一个不懂标记，课后会生成一个反馈报告，我就可以根据学生的难点、疑点，做出相应的教学方案调整。"

　　"在这种模式下，课堂的气氛很活跃，学生讨论也很热烈，我也很喜欢在课堂上与学生讨论交流，学生的学习兴趣和热情也有了足够的支持和保障。"郭老师说。

　　◎　图 2　郭炜老师指导学生获得湖北省第二届 MPAcc 学生案例大赛一等奖

『郭炜老师浅谈思政教育之目的』

　　"如果用一句话总结我的教学经验，那就是采用线上线下混合式教学模式，并将案例教学和启发式教学这两种基本的教学手段贯穿其中。"郭老师说道，"这种教学模式对学生来说效果很好。会计是一门非常注重实务实践的学科，思政教育一定不能脱离学科本身，要充分结合学科特性，挖掘每一门课程的思政元素，同时针对学生的特点，做到'因材施教'。"

　　郭老师认为，思政教学应同时达到三个目的：

　　第一个目的是知识传授。以"财务报表分析"课程为例，围绕这门课程，老师需要让学生掌握如何有效使用会计信息，更好地服务于管理和决策等，即做好知识传授。

　　第二个目的是能力培养。郭老师采用线上线下混合式教学，以他的国家级一流线上课程"财务报表分析"这门慕课为例，学生可以通过看相应的视频去培养自学能力。课堂上郭老师通过大量的案例进行分析讨论，课后还给学生提供一些综合案例，让学生进行课后讨论，培养学生的分析能力、团队合作、逻辑思维能力。

第三个目的是价值引领。要把课程思政穿插到教学中，以社会主义核心价值观为引领，让学生形成正确的会计职业道德。郭老师会结合这两方面搜集相应的教学资料，引导学生树立正确的价值取向，培养他们的社会责任感，提高学生明辨是非的能力。

胡鹏：做同学们的桥梁、树洞和拐杖

— 导师简介 —

胡鹏 华中科技大学管理学院院长助理，供应链管理与系统工程系教授、博士生导师，生产运作与物流管理系主任，湖北省系统工程学会秘书长。先后于北京大学、中科院系统与数学所、美国伊利诺伊大学香槟分校获得学士、硕士和博士学位。曾在管理科学方向国际权威期刊发表多篇论文，主持或参与过多项自科基金重点项目，获国家青年人才项目资助。在行业咨询服务方面，与多家互联网企业在运营管理方面进行长期合作，联合企业的 IT 技术部门共同开发相应的管理决策支持系统，为企业取得了良好的效益。曾获华中科技大学 2021—2022 年度"我最喜爱的教师班主任"、华中科技大学 2021—2023 年度"七一"共产党员优秀个人等荣誉。

『育人为本，德育为先』

立人先立德，树人先树品。作为博士生 2021 级党支部的德育导师，胡鹏老师始终坚持"德育为先"的价值观，十分注重博士生的思想引领和品德培养，强化学生的时代责任感和历史使命感，多次组织同学们一同开展主题党日活动，进行交流学习并加强师生互动。每次党日活动，胡鹏老师都会组织"时事播报"环节，党支部各位同学依次分享一些国际上的热点新闻。在充分交流过后，胡鹏老师会结合活动主题，拓展解读新闻背后的故事并适当点评。胡鹏老师常常在活动中勉励同学们"关心和了解事件间的逻辑脉络，把点串成线，将线联成网。建议大家像写学术论文一样，了解背景，强调动机，收集要点，整理成故事、模型、案例，思考分析，形成心理学、社会学、管理学方面的解读。"党的二十大期间，胡鹏老师多次带领支部成员围绕党的建设总要求进行学习，充分发挥支部成员主观能动性，培养支部党建意识，提高支部理论学习的体验感、鲜活性和感染力，完善支部建设。

● 图 1　胡鹏老师参加支部活动　　　　● 图 2　胡鹏老师在支部
活动上讲党课

　　青年可塑性强，朝气蓬勃思想活跃，但仍处于世界观、人生观、价值观还未定型的时期，扣好人生的第一粒扣子对于青年学生的价值观养成至关重要，这也正是帮助他们坚定正确的政治意识，树立正确三观的关键期。作为前辈，胡鹏老师谈及德育工作时说道："这群年轻人正处于社会角色的切换阶段，从只管自己、只看当下的学生身份，逐渐转变为要对他人对未来负责的成人状态。在看向外面世界这样一个迷茫的时期里，他们可能也需要一个兄长，站在平等的位置，用较为超脱的态度，一起交流。这也正是德育导师应当扮演的角色。"

『教益为友，循循善诱』

　　在日常教学方面，胡鹏老师坚持在日常教学中守好讲台阵地，在言传身教中增强育人主动性、针对性与实效性，在实践中不断提升师德素养与师能水平，获得过校优秀班主任称号。

教学科研之外，胡鹏老师还时时把支部博士生的个人发展与实际需求记挂在心上。作为支部博士生的领航人，胡鹏老师从自身经历出发，定期询问支部成员近期的学业情况，引导同学们主动面对科研难题，尤其关注同学们的论文压力和心理压力等。对于支部成员的学业情况，胡鹏教授对学院的毕业条件相关文件进行解读，逐点解析学院的各等级毕业条件，结合个人论文发表经验，向大家传授论文选题、找合作作者、写作、润色、返修过程中的技巧，针对性地解答同学们关于小论文和毕业论文撰写、发表方面的疑问。在导学交流方面，胡鹏老师常常勉励同学们："要加强与各自导师的沟通交流，定期主动与导师讨论，敢于表达自身观点，以积极上进的态度修改论文，磨砺坚毅品格。"

作为博士生2021级党支部的德育导师，胡鹏老师对学生和蔼可亲的态度生动诠释了什么是"亦师亦友"，对学生无微不至的关怀展现了什么是"认真负责"。受聘为支部的德育导师时，正值同学们开始进入博士生学习的阶段，在与同学们第一次交流时，胡鹏老师就将自己定位成同学、导师与院校之间的"桥梁"，"专业方向上依靠导师指点，有章可循时听从学院安排；不适合找导师和学院，或者不知道找谁的，都可以来咨询我这个德育导师"，"大到职业规划中的困惑、人际交往中的疑难，小到哪个食堂的饭菜味道好，只要在校园中发生或在学习中碰到的，我都愿意成为大家迷茫烦恼时的树洞、即拿即放的拐杖"。

面对工作岗位中繁重的科研压力和备课负担，胡鹏老师对博士生党支部学生的关心丝毫未减。除日常支部活动外，他还多次邀请支部的博士生同学，以座谈或餐叙的形式和本科生交流在专业或导师选择、职业规划等方面的问题。有本科同学表示自己从学长那里了解了很多"最新内幕"；而博士生同学也从学妹学弟身上看到了过去的自己，在帮助别人的同时，也更好地找回本心，坚定继续学术探索的志向。

除此之外，胡鹏老师平时还会就学生们最关心的科研学术方面的问题进行交流，介绍一些写作或投稿的经验，借此话题拉近与同学们的距离，及时了解学生们的身心健康与生活近况，把握大家的性格特征和思想动态，发现和疏导同学与导师、家人、朋友之间的潜在矛盾，在必要时帮助学生进行协调沟通，加强心理疏导。

石冠群：以心交心，以德导行

— 导师简介 —

石冠群 华中科技大学管理学院计算金融系讲师，香港科技大学博士。主要研究领域包括特许经营项目融资、资产定价等。主持国家自然科学基金项目 1 项，参与国家自然科学基金项目多项。荣获"武汉英才"优秀青年人才，荣获校教师教学竞赛二等奖。以第一作者/通讯作者身份在 *Journal of Infrastructure Systems*、*International Review of Economics and Finance*、*Resources Policy* 等重要 SSCI 外文期刊发表论文多篇。主讲"博弈论""投资学""金融管理"等课程。

『党旗领航，德育为先』

图 1 石冠群老师

在回答"培养什么人、怎样培养人、为谁培养人"这一教育根本问题上，石冠群老师始终坚持着"为党育人、为国育才"的初心。在担任德育导师期间，石冠群老师多次组织参与班级党建活动，通过党史学习、党课讲授等方式进行思想引领。在党组织生活会上，石冠群老师与学生积极交流、答疑解惑，在拉近师生距离的同时，提升了党组织生活会的质量。

为落实立德树人、德育为先的教育任务，石冠群老师亦将思政工作融入教学之中。"才不近仙不可以为医，德不近佛不可以为医"，石冠群老师常常引用裘法祖院士的名言，嘱托学生要沉心静气，深耕学术，与时代同呼吸，与祖国共命运。针对学生面临的学业压力和论文焦虑，石冠群老师因材施教、耐心指导，在传授知识的同时，注重学生德行的培养，确保学生在道德与学术上双线并进，强化了思想教育的实效，提升了德育导师工作的深度与温度。

『关爱学生，亦师亦友』

以心交心，尽职尽责。石冠群老师认为，与传统的"导师－学生"关系不同，德育导师对于学生不是仅提出任务，而是应该构建更加平等、更加亲近的关系，在品德培养、学业发展等多方面进行关心与指导。为此，石冠群老师时常与学生谈心谈话，鼓励学生畅所欲言，由此把握学生的动态与最真实最迫切的需求，从而进行针对性指导。曾有学生表示："石老师像是一位知心姐姐，让我觉得很亲切，平易近人。每当我遇到困难与烦恼，都很愿意找石老师倾诉。"

图 2 石冠群老师参加德育导师见面会

『因材施教，多维培养』

因材施教对提高教育质量、实现教育高质量发展具有重大意义，能够帮助学生扬长避短，从而获得最佳的个性化发展。作为一名专任教师，石冠群老师通过价值路径、戏剧三角等专业知识的讲授，帮助学生认识自我心理建设的重要性，并强调要正确认识自我，建立自信，做到尊重自己和尊重他人。

图 3　石冠群老师进行课程讲授

面对毕业班学生在论文写作中的问题，石老师时常强调学术诚信和学术道德的重要性，并通过点对点指导，帮助学生提高论文写作质量。对于毕业论文进度存在问题的同学，石老师多次进行论文指导，鼓励学生提振信心。最终，石老师所在毕业班的学生均顺利毕业。

在就业层面，面对学生求职过程中的困惑与焦虑，石老师结合自身的经验，梳理学生差异化个性化的需求，对症下药。一方面，石老师鼓励困难学生增进求职信心，增强求职意愿，把握机会，广泛投递简历；另一方面，对于工作方向模糊不清的学生，石老师建议其根据自身性格与需求，从地域、行业、发展等维度考虑，明确求职目标，找到自己真正热爱的工作。而对于有具体岗位意向的学生，石冠群老师会帮忙推荐或者联系相关用人单位，提供最有效直接的就业信息及渠道。

人生非坦途，有德方致远。石冠群老师鼓励学生从红色基因中汲取力量，同时找到人生奋斗的目标，做自己的太阳，驱散万里乌云，照亮来处去处，温暖自己、温暖他人。

王海江：用"心"求索，力学笃行

— 导 师 简 介 —

王海江 华中科技大学管理学院人力资源与组织科学系副主任、副教授、博士生导师，荷兰埃因霍温理工大学博士。兼任湖北省人力资源学会秘书长、中国人力资源开发研究会理事、劳动经济学会职业开发与管理分会理事等。主要研究领域为人力资源管理、组织行为学、管理心理学等。先后在《心理学报》《管理学报》《管理学季刊》等刊物上发表中英文论文 30 余篇，主持国家自然科学基金项目 2 项。

『自我管理，培育人生建筑师』

● 图1 王海江老师在第六届研究生新生骨干培训班上作报告

自我管理刀刃向内，做自己人生的建筑师。有着管理心理学专业背景的王海江老师，非常注重培养学生自我管理的心理韧性，并认为心理韧性的提升，会让同学们在面对压力和挫折时更加淡定从容，使其成为疾风中的一株劲草，弯曲而不折断，苗壮成长。

为引导学生向内求索，实现自我管理，王海江老师多次为校研究生"新生骨干培训班"、本科生干部"星火计划"、研究生科学技术协会以及管理学院"领跑计划"进行学生领导力培训的授课。课堂上，王海江老师常常通过科学研究、实践案例和角色扮演等多种形式，讲授自我管理的理论和实践。他鼓励学生审视自己的情感、动机和价值观，帮助学生建立积极的自我认知。通过自我认知，学生能够更好地了解自己的优势和不足，制定合理的目标和规划。王海江老师强调，只有掌握了自我管理的技能，学生们才能找到属于自己的人生方向，擘画属于自己的人生宏图。

『力学笃行，提升心理复原力』

在竞争激烈的现代社会，时时存在的差异与矛盾影响着学生的自我效能感和自我调控力，而心理复原力成为学生稳定情绪、坚定向前的内在关键。在学生培养过程中，王海江老师十分重视提升学生的心理复原力。他认为坚持和毅力是心理韧性的重要组成部分，能够使学生在面对挫折时迅速恢复信心，更加坚强。为了让学生更加深入地理解相关理论，真正做到学有所用，王海江老师秉持理论实践相融合的教学理念，经常邀请企业家走进学生课堂，分享宝贵的管理经验。

翻不过是痛苦，翻过去是成长。在学习与生活中，王海江鼓励学生们发扬奋斗精神，勇于挑战自己的极限，同时激励学生们保持乐观的心态，积极向前。在王海江老师"力学笃行"的教育理念指引下，学生们学会了在逆境中坚持，在困难中前行。

『因材施教，助力个性化发展』

视其所以，观其所由，察其所安。在与学生的朝夕相处间，王海江老师关注每位学生的特点与个性，并在此基础上制订差异化的培养计划与因材施教的方案。在培育学生的过程中，王海江老师不仅关注学术知识的传授，更关心学生的职业规划与发展，为学生提供了丰富的职业发展资源。

在就业指导中，王海江老师通过开展职业生涯讲座，引导学生树立正确的就业观和择业观，培养正确的职业道德，发展全面的职业技能。同时，王海江老师通过组织企业交流等实践活动，帮助学生了解职场中的机遇与挑战，激励学生发挥自身的专业优势与特长，激发个人潜力。王海江老师个性化的职业生涯指导，为学生们提供了清晰的方向，增强了学生的信心和决心，帮助学生明确自身的职业目标，并掌握实现目标的方式方法。

『榜样力量，照亮追光前行路』

追光前行，向阳而生。王海江老师非常重视榜样力量的影响。本着为党育人、为国育才的初心使命，王海江老师以党建为依托，带领学生学习时代楷模的先进事迹，激励学生成长为可堪大用、能担重任的栋梁之材。结合专业特色，王海江老师也时常邀请优秀校友和业内翘楚来校进行经验分享，鼓励学生从中汲取智慧与勇气，激发学生的创业激情和社会责任感。

图 2　王海江老师组织参与硕士 MBA 党支部主题党日活动

眼里看见光，心中葆有光，努力成为光。在发挥榜样力量的同时，王海江老师鼓励学生以榜样为旗，追赶榜样、成为榜样，不断传递正能量。通过汲取榜样力量，学生们找到了个人理想与伟大事业的契合点，点燃梦想，燃烧激情；找到了努力拼搏的沃土，向下扎根，向上生长。

在王海江老师的指导下，学生的心理韧性得到了提升，能够理智应对压力，并在挫折中寻找机遇，在竞争中脱颖而出。作为中国式现代化的参与者、建设者，心理韧性将助力学生自立自信自强，为社会的进步和发展贡献力量。

张建华：言传身教，作育英才

| | | | | | | | | | | | | | | |

— 导 师 简 介 —

张建华　华中科技大学党委委员、学术委员、学位评定委员会副主席，经济学院和张培刚发展研究院院长，华中卓越学者领军岗教授、博士生导师。国务院政府特殊津贴获得者，中宣部文化名家暨四个一批人才入选者。全国数字经济专业学位教学指导委员会委员，全国经济学类教学指导委员会委员，中华外国经济学说研究会发展经济学分会会长，中国城市经济学会副会长。长期致力研究减贫、农业与工业化、创新发展与结构转型问题。在《中国社会科学》《经济研究》等重要期刊上发表100余篇学术论文。研究成果荣获第七届高等学校研究优秀成果奖（人文社会科学）二等奖、湖北省社会科学优秀成果奖一等奖等多个奖项。

『思维启航：用心点亮科研探索之光』

张建华老师说："苔花胜似牡丹开，每个人都有自己绽放的时刻。"因此他注重因材施教，相信每个学生都有自己独特的潜力，总是耐心地倾听每个人的想法和研究兴趣，并给予足够的尊重，然后根据学生的特点和需求，提供有针对性的学术指导和建议。2022级硕士生胡同学认为，张老师会帮助所有学生寻找自身发展的"最优解"，而不要求所有人踏上同一条路。

● 图1 张建华老师践行先进的教育教学理念

张老师的教学过程充分体现出"授人以鱼，不如授人以渔"的理念。在课堂上，他会引导学生们独立思考和探索，并会耐心地倾听学生的理解。即使最初的尝试显得稚嫩，他也会给予鼓励和支持，让学生在不断试错中学会自我修正与成长。2021级硕士生贾同学刚入学时对张老师的"提问式引导"还有些不知所措，后来她才慢慢明白，这种"提问式"的教学方式能够不断地培养她的逻辑思维能力以及创新发散思维。

张老师十分注重培养学生的独立科研能力，鼓励他们勇于尝试新的方法和思路。现已经在高校工作的博士毕业生郑同学说道，张老师经常鼓励学生们多与他沟通科研进展。无论是遇到的难题还是取得的微小进步，他都愿意倾听并给出建议。不仅如此，张老师常常向学生强调经济学基础理论、方法以及原始创新的重要性。也正因如此，郑同学逐渐养成了以问题为导向的科研态度，并培养了深厚的学术素养和独立解决问题的能力，最终选择在学术这条道路上继续坚持下去。

『实践探寻：脚踏实地走好科研之路』

张老师总说"没有调查就没有发言权"，他认为学术研究不是空中楼阁，不能脱离实际，更不能仅仅为了研究而研究，而是要紧扣"意义"二字，从现实问题出发，去寻找真正值得研究的东西，这样才能将经济学理论与实际问题相结合，把科研落在实处，把学问融入现实。他注重开展实地调研，深入农村地区，关心"三农"问题，探索以乡村振兴推动共同富裕的可行路径。"乡村振兴与共同富裕"百村千户调研项目从发起之初连续几年由师门博士生领队，以学院本研学生为主体，覆盖多地多校多学科背景的学生，前往全国十多个省市，走进上千个农户。调查为理论知识与社会实践之间架起一座桥梁，让学生亲身感知真实的农村变迁，在实践中得以不断验证和深化理论知识，提高实践能力和综合素质。该项目团队也被评为全国优秀实践团队百强，基于此调研的挑战杯作品获评特等奖。

◎ 图 2　2024 年"乡村振兴与共同富裕"百村调研报告会

　　张老师时常教导学生要以回答"中国之问、世界之问、人民之问、时代之问"为学术己任。他强调，学术研究不仅要有深度和广度，更要有温度和力度，要用全面的眼光关心城市和乡村发展，积极瞄准党和国家的重大需求，鼓励将学术研究与国家发展紧密结合，把科研做在祖国大地上。

　　在 2024 年 6 月学校的研究生毕业典礼上，张老师作为研究生导师代表，以"厚学创新，胸怀天下"为题对全校毕业生们送出寄语。他希望同学们在保持善于学习的习惯、弘扬创新进取的精神的同时，更要涵养以天下为己任的情怀，做新时代的拓荒牛，将"小我"融入"大我"，共同绘就中华民族伟大复兴的辉煌画卷，为人类美好的未来做出贡献。

『良师益友：师恩难忘温暖人生长路』

　　无论是指导的研究生，还是担任班级导师所指导的本科生，都认为张老师永远以学生为中心，对学生常关心、常鼓励，能带来一种温暖的感觉。2017级博士生梁同学在家中进行论文写作时，常向张老师请教。学生经常收到张老师十几条时长五六十秒的微信语音，有的语音甚至是在凌晨发送，学生后来才得知，张老师那段时间眼睛很不舒服，难以接受电脑或手机的光线刺激，需要戴着墨镜才能查看电子信息。尽管如此，张老师依然逐字逐句地看论文，通过语音指导学生修改完善，这让学生备受感动。身为院长，日常行政事务工作繁杂，但无论何时，只要学生需要，他都会倾囊相授、循循善诱；无论何事，只要学生需要，他都会尽心尽力、悉心关照。除每周召开一次师门例会指导研究生外，张老师还连续多年担任本科生班级导师，如经济学院第七届、第八届"胡吉伟班"等，并且经常为班级讲授主题党课，指导班级实践调研分享会，参与班级生日会等活动，为集体建设与学生成长提供强大助力。

● 图3　张建华老师参与"胡吉伟班"集体生日会

2021级博士生赵同学说，除了学业之外，张老师还经常会主动关心大家的精神状态、身体情况等，希望学生能在没有任何顾虑的情况下专心科研。学生们总说，张老师不仅仅是他们的学术导师，更是成长过程中的人生导师，张老师的教诲和帮助，让他们在学术科研乃至人生的道路上走得更加坚定，更加自信。

郭亮：在田野中读懂法治中国

— 导 师 简 介 —

郭亮 华中科技大学法学院教授、博士生导师，兼任华中科技大学人权法律研究院研究员、中国农业农村法治研究会理事、湖北省农业农村法治研究会副会长等职务。郭亮老师从事法律社会学的研究，长期研究基层法治、社会治理等重大社会问题，先后出版学术专著3部，在国内外重要学术期刊发表或转载学术论文60余篇；主持教育部人文社会科学基地重大项目、国家社会科学基金项目、教育部人文社会科学基金项目等5项；曾获得第十一届湖北省社会科学优秀成果奖（2018年）、第五届中国农村发展研究奖（2012年）等奖项。

在研究风格上，郭亮老师坚持"把论文写在祖国大地上"，长期深入开展田野调研。调研地点遍及全国近20个省份，累计调研时间超过1000天。基于田野调查和实证研究，郭老师多次为国家重大战略的实施和相关立法的出台献言献策，相关成果数次获得党和国家领导人批示。

『理论阅读：理解现实的前提』

在郭亮老师的学术生涯中，他始终强调要下大力气对本学科以及相关学科的经典学术著作进行系统化的阅读。求学期间上百本经典著作的阅读奠定了他的研究基础，从这一经历出发，郭老师在指导学生时始终以身作则，带领同学们一起深入阅读法学理论书籍。

在学术的海洋中，郭亮老师如同一位领航者，带领学生们在书海中遨游。在他开设的"法学导论""法律社会学""社会学概论"等课程中，所有选课学生除了教科书外还要选择一本经典学术著作认真阅读，并进行课堂汇报。"一个人比另一个人多吃一年的饭，两人基本没什么差别，但如果一人比另一人多读了一年书，他们则会有质的不同。"为了鼓励大家多读书，郭老师常常如是说。在阅读中，郭老师还鼓励学生们培养批判性思维和独立思考能力，常常引导大家围绕书中的理论问题展开激烈的讨论。

对于研究生同学，郭亮老师则要求他们必须掌握法学学科的研究范式，习得基本的研究能力。为此，郭亮老师每月都会给学生开一次读书会，至今坚持了十一年。无论工作多么繁忙，郭亮从来不会落下每月一次的读书会，总是认真倾听学生的读书心得体会，并答疑解惑。郭老师的点评总能让学生从全新的视角、更高的高度去重新理解理论和现实问题。读书会之外，郭亮老师师门内还经常针对新文章、新热点、新方法展开热切交流。"多读、多看、多想"，在师门内部蔚然成风。

● 图1　郭亮老师每月举办的读书会现场（2024年5月）

『实践调研：做有温度的学术』

理论与实践从来不是分离的，只有具有了理论的视角才能更深入地理解现实。同样，只有在现实的经验中才能深刻地理解理论命题。为此，在理论阅读训练的基础上，郭亮老师常年开展田野调研，深入中国社会的最基层探寻中国法治的规律和出路。

20 年来，郭老师带领调研团队足迹遍布全国近 20 个省份，累计调研时间超过 1000 天，访谈过数千名基层民众和基层干部。深入基层、深入实践的研究方式使得郭老师的研究更加贴近现实，更加具有针对性和实效性。他坚信，只有真正了解社会、了解人民，才能做出有深度、有温度的研究成果。

田野调查是孤独的。在硕士研究生期间，郭亮老师就曾一个人奔赴江西赣州农村，在农民家中一待就是三个月，搜集了大量的第一手资料。田野调查是艰苦的。郭老师在鄂西地区的大山中遇到过突发洪水、泥石流，在贵州的大山中曾冒着高温走了 5 个小时才到达访谈对象的家中。田野调查更是难忘的。在很多中西部地区的农村，郭老师遇到过大量的留守儿童、留守老人，多次被他们生命的顽强和对生活的热爱感动。在这一次次的田野调研经历中，郭老师对脚下的土地充满着感情，这也是支撑他做研究的最大动力。

● 图 2　郭亮老师带领学生在湖北恩施农村　　　　● 图 3　郭亮老师带领学生在黔东南苗族
　　　　开展田野调查（2020 年 7 月）　　　　　　　　地区开展田野调查（2022 年 7 月）

『教书育人：最热爱的事业』

郭亮老师为本科生、硕士研究生和博士研究生开设"法学导论""法律社会学""社会学概论""法学经典著作选读""深度中国""当代中国法律与社会问题""法学理论前沿"等课程，主讲课程曾经获得湖北省"名师示范课堂"、华中科技大学"最受学生欢迎课堂"、华中科技大学"教学质量优秀奖"等奖项。

郭亮老师一直努力将"问题导向，实践为本"的学术理念传承给他的学生们。他告诉学生们，学术研究应该紧密围绕社会现实和人民需求，以专业的精神和学术的方式来回应时代的问题。在同学们的眼中，郭老师的眼睛里总是如同他的名字一样充满着光亮，无论对科研还是教学都包含无限的热情。在这种精神的鼓舞下，很多学生都大胆地开展了法律经验的田野调查，在基层法治的田野现场中不断成长。

郭老师为学生们积极争取各种调研机会，常年带领学生团队走进田野，手把手教导学生如何开展田野调查，培养学生们解读法律经验、研究法律问题的能力。田野成了郭老师教书育人的第二课堂，学生们也在读书会和田野调查中学到了真本领。近五年，郭老师所培养的硕士研究生中先后有 8 人被录为名校的博士研究生。华科法学的种子已经播撒到了越来越多的高校。

● 图 4　郭亮老师与同学们在云南临沧区蚂蚁堆村现场研讨（2023 年 5 月）

在郭亮老师的鼓励下，学生们还勇于探索、敢于创新，积极踊跃地参与国内外的各种比赛。2022 年，学生刘宇等人完成的作品《乡村振兴背景下农村社会纠纷类型及其"差序"化解机制研究》被列入共青团"三下乡""返家乡"社会实践百篇优秀调研报告；2023 年，学生杨少开等人撰写的

《结构功能主义视角下农村基层网格化治理的调查研究》调研报告入选"全国大学生暑期实践成果 TOP 100"；2023 年，学生赵国栋的《源头治理视角下人民调解制度的完善研究》被评为共青团"三下乡""返家乡"社会实践百篇优秀调研报告。此外，还有许多学生在论文发表、学科竞赛等领域都取得了可喜成果，在相关领域崭露头角。

『学术志业：初心与坚守』

在郭亮老师看来，无论是学术研究还是教书育人都不仅仅是一种职业，更应该是一种韦伯意义上的志业。因为热爱，所以坚守。或许正因为此，无论在学术研究中，还是在课堂教学上，抑或在田野调查中，郭亮老师时刻充满着激情，并享受其中的乐趣。

"人文社科的学者和学生不能只有职业取向，还要有社会关怀和人文关怀，要有探究国家和社会运转奥秘的求知欲，要知道这个国家正在经历什么，将何去何从。无论从事什么职业都要首先成为一个思考者。"郭亮老师历来鼓励学生们在更宽广的时代洪流中思考个人的规划和命运。他认为，当有越来越多的同学摈弃功利性的职业考量，并愿意投身到基层法治等本土性问题的研究和思考中时，无论是法学研究的推进还是法治中国的建设都将掀开新的一页。

受益于理论、扎根于田野，郭老师和他的学生们将一直走在理解中国社会、读懂中国法治的道路上。

任敏：行走在专业、爱与成长中

— 导 师 简 介 —

任敏 华中科技大学社会学院教授、博士生导师，北京大学博士（2004），哈佛大学访问学者（2015—2018）。主要研究领域为社会工作理论、社会工作实践创新、社会工作教育，在《社会学研究》《中国社会工作研究》等刊物上发表论文近 60 篇，出版专著《行走的社工》《信息技术的应用与组织文化变迁》，编著《疫情下的创伤干预社会工作实务》《疫情丧亲者的哀伤辅导》，译著《现代社会学理论》《结构洞》。主持国家、省部级课题和国际课题多项。研究成果曾获湖北省第九届社会科学优秀成果奖、教育部第九届高等学校科学研究优秀成果奖二等奖。

任敏老师热爱并专注于教书育人工作，致力于通过教学与导学工作对学生实现心理健康、专业成长、社会担当"三促进"，获评"研究生知心导师""本科生优秀指导教师"称号。她运营微信公众号"行走的社工"，通过该平台持续回应学生的成长问题，迄今输出近 50 万字。她指导学生参加全国专业案例大赛获得特等奖、一等奖，在教学中探索多项创新性教学法，获中国社会工作教育实践案例大赛一等奖。

『以制度育人，筑学生未来』

在制度化学业指导方面，任敏老师坚持推动学生的专业学习，逐渐形成以常态化学习安排和学年关键节点安排为基础的学业指导制度。

常态化学习安排主要为定期开展读书会和日常师门群内的分享交流。任敏老师坚持单周开读书会、双周开实习督导会的常态化模式，出国访学期间也从无间断。读书会上她带领学生一起精读文章，从论文思路到写作规范上予以全方位的指导，营造了师门内部良好的学风。除定期的读书会交流外，日常的思考与交流也贯穿在任敏老师的师门群中，群内集中了任敏老师从教以来指导的历届学生。群内经常讨论各类话题，碰撞不同观点，涉及最新的学术动态、近期热点事件、生活中的社会现象……师门群成了真正充满生活气息和社会工作者专业思考与讨论的线上"读书会"平台。这两种活动以"一稳定一动态"的方式，将良好的学风全面地贯穿于学生的学习生活中。

图1　任敏老师作社会工作分享

任敏老师还针对学生各阶段面临的问题，抓住学年的关键节点，制订适合不同阶段学生的学业指导和培养方案。研究生新生的入学指导是学业培养的第一环节，任敏老师不仅在开学时与新生面对面交流、答疑解惑，还会组织高年级的师兄师姐开展经验分享会，由师兄师姐负责托带师弟师妹。一对一的学业托带制度增进了学生间的学业交流，增强了师门凝聚力与归属感，并且在相传相带中将师门情谊延续下来。在暑期节点，任敏老师会开展社会实践与调研指导，带领学生深入社区、进入实地，将理论学习与实践充分结合。每年的论文开题和提交期间是老师尤为重视的学生培养冲刺点，任敏老师会对论文从选题到框架再到具体内容进行悉心指导，常常和学生开会讨论到深夜。这种抓住各个关键节点的教学方式，为不同学习阶段的学生打造了规范化、常态化、特色化、实质性的导师导引模式。

● 图 2　任敏老师带领学生暑期调研

『探教学新法，燃专业热情』

为点燃学生的专业热情，任敏老师先后探索了"行动案例教学法""三位穿梭式行动研究法"和"督导式案例教学法"，引导学生们建立服务社会的精神，培养其专业能力，增强其专业自信。"专业服务要求学生们向案主增权赋能，而我在教学中倡导学生们首先将理论运用到自身或身边人问题的解决，实现自我赋权。"在任敏的指导下，学生在课堂上分享与社会工作相关的生活问题，教师进行督导；学生运用社会工作理论设计微干预并解决实际生活中的问题，经由观察记录，写作行动案例。"每篇案例都会经过这样一个结构化的过程，即学生们经过课程学习，尝试将理论应用于生活实践，针对生活中的一个问题，尝试介入，并观察效果，寻求督导，反思改进，然后返回实践，总结经验，提炼概念及命题，写作文章进行传播推广。"任敏老师介绍道。

任敏老师坚持以学生的专业实践能力培养为中心，在专业教学中贯通

"课堂-课外""线下-线上"多元教学空间，践行"课堂学习—生活实践—课堂/课下督导—重返实践—理论提升"的多阶循环式、结构化的行动研究模式，最后在专业公众号上发布产出成果文章，与同行交流并向公众传播，获得反馈，以此深化专业学习。

● 图 3　任敏老师分享社会工作行动体系

该教学模式推出五年以来，得到较为广泛的传播，取得了阶段性成果。2016—2019级社会工作本科生、部分研究生参与项目，近四年共计发表57篇原创文章，内容涵盖专业领域的多个方面，帮助改变或部分改变了自己或身边人生活中的多类人际关系，进行了初步的专业研究训练。"行走的社工"发布的文章得到多个专业平台的转载，其中近40篇被修改完善集成于《行走的社工：专业·爱·成长》中作为专业教学案例。该书由社会科学文献出版社出版，广受专业内外读者欢迎。

『展专业所长，受学生敬爱』

任敏老师不仅关注学生的学业成长，还关注学生的心理健康和人格培养。"很多学生可能会遇到难以解决的学业和情感难题，陷入迷茫与痛苦。"任老师说。她经常收到学生的求助，会尽其所能地用社会学、心理学的专业视角和知识，回答每一个同学的"成长之问"。每次回稿，任老师都反复斟酌词句，修改十余次，在征求学生的同意后发表在公众号上，供有类似经历的同学借鉴。继发布"行走的社工"相关专题之后，她又开设了"建议你有这样的爱情观"专题，以及"专业实习督导"专题等。

　　面对学生群体中日渐升高的抑郁症发病率，任老师深知，每一个学生都是独一无二的个体，需要有人主动回应他们的需求。于是，她为本院学生和国际留学生做心理辅导，并设计"桑格青春成长管理笔记"，通过写作、分享等方法来缓解学生抑郁情绪，帮助他们振作精神，积极面对人生。针对个别陷入深度抑郁的同学，她积极开展"任老师公益日"活动，贡献自己周末半天时间，向同学提供公益个案心理咨询。在学生们的口口相传中，任老师不再只是"我们的老师"，更是"大家的老师"，许多外院甚至外校的同学，也会前来寻求帮助。此外，任老师发现老师很难有充足的时间与学生建立联系和沟通，而学生的需求却很多。目前，任老师设想把"公益日"活动发展成"散步咨询时段"形式，且试图借此机会倡导在全校开展"与教授一起散步"活动，让老师们可以把自己的休闲散步时间与指导学生的时间合二为一。这样一来，老师们就能在日常时间里解决学生难题，满足学生需求，从而培养师生情谊。

　　谆谆诲不倦，匠心筑栋梁。作为一名人民教师，任敏老师始终坚守育人初心，为学生铸就美好未来，为国家培育栋梁之材。

◉ 图4　任敏老师实地督导学生

毛子骏：博闻广智，教研相长

— 导 师 简 介 —

毛子骏 华中科技大学公共管理学院教授、博士生导师。武汉市政协委员、民进中央参政议政特邀信息员、民进湖北省委员会社会和法制委员会副主任。研究方向为数字政府、非传统安全。近年来作为项目负责人先后主持教育部哲学社会科学研究重大攻关项目、国家社会科学基金重点项目、国家社会科学基金重大项目和国家自然科学基金重点项目子课题等多项国家级科研课题；在 *Technological Forecasting and Social Change*（SSCI）、《中国行政管理》、《电子政务》等国内外重要期刊上发表学术论文多篇，并多次被《新华文摘》全文转载。

『扎根丰沃土壤，培育科研硕果』

2024 年 3 月，教育部社科司下达 2023 年度教育部哲学社会科学研究重大课题攻关项目立项通知，由公共管理（简称公管）学院毛子骏教授牵头申报的课题"面向新一代人工智能的网络空间风险与防范机制研究"获立项，这是华中科技大学公共管理学院首次获得教育部哲学社会科学研究重大课题攻关项目立项。

"对于新一代信息技术安全问题的研究，我一直将其视为一项事业来做，项目的申报并不是灵光一现，而是久久为功、持之以恒的结果。"毛子骏教授在博士期间便开始了有关非传统安全的研究，从学校成立非传统安

● 图1 毛子骏教授作重大项目分享

全研究中心起，他在华科大提供的广阔科研平台上不断深耕，从学校信息技术学科的发展中吸收养分，与人工智能、计算机、网络安全、管理学、新闻学等学科互相支持，携手并进，深入研究人工智能等新一代信息技术带来的安全问题，获批多个国家级科研项目，发表多篇中英文高水平文章，撰写的多篇资政报告获得了国家和省市领导的关注。这些丰硕的研究成果和坚实的多学科合作积累为项目申报奠定了扎实的基础，成为项目孕育的沃土。

"人工智能是多学科关注的共同主题，激烈的竞争是项目申报的最大难点"，此次项目招标恰逢人工智能大模型推出，人工智能的有关课题一时间十分火爆，理工科的教育背景、交叉学科视角和全局战略视野成了破局的关键。毛子骏教授立足公共管理学科，从新文科的视角出发，融通技术、管理、法律、伦理等多个维度，统筹发展和安全等多个方面，兼顾学术研究的理论性和对策建议的可操作性，构建更为系统、全面，更具整体优势的研究框架，以契合人工智能安全风险分析复杂性、紧迫性和前瞻性的研究需求。

毛子骏教授不仅仅关注在理论方面的创新，而且十分重视项目的实践价值。项目团队从国际视野和战略全局的角度研究人工智能带来的风险，充分发挥产学研融合的优势，立足既有的科研平台和合作项目，其研究成果在实践方面推动了国内外重要行业标准、管理办法和法规的落地实施，为国家政策制定提供了有益的参考。

『家国情怀引领，实践育人成才』

● 图2 毛子骏教授与学生交流

"育人先立志"，毛子骏教授强调，科研不仅仅是为了追求学术成果，更重要的是培养学生们的家国情怀和担当精神。长期以来，他秉持公共管理学院"领导者的摇篮，政府的思想库"人才培养目标，启发学生们关注现实社会问题，在具体情境中感悟公共管理知识。为此，他多次指导学生们在全国开展调查研究活动，深入基层了解社情民意，在实践中增强社会担当。

在武汉市政协适老化政策研究工作期间，毛子骏教授带领本科生、硕士生、博士生，前往武汉市政协旁听协商讨论会，使学生们有机会近距离感受协商过程的运行。"毛老师带我们来旁听，让我们见识到了一场生动的公共管理实践。我们对公共部门管理者面临的挑战和公共管理学者的责任，在此刻有了更为具象化的感受，真的很有收获。"毛子骏教授激励学生进一步用学术研究回应实践需求，提炼现实问题背后的学术问题，运用所学知识解决真问题。他指导学生撰写的多篇资政报告受到省委常委、市委常委的关注，并被相关重要部门采纳，展现了公管学子的专业能力和社会责任感。

日常科研中，他鼓励学生们广泛阅读文献，了解科研动向，不断拓宽学术视野，带领学生们参与各类国家重大、重点项目，引领学生紧跟学术前沿。通过毛子骏教授的引导和言传身教，他的学生在学术成果及综合能力上均取得了优异成绩。博士生邹启在国内外多个权威期刊上发表文章并担任ESI期刊及其系列子刊审稿人，获评首批湖北省高校研究生党员标兵、校三好研究生标兵。硕士生刘子灵曾担任校研究生红色理论学讲团团长，获评校十佳党员标兵、十佳德育助理。

『回应时代需求，增强资政实效』

　　除了学术研究和教书育人，毛子骏教授还有一个重要的身份——武汉市政协委员。履职过程中，他秉持严谨的科研态度，结合自身专业优势，屡屡提出高质量提案。近两年，毛子骏教授共有 28 篇提案或社情民意被中央、省、市各级单位采用或关注，相关学术研究成果产生了广泛的社会影响，因此获评民进湖北省委会"湖北民进最美教师"、2023 年度履职优秀市政协委员。

　　"作为政协委员，既要有使命感，也要有大局观，要积极回应国家和省市的重大战略部署和需求。"在提案主题的选择上，他认为首要的就是聚焦国家大政方针和战略需求，同时结合公共管理学科特色和自己的研究领域，确定提案的方向，运用专业知识从学术的角度解决问题。

　　一份切实可行的提案，离不开深入细致的调研。2024 年武汉"两会"上，毛子骏教授提出了"推进智慧养老服务体系建设"的提案，获市政协立案和媒体关注。适老化改造是提案中的重点，在实施中会牵扯到多个部门，为了准确摸清现实情况，毛子骏带领团队先后深入基层社区、省厅部委和重点企业开展调研，了解适老化改造中的难点、痛点。"去一线调研，发现问题所在，究竟是体制机制问题，还是技术问题、法律问题，或是执行问题，如此才能真正把情况摸清、把问题找准、把对策提实。"毛子骏教授说道。

　　履职多年，毛子骏教授一直认为，撰写一份好提案是不容易的，因为需要考虑提案的切入点，需要考虑问题的精准性，需要考虑建议的针对性和可落地性；但撰写一件好提案也很容易，那就是怀抱一颗真正解决问题的心，积极回应时代需求。

闫帅：春风化雨，耕读育人

── 导师简介 ──

闫帅　华中科技大学马克思主义学院概论教研室主任、副教授，国家治理研究院研究员，政治学博士，中国青少年研究会理事，团中央青年讲师团成员，湖北青联委员，曾获全国高校思想政治理论课教学能手、湖北五四青年奖章、华中科技大学首届课堂教学卓越奖、华中科技大学教学质量一等奖等荣誉。相关事迹被迎接党的二十大政论片《领航》及《光明日报》《中国青年报》《湖北日报》报道。

在个人经历方面，闫帅老师在武汉大学政治与公共管理学院完成了本硕博的学习，从 2013 年起在华中科技大学马克思主义学院任教。曾赴教育部社科司进行跟岗锻炼，并挂职武汉市关山街副主任。作为主创成员创设的思政课"深度中国"，深受学生好评，并产生了全国性影响，课程荣获全国一流本科课程。闫帅老师的课堂教学深受同学们喜爱，多次被评为最受学生欢迎课堂、大学记忆中最难忘的老师。曾参与湖北卫视、内蒙古卫视、安徽卫视等多个理论栏目的录制。

在学术研究方面，闫帅老师主持和参与了十余项国家和省部级课题，在《人民日报》《当代世界与社会主义》《教学与研究》等报刊上发表论文多篇，出版学术专著《回应性政治发展——中国从发展型政府到服务型政府的转型观察》，多项调研报告荣获中央领导、省部级领导批示，相关研究入选"教育部中青年思想政治理论课教师择优资助计划"。

『春风化雨：强化思想引领』

　　作为德育导师，首先就是在思想上帮助学生们并为之答疑解惑，作为团中央青年讲师团成员、湖北省委讲师团成员，闫帅充分利用好自己讲师团成员的身份，多次深入学生的党团课进行理论宣讲，及时将新鲜的、生动的党的创新理论传递给学生，帮助学生及时掌握最新的理论动态，坚定理想信念。针对学校红色理论学讲团对提升理论宣讲的想法，闫帅老师以"如何讲好中国故事——理论宣讲的方法与技巧"为主题，面向学校红色理论学讲团的同学进行了讲授与沟通，有效地帮助同学提升了理论水平和技巧，在沟通中实现了思想引领。为更好地帮助学生认识基层，开展"中国之治"政务见习，闫帅老师为参与 2023 年暑期政务见习的同学讲授了"以中国式现代化全面推进中华民族伟大复兴"课程。为更好地帮助学生认识我国疫情防控的优势和贡献，闫帅受邀参与"理论时习讲堂"，以"疫情防控中的公共治理"为主题，进行了讲授。

● 图 1　闫帅老师带领学生参与"光辉的足迹"调研和节目录制

　　此外，闫帅常常与学生进行深入沟通交流，构建良好的师生、导学关系。通过组会、交流会、散步等多种方式，定期与所指导学生见面交流，及时了解学生的最新动态，帮助学生把问题消灭在萌芽状态。特别是在研究生新生入学、论文开题、毕业就业等关键时间和节点上，努力帮助学生克服困难。一些跨专业的同学初来党建方向，多有迷茫无措的情绪。跟闫老师沟通的同学表示："闫老师深入浅出地告诉我们党建研究基本的问题，特别是他对大党建的解释打开了我们学习的思路。跟闫老师聊完才明白，基层治理、国企发展等多个领域都可以是党建的研究内容。"

『以德育人：带领学生深入基层』

闫帅强调要"做脚底板学生"，带领学生相继赴孝感、黄冈、随州、阿克苏、昆明等地，让学生了解深度的中国、深入地了解中国。其间还发生过很多故事。在新疆阿克苏的调研中，有学生第一次见到长在藤上的西红柿，很惊讶地说："闫老师，原来西红柿是长在藤上啊，我一直以为西红柿跟苹果一样是长在树上。"通过与学生的交流，闫老师感到更应该增加学生的实践机会，让学生更好地了解基层实践。在基层实践中，学生也得到了有益的成长与锻炼。学生相继参与了湖北好邻居医药有限公司党建项目的建设与打造，协助完成了"以'432'工作法打造小微零售业'有温度的党建'"；参与了中建三局三公司中南分公司党建项目的建设与打造，协助完成了"内聚外联、多层协同'同心圆'党建工作法"。这些实践活动一方面让学生在实习实践中锻炼成长，另一方面积极发挥学生所学，助力社会发展。

『聚焦实践：助力学生发展』

闫帅积极发挥学生的主动性，让学生参与到老师的科研、教学中来，学生相继参与了"疫情大考中湖北'90后''00后'青年思想与行为的调研""湖北青年发展型城市研究""百年追寻主题音乐团课""奋斗精神的时代化诠释""新时代党的创新理论青年化阐释"等多个研究课题，并积极鼓励学生参与"挑战杯"等相关比赛。第十八届"挑战杯"全国大学生课外学术科技作品竞赛"揭榜挂帅"专项赛中，闫老师指导学生申报的"从'走近青年'到'走进青年'——基于新时代党的创新理论青年化阐释的效果评价与提升路径研究"荣获三等奖；第十七届"挑战杯"全国大学生课外学术科技作品竞赛红色专项赛中，闫老师指导学生申报的"建设美丽中国，共筑绿色家园"荣获三等奖。在第一届全国大学生红色全景资源创意展示大赛中，闫老师指导学生创作的作品《八方汇流武汉抗日保家卫国——走进八路军武汉办事处旧址纪念馆》荣获一等奖；在教育部习近平新时代中国特色社会主义思想大学习"领航计划"系列活动之"青春献礼二十大，强国有我新征程"——第六届全国高校大学生讲思政课公开课展示活动中，闫老师指导学生参赛的作品《全过程人民民主为什么好》荣获一等奖。

竞赛之外，闫帅老师还积极指导、支持学生参与各项科研活动的申报，并为学生更好地完成科研活动积极提供调研机会。闫老师指导学生申报了第十九批研究生创新基金项目。为了帮助学生顺利完成该项目，2021年暑期，经与共青团随州市委员会沟通与联系，闫老师带领学生深入随州市的曾都区、随县、广水市进行调研，带领学生开展座谈会，与乡镇干部深入交谈；走入田间地头，与农民农户深入交流。闫老师还指导学生申报了第八届"求是杯"大学生课外学术科技作品竞赛，参赛项目"适灾韧性理论下我国社区建设现状与优化——基于疫情防控的实证研究"荣获一等奖。为了帮助学生顺利完成该项目，闫老师通过与关山街的多方沟通，帮助学生进入纺织大学社区、碧水社区、康居园社区进行调研，从而顺利完成该题目并结项。

此外，闫帅老师还积极举办读书会，帮助学生提升学术能力。其举办的"政治学读书会"带领学生深入了解政治学经典理论与前沿知识，并且相继邀请其他院校的教师来为学生就相关专业知识进行讲解。参与读书会的同学表示："参与读书会能学习到政治学的基本知识，体悟政治学的艺术，打开政治学的想象力，在集体阅读、学思践行和手把手教学中领会社会科学研究的魅力。"读书会也成为闫老师了解学生思想动态、积极为学生提供思想帮助的重要方式和途径。

● 图 2　学生读书会

『面向未来：帮助学生实习就业』

为了更好地帮助学生实现从校园到社会的有效对接，闫帅积极帮学生寻找实习机会，让学生更早了解社会、融入社会。当了解到东湖新技术开发区的街道、园区对党建专业学生有实习需求时，闫帅老师积极牵线搭桥。经多方沟通，花山街道为 3 名党建研究生提供了暑期实习机会。3 名研究生通过实习，不仅有效地了解了基层一线公务人员无可替代的作用，而且为其毕业论文选题提供了方向和素材。闫帅老师还积极为学生提供就业信息与机会，针对近年来就业形势困难的状况，一方面做好学生的思想工作，帮助学生正确认识当前就业的状况与形势，积极把握机会，另一方面积极拓展信息源。2022 年，了解到国家相关机关对马克思主义学科有定向招聘机会，闫老师与学院副书记、辅导员密切合作，积极向招聘单位推荐毕业生。2023 年，在企业调研走访中，闫老师了解到湖北交投国际多式联运港有限公司需要一名行政、党务、新闻相关专业毕业学生，便积极联系党建点相关负责人，向企业推荐优秀学生，帮助学生实现就业。

李太平：尚师尚道，承为学之心

— 导 师 简 介 —

李太平 华中科技大学教育科学研究院副院长，博士生导师。先后主持全国教育科学"十五""十一五""十三五"规划课题各一项，教育部"十五""十一五"规划课题各一项。担任长江学者奖励计划、全国教育科学规划课题、教育部人文社会科学课题、中国博士后基金课题、中国留学服务中心出国项目评审专家。曾获湖北省基础教育教学成果奖特等奖、一等奖，教育部人文社会科学奖二等奖、三等奖，全国教育科学研究优秀成果奖二等奖，全国教育专业学位教学成果奖二等奖，校研究生导师"师表奖""三育人积极分子""三育人奖"。

『矢志学术：蠡探教育基本理论』

李老师认为教育研究不应局限于"科学世界"的象牙塔，而应勇于深入"生活世界"，让理论与实践紧密结合。在他的倡导下，教育研究正经历着一场范式转换，旨在追求实践性学识，将研究阵地聚焦于校园，特别是课堂，鼓励在行动中研究，在反思中成长。

个性教育要点亮每一个独特灵魂。李老师认为个性是个人自然素质与社会影响的交融产物，是稳固而独特的心理品质总和。他主张个

◎ 图1　李太平教授

性教育应致力于培养受教育者的主体性、独特性和创造性，通过班级集体这一重要阵地，利用班级舆论、活动、人际关系及班风等多元因素，促进学生个性的积极发展。

民族性是民族生存和发展的精神基石，而教育正是塑造和传承这一基石的关键力量。李老师提倡在教育中融入民族文化元素，强化学生的民族国家意识和文化认同感，同时倡导更新教育观念，树立包括终身教育观、素质教育观在内的多维度教育观，为培养具有深厚民族情怀和广阔国际视野的新时代人才贡献力量。

『促进公平：关注武汉薄弱学校』

李老师多年来致力于武汉市薄弱学校的改进工作，他深入调研，了解薄弱学校的现状和需求，提出切实可行的改进方案；同时积极参与武汉市教育扶贫工作，坚持每周一次深入薄弱学校，与师生交流，了解他们的困难和需求，并提供针对性的指导和帮助。

李老师积极参与湖北省中小学教育科研课题评审、开题指导和结题评审工作，为中小学教育科研工作提供专业指导和支持。他常年深入中小学一线，与一线教育工作者沟通交流，了解他们的实际需求，并提供针对性的指导和帮助。李老师用自己的专业知识和实践经验，为中小学教育科研工作注入了新的活力，也为中小学教师的专业发展提供了有力支持。

● 图 2　李太平教授在纸坊二小作指导

『师德润心：滋养学生成长』

李老师以师德充盈自身，以师德滋润学生心灵和滋养学生成长。"以学生为中心"对于李老师而言并非口号。

他培养全日制硕士研究生超过 70 名，博士生超过 30 名，努力完成教学、论文指导等各项常规工作；多名学生走上高校院系领导岗位，如韩国海走上大学副校长工作岗位，毕业博士生潘建红在黄冈师范学院入选省部级人才计划等。

2017 级博士王俊琳已经毕业多年，但当谈起李老师时，充实的读博经历便瞬间被激发而重新鲜活起来。李老师在她的心目中是真正把学术工作和自己的生活融为一体的人，他用自己的行动教育着学生做一个善良、正直、负责任的人。从开学之初她就有做理论研究的意愿，李老师是真正在践行"个性教育"，不但没有质疑她的能力，而且看到与她感兴趣的主题相关的论文都会发来供她学习借鉴。论文每写完一章，王俊琳就发给李老师看，李老师一章一章地给她提出修改意见。最令她感动的是，2018 年 7 月，王俊琳的爷爷去世的那一天，晚上下着雨，她决定回家，李老师担心她情绪崩溃，特地请她师兄黄洪霖开车冒雨送她到汉口火车站，并在路上一直安慰她的情绪。师恩难忘，王俊琳坚信她将带着李老师对她的帮助和鼓励继续前行。

李老师是一位在学术上严格要求学生，但在日常生活中又无微不至地关心学生的导师。平日里，他时刻关注学生们的身心健康，嘱咐他们注意休息，实现学习与休闲的平衡；当学生在日常生活中遇到困难与压力时，他总是适时地给予温暖的支持与帮助。在日常了解学生学术论文完成进度的同时，李老师也总是语重心长地嘱咐学生要注意身体健康。当李老师得知博士生石同学生病住院时，他不仅详细询问病情，还耐心地倾听石同学的困扰和担忧。李老师反复强调，健康问题不能拖延，必须尽早治疗，才能有一个健康的体魄去面对学术上的挑战。李老师的关心和细致入微的照顾，让石同学感受到了无比的温暖和安心，使她在病痛和学术压力下依然能保持积极的心态和斗志。李老师不仅是一位严格的学术导师，更像是一位慈爱的长辈，用心呵护每一个学生的成长。这种既严谨又温馨的教学方式，让学生们在追求学术卓越的同时，也感受到了无尽的温暖和鼓励。

言传，更身教。"勤"是李老师学术生活最生动的写照，他几乎每天都从早上 7 点工作到晚上 11 点，这种作息已成为常年的习惯。李老师关心学科的发展，对教育学有深厚的情怀，总是努力将教育理论扎根于教育实践之中，长期保持着深入中小学一线的习惯，多次与一线教育工作者沟通交流。无论对方持有何种教育理念，他都虚心聆听，深入探讨。李老师对学生的态度既宽容又严格，宽容在于他尊重学生的学术选择，鼓励多元化的学术探索；严格在于他对学生的学术要求从不放松。他总是不遗余力地支持学生的学术追求，细致地修改学生的论文，从标点符号到结构大纲，逐一斟酌。他的每次修改不仅是对文章的完善，更是对学生学术素养的培养和提升。在李老师的影响下，学生们学会了如何在学术研究中保持严谨和勤奋，如何在教育实践中保持热情和奉献，也见识到什么是真正的学者精神和教育情怀，明白了教育的真正意义在于培养人、塑造人。

在学生们眼中，李老师总是以无比热忱与严谨态度对待学术与工作，他每日早出晚归，勤勉不辍。每晚十点多办公室那盏不灭的灯火，见证着他的付出与坚持。即便是节假日等本应与家人欢聚的日子，李老师依旧选择坚守岗位，以办公室为家，桌上散落的药膏与敷贴，默默诉说着他无私奉献背后的辛勤与坚韧。2022 级硕士生方媛媛的记忆中，李老师似乎从未拥有过传统意义上的周末。他的一周生活轨迹清晰而固定：除了前往委托管理的小学而不在学院的日子外，其余时间几乎都被牢牢地"钉"在了办公室里。夜幕低垂，即便是晚上九点，倘若恰好路过学院，仍能瞥见李老师办公室那盏执着的灯光，透过窗棂，静静地诉说着他的勤勉与奉献。尽管所要处理的事务如同潮水般汹涌而来，李老师却总能以一种令人钦佩的姿态，游刃有余地处理每一件事。在繁忙之中，他也从未忘记自己的学生。

"趁着年轻好好拼一把""好好学习，认真读书"，是李老师每次师门会议时，对学生们最诚挚的寄语。在生活中，李老师深知每位学生的独特与价值，以无限的尊重与理解，构建起师生间信任的桥梁。尽管日程紧凑，门生众多，李老师总定期关心每位学生的情绪变化与成长需求，给予适时的关怀与指导。对于学生的学术成果，李老师更是倾注了极大的心血。每一篇论文，都经过他精心的审阅与细致的梳理，不仅指出不足，而且提供宝贵的修改意见。即便是在繁忙之中，他也总能挤出宝贵的时间，陪伴学生逐字逐句地推敲打磨，直至文章臻于完善。在这一过程中，李老师从未有过丝毫的懈怠与抱怨，唯有不懈的耐心与无限的鼓励。

无论是学业上的困惑还是生活中的琐碎，李老师总能以一种温暖而坚定的力量，给予学生最及时的帮助与支持。每当有其他学生带着学术上的疑惑敲响他的门扉，李老师总是毫不犹豫地腾出时间，以他那渊博的学识和无私的胸怀，倾囊相授，为每一个求知的心灵点亮智慧的灯塔。这样的李老师，不仅是知识的传递者，更是学生心中那盏永不熄灭的引路明灯。

曾洪涛：良师益友，点亮人生

— 导师简介 —

曾洪涛　工学博士，华中科技大学体育学院教授，院长助理，华中卓越学者特聘教授，是国内唯一具备四项国际级资质（国际级篮球裁判、国际级技术代表、国际级技术监督、国际级裁判讲师）的权威专家，目前担任国际篮联技术委员会委员（全世界十三名技术委员会委员中唯一的中国人），中国篮球协会裁判员委员会常委，湖北省篮球协会副主席兼裁判委员会主任，教育部校园篮球专家委员会委员，教育部人文社会科学基金评审专家，湖北省教育学会体育专业委员会常务理事，湖北省青年拔尖人才计划评审专家等。主持承担国家级、省部级项目10余项，主持国际篮联《篮球规则》《规则解释》和《篮球裁判员手册》的翻译和审定工作。曾获得省级教学成果奖一等奖，校级教学成果奖一等奖、二等奖，授权专利10项，软件著作权3项，发表SCI、SSCI、CSSCI和EI检索论文40余篇，获得多项学术和创新奖项。曾获评华中科技大学"我最喜爱的教师班主任"称号。

在培养学生时，曾洪涛老师坚持党中央"三全育人"的要求，强调"全员——相互合作、全过程——因材施教、全方位——全面发展"，立志做学生的良师益友、一辈子的人生导师。

『春风化雨，亦师亦友』

在体育学院的研究生培养工作中，曾洪涛老师以其严谨的态度和丰富的经验，坚持每两周召开一次研究生组会。组会不仅是学生们展示阶段性成果的机会，更是大家集思广益、互相启发的交流平台。在组会上，曾老师鼓励学生积极发言，勇于表达自己的见解，同时也会详细点评每一位学生的报告，提出建设性意见，帮助学生不断改进。体育学院的课题组，常常会有部分学生外出参加比赛，因此组会的时间也会根据他们的实际情况来安排。组会主要内容结束后，曾老师还会就外出比赛学生的近况展开多方面讨论，让这些同学能够更快发现自己在赛场上表现不佳的地方。同时，作为工学博士，曾老师鼓励学科交叉，让不同课题组的同学们相互交流，使学生们能从不同视角看待自己的专业。

● 图1 课题组与曾洪涛教授共同欢庆教师节

为了激励学生们在科研道路上不断前行，曾老师还制订了详细的奖励制度。对于在科研工作中取得优异成绩的学生，他会给予物质和精神上的双重奖励。无论是发表高水平的学术论文、在国际会议上进行报告、获得重要的科研奖项，还是平时拥有好的表现、提出创新性的科研思路，曾老师都会及时给予表扬和奖励。这种奖励制度不仅能够激发学生们的科研热情，还能增强他们的成就感和自信心，促进整个课题组的良性竞争。

曾洪涛老师认为，国内外体育事业发展迅速，只有持续创新和不断学习，才能在未来的竞争中立于不败之地。自2010年受聘为研究生导师，他指导能源类专业研究生28人，体育类专业研究生12人。10多年来，曾洪涛老师在研究生培养上不断提升研究生教育教学管理水平，始终坚持政治思想建设不松懈，教风、学风、品德建设不懈怠，始终围绕学生的思想道德、学业学习和综合素质水平齐抓并举，践行"为国育才、为校争光"的理念。

『因地制宜，因材施教』

运动训练专业是华中科技大学体育学院于 2020 年新成立的专业，曾洪涛老师担任了 2101 班的班主任。这个班拥有来自足球、皮划艇、网球、游泳和乒乓球等不同运动项目的学生，他们都是通过全国统一的体育单招考试，因运动成绩优异考入华中科技大学的，其中部分同学是国家级健将，保送免试入学。因此，及时了解学生的学习情况，分析问题并进行针对性指导至关重要。

布云朝克特、余宗达、熊梦阳和杨立瑜等同学常年在外集训比赛，无法到校学习。针对这种情况，学院采用了"分层分类的线上线下 + 单独授课"的混合式教学模式。曾洪涛老师根据学生的训练实际情况，与各科老师和同学们建立紧密联系，随时了解他们的训练状态，为每位同学合理安排专业课程的学习任务。这种创新的教学模式不仅解决了运动员同学的学习问题，还确保了他们能够兼顾学业和训练，提升了他们的综合素质。

● 图 2　曾洪涛教授为 2101 班学生传道授业解惑

曾老师会对处于迷茫阶段的学生进行思想指导，和同学们一对一交流谈心，及时掌握学生们的思想现状。2021 级本科生成奕乐同学，在入学后不知道该怎样提高自己的学习效率，感到很焦虑和迷茫。曾老师发现后与她进行了谈话，帮助该同学进行了周期计划表的制订，并推荐她若有学不进去的时候可以清晨去青年园散步，有利于散心和开放思维；同时曾老师给予了她很多未来规划与发展的建议，让她对未来的学习有了明确的目标和方向，大三成长为校学习特优生，并公派到早稻田大学交流访学，顺利保研的同时还辅修完成了日语专业第二学位。

针对大家因就业导致的各种困惑，曾洪涛老师及时为学生们排忧解难，主动为大家联系了湖北省篮球协会和武汉市足球协会，并创办了裁判员培训班。现今班上已经有 11 名同学顺利通过了篮球、足球国家三级裁判员考试并获得了裁判等级证书，又有 12 名同学获得了 D 级足球教练员证书。

『悉心培养，硕果累累』

在曾洪涛老师的悉心指导下，其带领的研究生与本科生均学业有成。他们中间的工科研究生，不少在国家能源局、国家电网公司、三峡集团、中船重工系列研究所等国家大型企业工作，还有战斗在华为公司等研发一线解决"卡脖子"难题的同学。十多年来，曾洪涛老师为华中科技大学培养了 1 名国际级、10 名国家级和 2000 余名三级及以上裁判员，还推荐陈玉婕等同学入选国家女子三人篮球集训队。在学术方面，其研究生团队在全国体育科学大会、湖北省体育科学大会、湖北省学校体育论文科报会等会议上获多篇优秀论文，共同完成国家体育总局决策咨询项目、国家体育总局标准化人才项目、湖北省社会科学基金项目等纵横向课题近 20 项。本科2101 班的同学们积极进取，班级成绩优异，多次获得世界大学生运动会冠军、全国冠军、湖北省冠军，在世界赛场上为国争光，为学校争得了荣誉。其中，23 人次获国际比赛和全国冠军 5 项，2 人次获全国亚军 1 项，1 人次获全国季军 1 项，17 人次获全省冠军 4 项。在学科建设上，曾洪涛老师带领团队参与了由中国体育科学学会主办的第二届全国体育科技创新大赛，携 4 项作品从预赛突出重围，晋级全国决赛，历经现场考察、分组路演、现场答辩等多个环节评审，最终荣获银牌 1 枚、铜牌 1 枚、优秀产品 2 项，创造非体育类高校全国最佳成绩，并获得优秀组织单位奖。

李华君：教育者、研究者、实践者

— 导 师 简 介 —

李华君　华中科技大学新闻与信息传播学院副院长、教授、博士生导师，湖北省优秀社科青年人才。自 2010 年从教至今，李华君老师躬耕教研，倾心育才，坚持做三位一体的"教育者、研究者、实践者"，致力于培养优秀的新闻传播专业人才，深受学生爱戴。曾荣获国家级教学成果奖二等奖、"国家级一流课程"、"宝钢优秀教师奖"、湖北省教学成果奖一等奖、"华中科技大学教学名师"、华中科技大学教学质量一等奖、华中科技大学教师竞赛一等奖、"华中科技大学师德先进个人"等奖项。

『研究者：站稳三尺讲台，与时俱进育新人』

李华君老师先后担任广告系副主任、系主任，从 2018 年起担任副院长，分管本科教学、实验室建设等。李华君老师始终站稳讲台，在教学中打造"全程—全屏—全效—全员"的全媒化课程资源矩阵。

"做老师，首先站稳讲台""上课要喊：起立"这是李华君老师对课堂的态度，也是他十数年如一日将课堂质量放在首位的做法。李华君老师主讲的学科基础课"品牌传播概论"曾荣获 2021 年华中科技大学最满意课堂，主讲国家一流课程（慕课）"数字时代的品牌传播"已线上开课 10 个学期，近 3 万人次选课，先后被中国传媒大学、华南理工大学、兰州大学等高校作为课程辅导材料。主讲"智媒时代品牌公益传播"慕课，上线"学习强国"平台慕课频道，播放量近 7 万人次。

● 图 1 李华君老师慕课 "智媒时代品牌公益传播"

在李华君老师的课堂上，没有一成不变的教学模式，只有对学生个体差异的深刻洞察与尊重。"互动感强""节奏很快的头脑风暴""趣味横生""永远不会觉得乏味"是同学们对李华君老师的课堂最多的评价。为增强课堂内容的价值导向，培养学生"创新精神、探究精神、协作精神"，李华君老师创新性地提出 CAVSI（C-content，A-ability，V-value，S-space，I-innovate）教学模式。在教学过程中将国家品牌、城市品牌、品牌场景、策划技能等课程内容置于价值建构、价值引导之中，实现课程"价值塑造、知识学习、能力提升"的一体化推进。

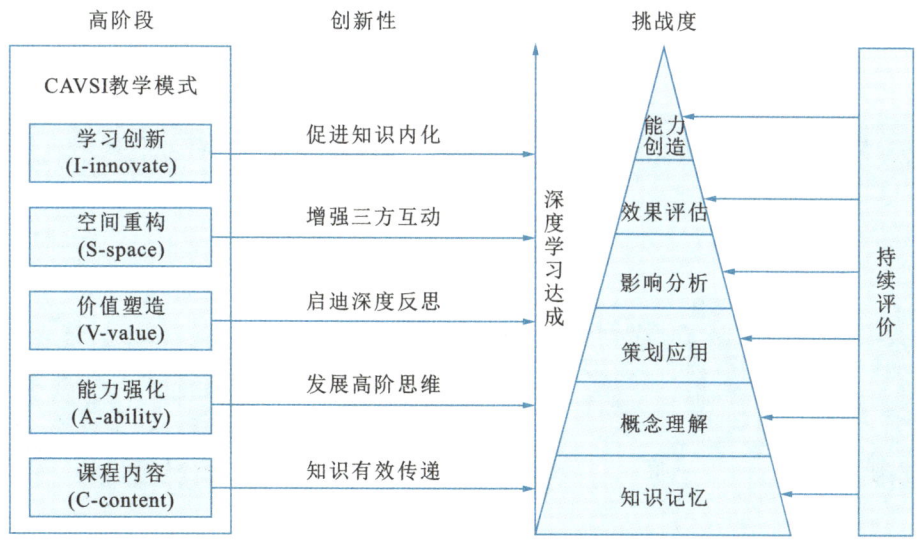

● 图 2 李华君老师提出的 "CAVSI" 教育理念

十四年的从教生涯里，李华君老师在教学理念、教学方法上不断创新，善于抓住学生心理，善于启发思维，善于通过深入浅出的案例讲解，让学生紧跟课堂节奏，教学生"学会学习"。

『教育者：以心交心，真挚关切启智慧』

言传身教启智慧，共话心声促成长。在李华君老师的教育生涯中，"以心交心"是他始终坚持的教育理念。课堂之外，李华君老师对学生们的学习生活、成长感悟关怀备至，在日常的交流和相处中融入对学生的指导和培养。李华君老师始终亦师亦友。

"刚入师门的时候我特别'社恐'，但老师经常点我上台作分享发言。"2021级博士生王沛佳回忆起当时的情况，"后面老师告诉我，不是说博士就要坐在图书馆搞研究，读博的过程对一个人的提升应该是全方位的，包括口头表达、实践能力、展示技巧各方面。"王沛佳也在一次次的上台中越来越从容自信，获得国家奖学金、中国新闻史学会优秀论文等荣誉，并在本硕博"研传"学术沙龙中与李华君老师一起为同学们作分享。

● 图 3　李华君老师（一排左四）与博士生王沛佳（一排右四）为同学们作分享

『在"研传"学术沙龙分享』

深入社区，共话成长。作为新闻传播学类 2301 班的班主任，李华君老师参与学生社区"美味情缘"午餐会，用轻松愉快的面对面座谈，为新生答疑解惑、共话成长；李华君老师作为首期主讲嘉宾在社区"新光微课"上分享新锐学术观点，启发大家思考人工智能技术带给品牌传播的新机遇与新挑战。

走进内心，为生解困。面对学生在成长过程中遇到的思想困惑和实际问题，李华君老师从来都是主动倾听，针对性引导。他深知，每个学生都是独立的个体，有着不同的成长背景和心路历程。他为就业困难的学生奔走牵线，与心理困难的学生一谈就是一整天，常说的一句话就是："没事儿，方法总比困难多，咱们一起想办法解决。"

李华君老师用行动诠释了教育的真谛——不仅传授知识，更关注人的成长与发展。"所谓解困，不只是解答学习上的问题，更要为生活解困，为成长解惑。"

『实践者：讲好中国故事，躬身实践强"四力"』

脚下有多少泥土，心中有多少真情。就如何引导新闻学子讲好中国故事，将论文写在祖国大地上这个问题，李华君老师进行了大量的研究和实践探索。

"要深入到人民群众之中，努力创作出有思想、有温度、有品质的新闻作品。"原创微电影《毕业课》中，李华君老师在拍摄"毕业生的最后一课"这一幕剧情时讲出了他的心里话，这也是他一直以来躬身实践的方向。他牵头的"讲好长江边的非遗故事""品牌助农"的特色实践项目，被评为省级优秀实践项目。从非遗宝藏的抢救性保护与创新性传播，到以品牌助力乡村振兴的创新实践，李华君老师总是身先士卒，与学生并肩作战，用双脚丈量大地，以双眼洞察世情。

　　为丰富全媒体教学资源，李华君老师先后采取小组研讨、翻转课堂、专家讲座、模拟新闻发布场景等形式多样的教学活动，不断锤炼学生的脑力、眼力、笔力、脚力。在李华君老师的悉心培养下，一批批优秀的新闻学子脱颖而出，在全国大学生广告艺术大赛、中国大学生公共关系策划创业大赛、中国大学生计算机设计大赛等国家级比赛中摘得奖项 50 余项。他先后指导 20 余名硕士研究生，5 名博士研究生，其中 5 位学生获国家奖学金、人民网学业奖学金；学生张智鹏到清华大学读博深造，王沛佳、王凯悦在华中科技大学读博深造；李媛媛、曾小宇等同学考入各地选调生。李华君老师通过课程育人、实践育人，培养了一批适应媒体深度融合和行业创新发展，能够讲好中国故事、传播中国声音的卓越新闻传播人才。

　　在李华君老师的身上，我们看到了一个优秀教育者的多重角色：他是严谨的研究者，不断追求学术的卓越；他是真诚的教育者，用心关怀每一位学生的成长；他更是坚定的实践者，引导学生诠释新闻人的责任与担当。

张昆：育人于三尺，匠心自峥嵘

— 导 师 简 介 —

张昆 中共党员，法学博士，华中科技大学新闻与信息传播学院二级教授，曾任华中科技大学新闻与信息传播学院院长，第六、七届国务院学位委员会新闻传播学科评议组成员、2006—2010 年教育部新闻传播学科教学指导委员会副主任委员。现任华中科技大学学术委员会副主任，大数据与国家传播战略教育部哲学社会科学实验室主任。两次获得国家级教学成果奖二等奖，四次获得湖北省普通高等学校教学成果奖一等奖。获湖北省社会科学成果奖一等奖、二等奖多项，获两项教育部人文社会科学成果奖。国家级精品课程及首批国家一流课程"外国新闻传播史"主讲教授。出版教材《外国新闻传播史》《中外新闻传播史》《简明世界新闻通史》《中外新闻传播思想史导论》。在教学改革、课程建设方面，成果显著。主持两项国家社会科学基金重大课题，三项国家社会科学基金一般课题。入选教育部跨世纪优秀人才培养计划、全国新闻出版行业领军人才、国家文化名家与"四个一批"国家级人才。

『扎根课堂，创新教学三步成曲』

张昆教授的课堂上，时常出现同学们唇枪舌剑激烈论辩的场景，这是张昆讲授的"外国新闻传播史"的课程考核内容。近年来，张昆都以课堂辩论这一形式进行课程考核。论题与时俱进，一般选取当下新闻实践中存在争议的问题，如 2022 年的两个论题分别是"写作机器人能否取代新闻记者"和"对于影响国家形象的因素而言，是硬实力更加重要还是软实力更加重要"。

● 图 1　张昆教授"外国新闻传播史"结课展示

张昆教授通过辩论比赛的方式开展第二课堂教学已有十余年历史，他认为："马克思主义的真理、新闻传播规律最终为人们所掌握，不是靠生硬的灌输，而是靠启发，引领学生去自主探索，经过质疑、辩论、切磋的心理过程，自然地获得真理，才能让人由衷地信服。"由他主讲的通识课程"传播的历程"入选第一批国家级精品视频公开课，"外国新闻传播史"先后被评为国家级精品课程、国家级精品资源共享课程、国家级一流本科课程（首批）。

张昆教授大力改进教育教学方式，提出了"三个转变"：由以教师为中心向以学生为中心转变，由传统的"流水线培养模式"向"订单式"个性化的模式转变，由教师以科研为中心向以教学为中心转变。学院的教学资源和人力资源，都围绕学生成长、围绕社会对专业人才的需求进行配置，一系列适应新兴传媒生态的人才培养举措不断推陈出新，使得学院人才培养结出累累硕果。

此外，在促进学生全面发展的人才培育上，张昆教授主抓建立了学科交融的课程体系，传统的新闻专业、广播电视专业增加了多媒体技术、网络采访编辑等新课程；建立学院专业实践教学协调小组，在"北上广深"等特大城市的 24 家主流权威媒体设立实践基地，指导老师每年都要到实践基地去沟通协商并看望学生，实现了学院、学生与实践基地三方的良好互动。学院在全国高校中成立第一个评论学社，"新闻评论人才培养创新体系的建构与实施"项目先后获评湖北省教学成果奖一等奖、国家级教学成果奖二等奖，新闻评论教育的"华科大模式"已然成型。

● 图 2　国家级教学成果奖二等奖获奖团队（中间为张昆）

此外，红树林团队、V-fun 团队、loading 团队、传播学沙龙等一批学生创新团队陆续崛起，他们的作品赢得了学界、业界的普遍喝彩。

『爱生如子，人才培养不遗余力』

2018 年，张昆教授获得华中科技大学伯乐奖，他说："学院实际上是一个人才工厂，没有学生，学院、老师就失去了存在的依据。我们要真正把学生当成自己的孩子，全力以赴地去栽培他们。"

张昆教授自认为是一个理想主义者，追求完美的新闻传播教育。结合30 多年的新闻传播教育经历，他在出版的专著《新闻教育改革论》和《三思新闻教育》两本书中表达了对我国新闻传播教育的思考。他在书中提出：新闻传播教育应当坚持什么样的培养模式？我国新闻传播教育中存在诸多问题的症结何在？大数据、云计算以及媒介融合时代如何做好新闻教育？如此等等。

"爱生如子""以学生为中心"，张昆教授不仅这样理解，更是坚定地践行。每年总有学生找张昆教授写推荐信，他从不拒绝；不光写信，张昆教授还将自己的书籍赠予学生，"不能让学生空着手去见面嘛"。

对自己带的研究生，张昆更是爱生如子。2015级博士生王创业刚一入学，张昆便对其提出了严格的要求："学术要严谨，科研和教学才是安身立命的基础。"他交给王创业一个题目，限期一个月完成。王创业花了两星期交了初稿，第二天便收到了修改邮件。张昆将修改内容——列出，红色的标注铺满了文档。王创业既感动又惭愧。后来，在张昆耐心细致的指导下，王创业真正热爱上了学术，并获得了多项奖学金。临近毕业，张昆还为了王创业的工作四处奔走、牵线搭桥。即使这样，张昆也从不让王创业喊他院长，只允许喊"老师"。"'老师'才是他最看重的身份。"王创业说。

图3 张昆教授在课堂上与学生交流

执教至今，张昆教授培养了200余名硕、博士生。细心、耐心指导论文，张昆教授为学生的工作提供指导和资源。看着学生们走出校园，在各自的岗位上取得成就，张昆教授心中充满了自豪，也深深感受到了教师这一职业的乐趣，他认为"当老师是天下最阳光的职业"。对于自己所从事职业，他说："教育就是要起到春风化雨、唤醒灵魂的作用。我们的学生百里挑一，他们把希望和命运都交给了学校。学校怎么教导、引领和栽培，关系他们的前途和命运。所以教师要珍惜这个职业，要敬畏这个职业。"

2022年，张昆教授荣获楚天园丁奖。对他来说，"楚天园丁奖"这份荣誉无疑是教师节最好的礼物。但对于所有他教过的学生来说，这份荣誉是对张昆教授近四十年教书生涯最好的肯定。巍巍梧桐，有凤来栖。张昆不仅在做培养"凤凰"的工作，更在做一个浇灌梧桐、吸引更多金凤而至的园丁。

『执教半生，教育思考从无止境』

武汉大学前校长刘道玉先生曾评价："张昆教授是一个思考型的学者，他无时无刻不在思考我国新闻传播教育中的问题，可以说他满脑子装的都是问题。"

● 图 4　张昆教授

与大学其他专业教育相比，新闻传播教育起步较晚，不过百年历史。由于新闻传播学科历史不长、学术积累不足，编撰新闻传播教育年鉴，为系统全面的新闻传播教育研究打下基础，是当务之急。张昆教授作为中国新闻史学会新闻传播教育史研究委员会会长，于 2015 年 5 月至 2016 年 7 月带领年鉴编委会动员了近 200 位学界人士参与编辑《中国新闻传播教育年鉴》，年鉴约 130 万字，每年出版，即使遇到疫情也不曾中断。"年鉴是服务全国新闻教育界的，我要做好，为全国新闻院系的教师、学生和学科建设服务。"

此外，张昆积极推动国内高校新闻学院院长研修班的创办，旨在为各新闻学院院长提供一个学习、交流的平台，提供系统的教育、管理等能力培训。在他看来，新闻学院院长作为学科或专业的总负责人，是承上启下的枢纽，承担着"师资建设、学生培养、条件改善、氛围营造"等四大要务，要达成发展目标，回应社会的期待，必须具备战略思维的能力。"院长这个活确实不容易做。他是像双面胶一样承受上下内外挤压的这种角色，必须提升各方面能力。"

作为中国新闻史学会新闻传播教育史研究委员会会长、《中国新闻传播教育年鉴》主编和教育部哲学社会科学实验室大数据与国家传播战略实验室主任，张昆教授的目光，始终不曾离开过新闻传播学科、未曾离开新闻传播教育，这是他的挚爱。执教生涯中，"国家的需要重于一切"是张昆教授始终不改的信念。

第五部分

医学专业育人故事

陈伟：立德树人，科学报国

─ 导 师 简 介 ─

陈伟 华中科技大学同济医学院基础医学院教授、博士生导师，国家海外高层次青年人才，湖北省高层次人才。2009 年于武汉大学化学基地班获理学学士学位，2014 年在浙江大学化学系获得博士学位。2015—2018 年在美国国立卫生研究院（NIH）陈小元教授课题组从事博士后研究，2018—2020 年于麻省理工学院（MIT）Robert S. Langer 教授（美国三院院士，2021 年增选为中国工程院外籍院士）课题组任研究科学家（Research Scientist）。2021 年加入华中科技大学同济医学院基础医学院药理学系，兼任 *Chinese Chemical Letters* 和 *MedComm-Biomaterials and Applications* 青年编委，以及 *Journal of Nanobiotechnology* 客座编辑。担任湖北省药理学会第十届理事会理事，以及湖北省药理学会党支部青年委员和宣传委员。

陈伟老师求学和工作期间积累了大量理论和实践经验，回国后将所学的国内外先进理念与科研教学活动实际情况结合，开启了立德树人、科创报国的职业生涯。

『勇攀高峰，顶天立地治学问』

在武汉大学与浙江大学分别取得学士和博士学位后，陈伟老师为了进一步提升自己的眼界和水平，取得更高层次科研成果，于 2014 年底前往美国，在药物递送和生物医学器件开发领域深耕。他先后在美国国立卫生研究院（陈小元教授课题组）以及麻省理工学院（Robert Langer 教授课题组）从事研究工作，接触和学习先进技术与理念，并与糖尿病药物公司诺和诺德展开合作，将发展的智能递药系统和器件推向临床转化。

● 图 1　陈伟教授

这些经历促使他立志从事顶天立地的学术探索："顶天"是指把握国家发展战略，瞄准国际学术前沿，从事世界一流的学术探索；"立地"则指在学术研究的基础上，集中精力、脚踏实地地进行高水平的应用开发，解决实践中的实际问题。这些经历和理念帮助陈伟老师对专业方向有了更深刻的把握，为回国后的科研道路打下了坚实的基础。

『坚守初心，毅然归国攻难关』

即使身在美国，陈伟老师也时刻关心国家大事，积极参加美国国立卫生研究院和麻省理工学院的海外学者协会等团体活动，始终与祖国保持密切联系。新冠疫情暴发后，陈伟老师主动捐献物资帮助抗疫，并以志愿者身份，基于自己在求学生涯中积累的先进的微创微针技术，与最早接诊、治疗新冠肺炎患者的大型公立医院之一的华中科技大学同济医学院附属协和医院合作，发明了一种新型可富集病毒微针咽拭子，提升了新冠病毒检测的准确性（*Matter*，2020，3（5）：1589-1600）。该项成果得到了国内外广泛关注，被 *Matter* 期刊选为封面论文，并且多次作为热点新闻报道，同时被 Cell 出版社官方推荐。

"科学无国界，科学家有祖国。"2020 年 9 月，习近平总书记在科学家座谈会上的讲话让陈伟老师再一次坚定了自己学成回国的决心。2021 年，面对来自麻省理工学院、丹麦哥本哈根诺和诺德公司、新加坡国立大学等多家海外名校名企抛出的橄榄枝，陈伟老师毅然选择回国报效国家。

陈伟老师长期从事利用生物启发技术构建药物制剂以及智能器件用于疾病诊断治疗的研究。围绕增强药物疗效、提升病人依从性以及提升生物样本采样准确性等关键临床问题，陈伟老师基于自身的研究背景，学习并借鉴自然界中存在的生物原理，发展了系列生物启发智能系统：模拟生物硬组织形成，制备仿生矿化药物制剂，逆转了肿瘤耐药性；模拟生物自发驱动，开发了生物表面修饰及改性技术，调控生物体定向迁移特性；模拟多刺生物防御，成功构建了血糖响应型微针贴片，可便捷、长效调控病人血糖；模拟刺头蠕虫寄生，创造超强生物黏附微针药片，实现了大分子药物高效口服递送；模拟鸟类舌尖采集食品，发展可富集病毒微针咽拭子，提高了流行病病原体检测准确性。围绕"生物启发智能系统在疾病诊断治疗中的应用"这一主题，他发展了系列临床转化潜力较高的工作。

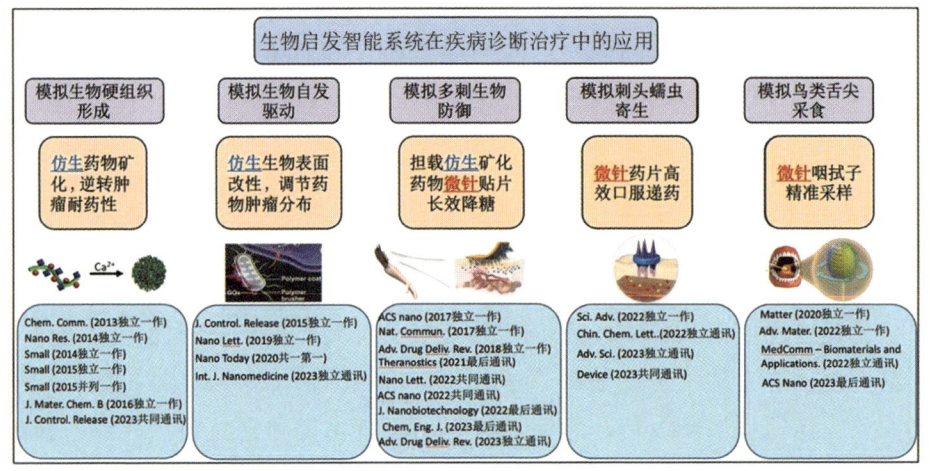

● 图 2　部分研究成果

　　截至目前，陈伟老师已发表SCI论文40余篇，其中影响因子大于11的论文20篇，8项专利已获授权，相关成果入选首批湖北省实验室亮点科技成果。他以重要骨干身份参与了美国国立卫生研究院研究计划，以及麻省理工学院-诺和诺德联合研究项目，成果被美国国立卫生研究院和麻省理工学院重点推荐，并被 Cell 出版社以及多家媒体转载。其中，在先进降糖制剂研发和先进感染性疾病防治方面，他将自己发展的仿生矿化和智能透皮微针系统推向临床转化，完成了有关口服降糖药物制剂的研发工作，提升了降糖药物的给药效率和病人的依从性，同时他还开发了微针疫苗接种技术、高效黏膜递药技术等，在帮助国家突破糖尿病药物制剂定价权上的"卡脖子"现状和服务社会需求方面做出积极贡献。

『勇担使命，立德树人育希望』

陈伟老师热爱教育事业，在美国工作期间，协助导师指导来自北京大学和清华大学的访问学者及访问学生，并且作为指导老师带领来自多伦多大学的本科生开展麻省理工学院本科生研究项目。回国后，在华中科技大学同济医学院任职期间，他担任了基础医学 2301 班的班主任，积极为同学们排忧解难；同时参与"药理学"精品课程授课，负责"智能医学"和"生物信息学"课程模块，已完成超过 200 学时课程。

"一个人的力量是有限的，能为民族复兴培养接续奋斗的力量，我深感使命光荣。"陈伟老师经常以自身经历和实际行动教育学生，科学研究要服务国家、服务社会、服务人民。他尽心指导每一位学生，除课程教学外，他还很重视指导大学生创新创业训练计划项目，为学生做好科研启蒙，目前已超过 20 名本科生走进他的实验室。由他指导的多名本科生多次在全国大学生基础医学创新研究暨实验设计论坛获奖并入围复赛，多名本科生已经以第一作者发表多篇高水平学术论文，其指导的本科生团队获得了第十八届"挑战杯"全国大学生课外学术科技作品竞赛主赛道全国一等奖（全校历史上唯一一次在自然科学类学术论文赛道上获奖）。同时，他指导的一项本科生研究项目荣获首届华中科技大学本科生自然科学创新基金项目资助，一项博士生研究项目获首批国家自然科学基金青年学生基础研究项目（博士研究生）资助，一项硕士生研究项目荣获校第二十二批研究生创新基金项目资助，多名学生获得了华中科技大学国家奖学金，其所指导的博士后也获得了国家资助博士后研究人员计划以及湖北省博士后创新研究岗位资助。这些成绩体现出陈伟老师培养青年学生和学术后备力量的热情、决心和能力。在此过程中，陈伟老师与所有同学相处融洽愉快，学生们纷纷表示受益良多，多次将陈伟老师课题组评为"最受欢迎课题组"之一。

『授人以渔，亦师亦友助成长』

在平时科研工作中，陈伟老师常以一个大方向为起点，积极引导学生发散思维、自主思考。正是这种引导式学习方法，使学生的想法得以融入课题设计中，从而当学生在面对新领域或新挑战时，他们能够快速产生较强的参与感和成就感。陈伟老师也非常重视学生的意见和想法，尽可能多地抽出时间与大家讨论。他对学生自主意见的充分支持，使学生在面对巨大的科研压力时，从不感觉自己是在孤军奋战。

为了充分发挥学生的主动性，并让他们有自由的时间来平衡生活和科研，陈伟老师将安排日程的权利交给了学生。他相信"每个人都有适合自己的一套习惯和节奏"，并鼓励课题组成员在平衡好生活的同时高效工作。轻松愉快的实验室氛围是快乐工作的前提，课题组成员经常进行团建活动，在户外和大自然环境中放松心情。大家在实验室装饰自己设计、制作的新年吉祥物，并在休息室置办新冰箱，将实验室营造出"家"的氛围。此外，实验室成员们还经常一起打羽毛球、跳健身操，在科研工作之余也不忘强身健体。良好的实验室氛围使大家互帮互助、和谐共处，共同进步、共同成长。

既是恩师也是密友，学生学习期间的成长，离不开陈伟老师对学生的关心和照顾。在这段充满欢笑与汗水的学习旅程中，陈伟老师的耐心教导与无私奉献，让学生们从懵懂走向成熟。回看陈伟老师的求学和科研之路，每一步都诠释了一位学者对科研的真诚与热爱，这份热情也会影响实验室的每一位同学。

未来，陈伟老师将会继续带领更多的学生在科研的道路上探索前行，他的故事将会鼓舞更多的学生投身于这份伟大的事业。

陈卫红：匠心育人，促进健康

— 导 师 简 介 —

陈卫红　华中科技大学公共卫生学院二级教授、华中学者（领军岗）、博士生导师，国务院政府特殊津贴获得者，国家重点学科劳动卫生与环境卫生学学术带头人，入选教育部新世纪优秀人才支持计划。担任国家卫生健康标准委员会职业健康标准专业委员会委员、湖北省预防医学会劳动卫生与职业病专业委员会主任委员。国家精品课程"职业卫生与职业医学"主讲教师，近年来先后主持国家重点基础研究发展计划（973计划）课题、国家重点研发计划课题，国家自然科学基金重点、面上项目，以及环保部门公益性行业科研专项项目等多项国家和省部级课题，牵头或参与起草10余项国家职业卫生标准。2014年获国家科技进步奖二等奖（排名第一），2007年获湖北省科技进步奖一等奖（排名第一）。已发表论文200余篇，其中SCI论文180余篇。陈卫红老师从教近30年，始终坚守教书育人初心，牢记立德树人使命。在工作中，她认真履行岗位职责，不断提高教学、科研水平和理论修养，是学生们学习实践、创新创业、奉献祖国的引路人。

『立德树人，思政先行』

以德为先，夯实思想根基。作为学院党委委员，陈卫红老师在教育教学实践中严以律己、言传身教，始终发挥个人模范作用，向学生传递正确的世界观、人生观和价值观。2022年，陈卫红老师负责的"预防医学进展"

课程被列为华中科技大学研究生课程思政示范课程。她围绕立德树人根本任务，将思政教育融入专业课程教学中。

● 图 1　陈卫红教授（一排右三）为学生们讲思政课

示范引领，激发内生动力。在生活中，陈老师与学生亦师亦友，她定期与学生谈心，结合自己的人生经验给予心理疏导、就业辅导，在思想引领、生涯规划等方面做好"引路人"，引领学生成为有理想、有本领、有担当、有作为的青年。她指导学生获得华中科技大学"三好研究生标兵""三好研究生""优秀学生干部""优秀共产党员"等荣誉称号 10 余人次。

『教书育人，知行合一』

创新教学，实践育人。陈老师积极引导学生扎根实践，鼓励学生将理论学习与实务技能结合起来。她和学生一起前往云南临沧、陕西榆林、广东珠海，以及湖北十堰、鄂州、荆门等多地开展社会实践调研 10 余次。陈老师引导学生在科研过程中立足于实际，大力弘扬敢为人先的创新精神和严谨治学的求实精神。其中，博士研究生聂秀泉在研期间申请发明专利 1 项，研究生余林玲、刘伟负责的项目分别获得华中科技大学研究生创新基金项目资助。在良好的团队学术氛围中，近三年来，陈卫红老师的研究生团队每年至少两名学生获得国家奖学金。

勇担使命，积极奉献。疫情期间，陈卫红老师带领学生进行特征分析、空间流行趋势分析等研究工作，为疫情的防控以及疫情形势的研判提供了科学证据。陈老师鼓励学生在保护好自己的前提下，积极参加疫情防控工作，在湖北省、武汉市疾控中心及各区疫情防控指挥部开展流调工作累计 10 余次，获得了省、市、区疫情防控指挥部的高度赞扬。在物资紧缺的紧急时刻，陈卫红老师努力协调配送了 600 个符合自己团队研究标准的 3M 型 N95 口罩至鄂州市疾控中心，以协助市疾控中心的疫情防控工作。

关爱学生，亦师亦友。陈老师不仅在学术上带领学生前行，而且十分关心学生的思想健康和生活状态。对有家庭困难的学生，陈老师会积极给予补贴帮助；在日常生活中，她倡导学生多运动，设立办公室"体育委员"，督促大家按时做课间操。陈老师每年都会组织一次春游或秋游和冬至"包饺子"活动，极大地丰富了学生的课余生活。陈老师是学生们心中实至名归的"好导师"。

● 图 2　陈卫红老师与 2024 届课题组毕业生合影

『科教融合，为国育才』

因材施教，桃李芬芳。陈老师带领学生聚焦人民生命健康、探究真实问题、追溯本质原因。面对研究生发现自己的研究结果与目前已有文献报道的研究结果不一致的情况，陈老师保持开放的态度，鼓励学生继续深入研究，尊重其独创性，最终该文章发表在了环境科学与生态学 1 区 TOP 期刊，该生入选华中科技大学"学术新星"。陈卫红老师从学生学术背景、学习能力与职业发展的角度出发，针对不同层次、不同需求的学生提出不同的培养路径。至今，陈老师已培养博士、硕士研究生 100 余人，他们遍布全国高校、研究所、疾控中心等医疗事业单位。

精诚团结，共创佳绩。陈卫红教授团队现有专任教师 6 人，其中，教授/博导 1 人、副教授 3 人、讲师 2 人，另有硕士、博士研究生 30 余人，形成了层次鲜明的学术梯队。陈老师团队在职业粉尘和环境污染等方面取得了显著科研成果，先后荣获国家和省部级奖励 10 余项，完成和承担国家和省部级科研项目 20 余项，在国内外重要期刊和国际会议上发表了论文 200 余篇。

陈老师严谨求真的治学态度、勤勉务实的工作作风，时时刻刻感染着学生们，让学生不断汇聚向上的力量。陈老师是学生们做人、为事、做学问的示范，也是学生们心目中的"大先生"。

向明：明月清风三十年，丹心热血沃新花

— 导师简介 —

向明 华中科技大学同济医学院药学院教授、博士生导师，获第二届华中科技大学优秀研究生导师、2019 年校"三育人奖"、2018 年研究生"知心导师"、2018 年"优秀本科生导师"、2017 年"优秀党员"、2015 年"我最喜爱的教师班主任"、2014 年"优秀教师班主任"等荣誉。主要研究方向为抗炎免疫药理学，兼任中国药理学会理事、湖北省药理学会常务理事、世界中联中医药免疫专业委员会常务理事。曾赴意大利卡塔尼亚大学微生物系、德国海德堡大学医学研究中心、美国乔治亚医学院生物医学中心访学。向明教授迄今主持 10 余项国家自然科学基金项目，以及多项湖北省重点研发国际合作项目及武汉市科技攻关项目；获多项国家发明专利、湖北省科技进步奖及武汉市科技进步奖；主编多部全国统编教材和丛书；教授课程"药理学"于 2023 年获批国家一流课程。

向明教授以立德树人为己任，秉承"思想道德教育、科学知识教育、实践能力教育、综合素质教育、创新创业教育"五大教育理念，践行"培养具备深厚学科知识与全球化视野，胸怀报国理想与时代担当的卓越药学人才"育人目标。"德作风骨，爱为精魂，艺成高度"是对她恰如其分的评价。向明教授是科学研究的坚守者、学生科研的引路者、学生生活的守护者、学生就业的指导者。她立德树人三十载，科学研究硕果累累，人才培养桃李满天下。

『挺膺担当，"药"有作为』

向明教授作为团队骨干参与Ⅰ类新药临床前研究，首次发现金线莲苷抗自身免疫性肝炎及肝纤维化作用，相关研究成果发表在 *Hepatology*、*Pharmacological Research* 等高水平期刊，为金线莲苷药效发现、机制确定以及研究成果转化做出重要贡献。

服务国家乡村振兴战略，助力中医药产业发展。向明教授躬身入局，承担湖北省科技厅"揭榜挂帅"项目，深入山区药用植物种植地调研采样，联合科研院所技术攻关，挖掘具有药用价值的活性成分，变地方药用植物为乡村瑰宝，把论文写在祖国大地上，做"有情怀、有温度、有担当的药学研究者"。

● 图 1　发掘地方药用植物变乡村瑰宝

解决药物应用"卡脖子"问题，提高药物安全性和有效性。向明教授带领团队攻关难溶性药物复方碳酸钙颗粒消化吸收特性，促进应用标准形成专家共识；创新研究技术和思路，持续多年开展中药人参皂苷 Rh2 代谢免疫神经调控互作机制，为中药二次开发提供新理论，为亚健康、免疫功能低下患者用药提供新选择；从临床用药问题出发，深入解析免疫抑制剂移植术后药源性病变新机制，发表高水平学术论文并为患者个体化用药提供重要指导。

『身正为范，立德树人』

秉承思想塑造、行为引导和价值引领"三位一体"育人理念，向明教授通过科研育人、实践育人，教导学生立大志、明大德、成大才、担大任；并以正人先正己、身教胜言传的原则，率先垂范带动学生。学生们在她的耳濡目染、言传身教下，在国家需要时闻令而动、担当作为，将药理学知识用于治疗前线和学术交流阵地；在平时积极参加社会实践、志愿服务活动，不仅有捐髓救人、点燃生命希望的无私奉献，也有深入社区、学校开展用药知识、急救知识宣讲的科普行动，更有积极响应国家乡村振兴战略，利用寒暑假进入基层开展以"人才兴县，助力乡村振兴"为主题的实践调研活动；在偏远乡村的支教队伍里，也可以见到同学们活跃的身影。

● 图 2　向明教授

『人文关怀，亦师亦友』

"既滋兰之九畹兮，又树蕙之百亩。"于日常生活中，向明教授也给予每位学生关心和帮助，营造和谐温馨的团队氛围。她带领学生参加集体活动，如寻访美食、东湖骑行等，增进与学生的交流，缓解学生压力。她关心学生身体和心理健康，给予心理压力大的学生正能量引导，帮助他们提升信心。对经济困难的学生，积极推荐助教、助管岗位。她还经常鼓励学生参加学校、学院组织的活动，如文艺晚会、辩论赛等，促进学生全面发展。

『春华秋实，桃李满园』

　　培养学生学术交流能力，拓宽学科前沿国际视野。向明教授秉承因材施教理念，为学生制定个性化培养方案，给予启发性指导意见，提高学生解决问题的能力。不定期邀请国内外知名专家来校做报告，鼓励学生参与学术交流，开阔眼界，提升综合素质。每年暑期接待德国马尔堡大学学生到实验室交流，接受国际学生毕业实习，提升研究生国际交流能力。指导的研究生荣获国家奖学金、国家级学术会议优秀论文奖、湖北省优秀硕士论文奖、学校"科技十佳"称号及学校优秀毕业生等多种荣誉。

● 图 3　寓教于乐关心学生成长

　　春播桃李三千圃，秋来硕果压枝头。在指导学生就业方面，向明教授不遗余力组织就业辅导，为学生写推荐信、指导面试技巧、解答各种职业发展问题。当学生面临选择踌躇不前时，她结合自身经历提供宝贵建议，鼓励学生"上大舞台、入大主流、干大事业"。向明教授指导的 43 名毕业生中，有 27 人就职国内大型三甲医院药学部、病理科从事临床药学及科研工作并成为部门骨干，更有全国优秀临床药师、中国药学会-施维雅青年医院药学奖获得者；8 人投身国内知名药企从事新药研发工作并成为企业中坚力量；4 人就职于国家药监、省市药监部门和专利局从事药品质量管理工作；1 人进入中国医学科学院药物研究所，3 人进入高校成为优秀学术骨干；同时指导多名优秀本科生在国内外著名学府深造，他们在各自的岗位发光发热，成为药学服务、新药研究、科技创新的中流砥柱。

"鹤发银丝映日月，丹心热血沃新花。"从事教育事业三十载，向明教授不仅传授学生宝贵的知识，同时身正为范，以德育人，潜移默化地感染学生。她渊博的学识、严谨求实的学术态度、勇于创新的科研精神、无私奉献的道德品质，让学生们竞相效仿，成为他们宝贵的人生财富。

黄垂秀：躬耕教坛，至诚报国

黄垂秀 华中科技大学同济医学院法医学系教授、博士生导师，法医毒物分析教研室主任，毒物分析学术带头人，玛利·居里学者。作为法医毒物司法鉴定人，她担起"为生者言，为死者权"的使命；作为师者，她扛起"立德树人、铸魂育人"的责任。她注重教研鉴协同创新发展，以第一作者、通讯作者身份发表 A 类 SCI 论文 70 余篇。她坚持素质教育，甘为人梯，以研促教，指导的本科生三次荣获"裘法祖奖学金"，培养的研究生连续三年荣获国家奖学金，两名博士生荣获"裘法祖奖学金"（含提名奖），培养卓越法医人才。回国后，她全面发展，躬耕教坛，至诚报国，在人才培养、科学研究、学科建设、社会服务等方面均做出突出贡献，历年法医学系综合评价稳居前列，年终考核连续多年被评为"优秀"。

『乐教爱生，培养法医卓越人才』

在本科生教育上，为了更好地承担传道授业解惑的责任，提高教学水平，黄垂秀先后参加十余次教学技巧培训和示范课程，积极报名教师教学竞赛，不断锻炼教学技巧，最终荣获全国高校法医学青年教师教学竞赛二等奖和华中科技大学教师教学竞赛二等奖。她主动承担法医毒物分析教研室的教学任务，不仅教授法医毒物分析理论课，还积极改善本科生实验条件，顺应时代发展，更新法医毒物分析的实验内容，将高精尖技术引入本科生的实验教学中，提高了本科生对法医学的认知和实践能力；积极开设选修课，拓宽学生视野，还自筹经费，利用业余时间指导近 30 名本科生开展课外科研，成果显著。她鼓励并帮助本科生作为第一作者在 A 类期刊发表论文多篇，实现了法医学系本科生以第一作者发表 A 类论文"零"的突破；带领本科生参加科研竞赛，指导 3 名本科生获得医学院最高荣誉——裘法祖奖学金。潜心教学终有硕果，黄垂秀还总结教书育人经验，发表教学论文 2 篇。

图 1　黄垂秀老师

图 2　黄垂秀老师（一排左五）课题组团队合影

在研究生教育上，黄垂秀不仅开设研究生核心专业课，还坚持因材施教和多元化育人方案，重视学生心理动态变化，构建和谐沟通环境，与学生形成了良好的互动模式。她指导的2名博士生获"裘法祖奖学金"（含提名奖），多名硕士生连续三年获得国家奖学金。

『求实创新，投身科研至诚报国』

黄垂秀放弃挪威优越的生活，于2017年回到母校华中科技大学。回国后，她以科教兴国、教育强国为己任，注重教研鉴协同创新，长期致力于复杂样本分析中"卡脖子"技术的研究。针对生物样本中目标物浓度低且干扰物大量存在的情况，她利用分子印迹技术的高特异性和高富集能力解决一般前处理技术选择性和富集能力不够的难题。同时，她在液相微萃取领域深耕不辍，在开展原创性工作的同时极大地扩大其应用范围，既克服传统技术的不足，又利用其特性解决检测方法与样本兼容性差的问题。例如，她开发了多种液相微萃取方法用于生物检材中药物、毒物/毒品的高效分离富集；改善传感器与生物样本兼容性差的问题；利用液相微萃取技术去除抑制剂对检测结果的影响。在对科学前沿问题的不懈探索下，黄垂秀以第一作者、通讯作者身份发表A类SCI论文70余篇，获专利授权5项，成功申请国家自然科学基金面上项目等4项国家级项目、2项省部级项目。

『高屋建瓴，助力学科高速发展』

黄垂秀在教学科研上锐意进取，在打造法医学科建设新格局上不懈努力。一方面，她积极带领学生参加国内外学术会议，进行学术报告，广泛宣传同济法医；另一方面，她厚积薄发，申请科技部"外专引智"项目（G20190017109和G20200017028），邀请海外院士、国内杰青等多位在国际上享有盛誉的科学家到我系进行交流讲学，通过"走出去，引进来"的合作方式大幅提升了同济法医的国内外影响力和知名度。在她的帮助下，法医学系引进一名青年教师助力学科发展。

● 图 3　黄垂秀（左一）与国内外院士、杰青等知名专家进行学术交流

　　法医鉴定工作者肩负"为生者言，为死者权"的使命。黄垂秀秉承"鉴定无小事，服务德为先"的态度，勤勤恳恳、实事求是地开展司法鉴定工作。为提升鉴定服务的质量，她甘于奉献，常态化加班，碰到棘手或加急的案子，通宵达旦也是常事。为建设省级一流法医毒物鉴定平台，她带领师生，攻坚克难，连续 5 年全部以满意评价通过能力认证，使该平台的毒物鉴定能力达到国内领先水平。

　　海外学成归国后，黄垂秀以一份赤子之心投身祖国的教育事业，在教学、科研、学科建设及社会服务等方面兢兢业业、严谨认真，她身上折射出新时代法医女性锐意进取、至诚报国、爱岗敬业、精益求精的优良品格。

张新平：慧启心智，德润桃李

— 导师简介 —

张新平　华中科技大学同济医学院医药卫生管理学院工会主席，卫生管理系教授、博士生导师、华中科技大学师德先进个人、优秀研究生导师。研究方向为药物政策与管理、卫生政策与健康管理等。主持和承担国家自然科学基金项目5项，省部级科研课题40余项。主编药品管理领域教材4部，牵头撰写药品及卫生管理领域专著4部，累计达两百余万字。以第一作者或通讯作者身份发表SCI/SSCI论文100余篇，其中绝大多数发表于高质量权威期刊。先后荣获卫生部全国领先科学成果、湖北省科技进步三等奖、武汉市科技进步三等奖，多次指导博士、硕士研究生获评省级、校级优秀学位论文。指导学生多次于国际、国内重要学术会议作学术分享，多次率领团队获得社会实践活动优秀团队等。先后担任国际药物经济学与结果研究协会（ISPOR）委员、中国医药创新促进会医药政策专委会专家、中国卫生经济学会药物政策专委会专家、教育部人文社会科学教学指导委员会专家、人力资源与社会保障部药物遴选专家、全国高等学校卫生管理专业教材评审委员会专家、卫生部社会卫生服务重点联系城市指导专家、湖北省卫生厅农村卫生协会理事及湖北省基本药物政策专家等。同时任 *Lancet*、*Health Policy and Planning*、*Health Policy*、*Journal of Educational Administration and Policy Studies*、*Frontiers of Medicine in China*、《华中科技大学学报（医学英德文版）》、《中国新药杂志》、《中国药物流行病》、《中国卫生政策研究》、《医学与社会》等国内外杂志同行评议专家。

作为研究生导师，张新平教授不仅在学术研究上精益求精，而且在培养学生的过程中贯彻"乐于教学、关爱学生、启迪智慧、培育人才"的宗旨。他从学生入学开始，一直到学生毕业设计的完成，都身体力行地确保在学生教育的每个关键环节都能给予最直接和有效的指导。

『启智润德，育心树人』

张新平教授在 33 年的教学生涯中深刻理解教育的真谛，认为教育不仅仅是传授知识或启迪智慧，更重要的是培养学生的道德修养和人格品质。在她的教育理念中，德育始终占据着核心地位，她坚信只有德育的引领，才能培养出全面发展的人才。

图 1　张新平老师

每当一年级新生进入课题组，张老师都会举办新生第一课，一是表示欢迎，欢迎新生力量加入，为课题组注入源源不断的向上动力；二是强调品质，树立高尚的道德品质，以德为先，以德服人；三是制定目标，要求时刻把卓越放心间，追求高水平。所谓读万卷书，行万里路，张老师常说"祖国大地处处皆学问"。在祖国成立 75 周年之际，张老师带领 2024 级新生前往红色革命基地，通过真实聆听革命先烈的故事、感受革命先烈的情怀，将祖国大家与个人小家紧密地联系在一起，从而在每一位学生心里播种爱国主义精神的种子。每当提起邓稼先、钱学森及袁隆平等老一辈科学家，张老师总是满眼敬意，说在那么艰苦的年代，前人付出了难以想象的努力，做出了举世瞩目的成果，现在的优质条件是非常难得的，我们不能浪费时间和资源，要把时间和精力都用在高水平研究上，贡献个人力量，助力祖国发展。

作为一名优秀的共产党员，张老师在华中科技大学的工作和生活中以高标准要求自己，通过自己的实际行动为学生树立榜样，不断传递正确的世界观、人生观和价值观。在日常交流中，她总是不忘表达感激之情，每条信息和电话结束时都会真诚地说"谢谢"，展现出对他人的尊重。尽管她不擅长用华丽的语言与人沟通，但她简单而真诚的感谢却深深打动了学生们的心。在张老师的引导和影响下，多位学生荣获"三好学生""优秀学生干部""优秀毕业生"等荣誉称号。

『勤研善思，严谨治学』

在日常学习科研中，张新平老师亲力亲为，跟进每个学生的学习进度，通过组会的形式把握每个学生的研究进展，春夏秋冬，一丝不苟。在组会上，张老师积极鼓励学生进行头脑风暴，对研究问题从多角度、多视角进行讨论和挖掘，培养学生的批判性思维与独立思考能力。短时间高效率是其一直倡导的目标，利用最少的时间实现最多的目标，不仅是学术科研的有利武器，更是指导学生高效处理烦琐工作的有力法宝。在学术指导上，张老师详细掌握学生的学习和科研情况，精心指导学生学术论文和学位论文的开题、修改直至答辩的全过程，为学生排忧解难；鼓励学生进组提前学、提前做，更快适应研究生学习工作节奏。张老师指导的研究生中，3 人获国家奖学金，2 人获学院优秀硕士毕业论文，6 人获校三好研究生，17 人获校优秀毕业生荣誉称号，近五年学位论文评审优良率 90% 以上，带领学生在权威核心期刊发表学术论文 100 多篇（其中 SCI/SSCI 收录论文 90 多篇），并获得诸多奖项。

在科研课题的研究过程中，张新平老师重视学生个人兴趣的培养，她坚信兴趣和积极性是学习的最有效驱动力。张老师尊重每位学生的个性和成长需求，鼓励并指导他们根据自己的兴趣参与科研项目，以此激发学生的潜能，推动他们朝着多元化的方向发展，以更好地适应社会的需求和挑战。同时，张老师也以身示范，从自己擅长的药品管理研究舒适区走出，勇于探索乡村振兴、全面健康等新领域。在课题开展过程中，张老师常常奔赴于科研一线，动力满满，亲自进行现场调研，帮助学生积累现场调研的经验，并在其中引导学生发现理论与现实的差距，从差距中找到亟待解决的重要问题，使每一位同学树立了问题意识、发散思维。近年来，张老师基于自身研究领域和专业方向，指导学生开展多项国家级重要课题研究，推动了医疗健康领域相关发展。

同时，张新平老师非常注重国际化交流，经常以国际化视野要求学生开展工作。她常说道："要立足于国家战略需求和国际卫生事业发展高度开展研究。"。她多次在国际会议中，带领学生开拓学术视野和科研思路，听取前沿学术报告，把握领域前沿研究方向。

● 图 2　张老师带领学生参加学术会议

『诲人不倦，良师益友』

张新平老师始终致力于构建良好的师生、导学关系。学生们怀揣着论文大纲、科研困惑，或对职业规划的迷茫去找她时，总能得到满意的答案。办公室里，她轻言细语化解学生心头的焦虑。有学生为论文进展屡遭挫折而垂头丧气，她会拍一拍学生的肩膀，分享自己早年求学时的挫折故事，言语间满是过来人的豁达与坚韧；当毕业生纠结于是深造还是就业的两难抉择时，她会结合行业动态、学生自身优势，给出中肯建议，不偏不倚，只为学生长远发展考量。无论是学术上的困惑还是生活中的难题，她都会耐心倾听，引导学生独立思考，并提供力所能及的帮助。张老师在教育实践中高度重视学生个性化的成长路径。她不仅鼓励学生在德、智、体、美、劳各方面均衡发展，还积极支持学生投身于各类学生组织工作、志愿服务以及丰富多彩的校园文化活动，如春之约、运动会和歌舞比赛等，以此促进学生全面素质的提升和个性化才能的展现。张老师用智慧为学生答疑解惑，以真心陪伴大家度过校园的岁岁年年。毕业的钟声敲响，一届届学子怀揣着她给予的知识与勇气奔赴远方，可那份如春风拂面般的师恩，却永远扎根心底，成为他们往后人生路上最坚实的力量。海人不倦的态度让张新平老师荣获华中科技大学师德先进个人奖、华中科技大优秀研究生导师称号。这些荣誉奖项不仅是对她辛勤工作的赞誉，也是对她教育理念和作为人生导师角色的肯定。

『务实开拓，砥砺前行』

　　张新平老师在传授学生理论知识的同时，还鼓励学生将所学知识应用到社会实践中。她始终关注基层医疗领域的发展和动态变化，积极鼓励学生从实践中获得真知。在过去的三年里，她不仅组织学生参与基层医疗服务实践项目，还亲自指导他们从中发现具有国际视野的中国故事，其中多篇关注乡村贫困人口医疗服务问题的研究成果被权威国际期刊收录。除此之外，每当学生需要她的帮助时，她总是耐心倾听，认真了解他们的需求，并积极帮助他们拓展资源，提供必要的支持。在她的悉心指导下，学生们在基层医疗领域的研究和实践中表现出色，取得了显著的成果，得到了专家的高度评价和认可。张老师作为学生们的坚强后盾，激励着他们在基层医疗领域不断探索和前进。

● 图 3　张老师带领学生前往基层调研

同时，为帮助学生更好了解领域前沿研究，切身体会卓越的科学研究，张老师组织带领学生到各大国际和国内重要学术会议旁听学习，其间多次鼓励学生提需求、提问题。在这一过程中，学生们不仅拓宽了知识视野，掌握了科研技能，还对科研思维有了更深层次的了解，明晰了自己的研究方向。

『四季耕耘，桃李满园』

张新平老师作为卫生管理系资深教授，在学生未来发展方面展现了深远的影响力。在张老师眼中，育人远不止知识传授与技能培养，更在于"塑造健全人格"。学术探讨中，她鼓励学生各抒己见、畅所欲言，即便观点相悖，也会耐心倾听，引导理性辩论，借此培养包容豁达的胸怀；平日里，她以身作则，帮年轻同事答疑解惑毫无保留，潜移默化中教会学生懂得尊重、学会互助。经过长期的辛勤耕耘，她成功培育了一批杰出的高校科研人才，他们在学术研究领域取得了显著成就。这些人才遍布于华中科技大学、中山大学、武汉大学、南京医科大学、福建医科大学、湖北中医药大学等高校，为中国卫生管理事业的发展贡献着自己的智慧和力量。除此之外，她还培养了众多在国家重点卫生健康部门、顶尖医院以及领先医药企业中担任关键职位的管理精英，他们在各自的领域内发挥着重要作用，为中国的卫生健康事业注入了强大的活力。

● 图 4　张老师与毕业生合影

张新平老师始终设身处地为学生的前途和发展考虑，积极为学生实习就业提供各种信息和帮助，通过悉心指导和不懈努力培养出了一批又一批的优秀研究生。她经常收到来自已毕业学生的感谢信和工作进展汇报。她总说每一位学生都让她感到由衷的高兴和自豪。

在科研的浩瀚星空中，张老师宛如一颗闪耀的恒星，凭借着对未知领域的无限热忱、超凡的专业素养以及无畏的探索精神，几十年如一日地投身于前沿课题的钻研中，为学界勾勒出一幅熠熠生辉的科研奋进图。她致力于为研究生提供更广阔的学习发展空间，经她培养的研究生专业能力强、就业比例高，在各个岗位发光发热，推动科学研究，投身社会服务。张老师通过她的亲身实践，生动展现了"桃李满天下"的内涵，为国家的繁荣发展培育了一代又一代杰出的人才。

黄素芳：用初心和专业领航筑梦

||||||||||||||||

— 导 师 简 介 —

黄素芳 主任护师，华中科技大学同济医学院护理学院博士生导师，华中科技大学同济医学院附属同济医院急诊医学科总护士长，四十载急危重症护理生涯，坚持带领研究生团队围绕急性心脑血管事件院内急诊急救—风险早期预警—急救通道院前延伸的急救科普—重点人群健康管理等促进人群健康的主线，渐进式创新性开展科学研究，2023年获中华护理学会"杰出护理工作者"称号。现任中华护理学会急诊护理专业委员会副主任委员、武汉市护理学会急诊护理专业委员会主任委员、湖北省护理学会急诊护理专业委员会副主任委员、《护理学杂志》《中华急危重症护理杂志》编委。主持国家自然科学基金面上项目等多项课题，近5年带领团队发表论文52篇。主编《急危重症护理学》《急救护理》等多部教材。于2012年担任护理学研究生导师至今，已培养硕士研究生30名，博士研究生1名。

她将急诊科作为自己的战斗主场，日夜与生命博弈，用专业和热情守护着每一个患者。她带领团队攻克了多个护理研究领域的疑难杂症，建立了脓毒症早期预警、妊娠合并急腹症风险识别、主动脉夹层筛查关口前移等管理机制，为改善临床护理实践提供了有力的理论支撑和实证依据。黄素芳老师用自己的奋斗激情引领着学生前进，用无微不至的关怀帮助着学生向阳成长。

『专业——初心若磐，如影随形』

● 图 1 黄素芳老师工作照

作为一名资深的临床护理专家，黄素芳老师始终坚持以患者为中心，不断探索创新的护理方法，提高急危重症病患的救治效果。近四十年对急危重症的深耕，让黄素芳老师对专业方向有了更深刻的把握，也为其研究生提供了深厚的临床专业知识支持。

2021年春，研究生郭同学正因护理择业而深感迷茫："我从来没有上过临床，尽管从理论上知道护理科研问题如何处理，但担心自己实践能力太薄弱了。"当她面对前途踌躇不定时，黄素芳老师看出了她的迟疑与担忧，便向学院为郭同学申请了为期4周的护理见习。在急诊科，郭同学第一次见识到了自己的导师在临床中英姿飒爽的风采——面临抢救，她是雷厉风行的战士；面对病患，她是无微不至的亲人。"这不就是现代的南丁格尔精神吗？这不就是当初自己就读护理专业的初衷吗？"郭同学说。于是，在导师的言传身教之下，郭同学坚定了自己的决心，选择成为一名应对急危重症的白衣天使，将护理作为自己终生奋斗的职业。目前，黄素芳老师所培养的研究生均已留任于临床一线，为挽救患者生命而日夜奋战。

『创新——匠心筑梦，探源溯流』

黄素芳老师致力于护理发展前沿，期望能将团队成果所获取的有效护理证据运用于临床护理实践。早在2013年，她就关注到了主动脉夹层误诊率高的问题。在那个信息相对匮乏的年代，她敏锐察觉到大数据动态联动的重要性，并执着于探索和建立信息化闭环管理机制。这些年来，她一直坚持对主动脉夹层等致死性高危急诊患者实行院前—急诊—院内—院外闭环追踪，同时助力于构建院内一体化电子病历追踪系统。十年磨一剑，黄素芳研究团队通过构建和验证主动脉夹层院前转诊预警模型，使这一致死性疾病误诊率从 12.52％降至 0.45％，充分实现了循证护理向临床护理的转化。2018 年，黄素芳老师又基于前期的数据分析结果，率领科室成员及硕士研究生申报并获批了国家自然科学基金课题，完美实现了临床难题向科研问题的孵化。

此外，黄素芳团队一直以实际行动践行"把科研落在实处，把学问融入现实"的理念。她细致入微地察觉到院内非呼吸机相关性肺炎发生动态，于是将目光锁定于其源头——吸痰，这项看似平常的护理操作。传统的预冲方式存在引起吸痰管尖端污染的风险，有必要对操作流程进行改良从而减少吸痰所致的肺部感染。黄素芳老师带领研究生通过实地调研、参与专利申请及转化、产品临床验证，用科研思维解决临床问题，降低吸痰预冲环节的污染风险。而正是这一系列的临床-研究双向转化成果，极大地激发了学生对于护理专业的认同感，让她们切实感悟到创新-研究、循证护理的重要性，让她们意识到冰冷的数据背后竟蕴藏着挽救生命的一线生机。黄素芳老师用事实与数据彰显了护理科研的魅力，一时间成为诸多护理学子眼中的科研明星。

『突破——苦心孤诣，推陈出新』

新的思想往往会招来旁人的质疑与否定。曾经致死率极高的主动脉夹层因诊疗技术不断发展，其生存救治率大幅提升，但长时间以来，"谈夹色变"的恐惧仍然占据着众多临床专家的大脑，因此，主动脉夹层的康复训练一直是护理研究领域的禁区。黄素芳老师坚定秉承延续性护理的思想，毅然提出在保障患者术后安全的前提下，应及时有效地指导其开展规律的康复计划。她亲自带领冯同学等查阅主动脉夹层和心血管康复相关文献，深入主动脉夹层术后病患人群，深入病房健康宣教约 450 次，术后随访1600 余次，从理论和现实的角度探究该类人群运动康复的现状及影响因素。

在此过程中，黄老师团队检索到了大量关于主动脉夹层术后康复必要性的循证依据，欣喜地发现国外已有许多心血管专家对主动脉夹层患者术后康复提出了类似建议，并认为主动脉夹层术后康复的研究势在必行。因此，对于主动脉夹层的研究，她们在学术上并不孤独！通过与患者的访谈，她们发现，目前主动脉夹层患者在生存机会得到显著改善的同时，却面临生命质量不容乐观的现状，其主要原因之一就在于对术后康复过程的恐惧和知识匮乏。基于这一重要发现，她们通过循证，陆续发表了关于主动脉夹层康复训练现状、质性研究、测量工具构建、影响因素调查、干预方案构建等多篇学术论文，为后续开拓和完善该类人群康复训练奠定了重要的理论基础。据冯同学对这一艰辛探索过程的回忆，她在第一次发表英文论文时，因不熟悉投稿流程、论文反复被拒而陷入困境。这时，黄素芳老师一直强调论文的研究价值，鼓励她不要放弃，最终她才收获了第一篇 SCI 文章录用通知，这一经历也为她后来再次发表多篇 SCI 文章树立了信心。

黄素芳老师在学术科研之路上坚持不懈、持之以恒的精神，为学生树立坚韧不拔、勇往直前的创新信念打下了牢固的根基。

● 图 2　黄素芳教授研究团队成员

『传承——关怀备至，微以致远』

在科研工作中，黄素芳是严谨的导师，是不苟的学者；在日常生活中，她是亲切的长辈，是忘年的友人。她时常与学生促膝长谈，从学生课业到学科发展，从家庭支持到事业规划，从校园趣事到家国情怀，为学生的成长提供尽可能多的帮助。

2022年夏，博士生王同学因新冠疫情无法奔赴现场收集博士课题资料，一度为课题进度停滞而懊恼受挫。黄素芳老师察觉到了王同学的焦虑困扰，及时为她排解负面情绪，并想方设法寻求数据收集途径。很快，在黄素芳老师的多方联络下，王同学迅速获得了来自全国13所综合医院的响应，在计划时间内收齐了要求的830份样本数据，使得其课题有序进行并进一步增强了其继续攻克博士课题的信心。

黄素芳的充分支持，让学生在面临巨大的科研压力时，也从不感觉自己前途渺茫。每每遇到科研挫折而自我怀疑时，她们就会想到导师在协助抢救病患之后仍然伏案夜读，在科研上不断突破自我，在教育上不断传承优良传统，在工作上不断为人民健康服务，在社会上不断树立护理形象，在国际上不断展示中国风采……她们深受鼓舞和感染，在追逐恩师足迹中加快了步伐，向光前行，向上攀登。

"崇德向善的成长之路，离不开黄素芳老师在生活中对我们的关心和照顾。"无一重话、无一责骂、无一脾气，正是黄素芳老师的包容、体谅与关爱让学生们愈发坚韧、稳重、勇敢。"十年树木，百年树人"，点滴教诲，铭记于心。她的学生表示，在未来步入工作岗位，也将以黄素芳老师为榜样，在护理事业中发光发热，永远保持初心和热爱，跟随光、追逐光、成为光。

苏艳伟：扎根实际，向阳生长

— 导 师 简 介 —

苏艳伟 华中科技大学同济医学院护理学院副教授，护理学硕士研究生导师，美国俄亥俄州立大学围生医学研究中心访问学者。现任中华护理学会护理理论研究专业委员会专家库成员、湖北省护理学会护理教育专业委员会副主任委员、湖北省预防医学会健康风险评估专业委员会委员、湖北省护理学会继续教育工作委员会委员、武汉市护理学会理事、武汉市护理学会护理教育专业委员会委员，担任《中华护理教育》期刊编委。于 2015 年入选武汉市中青年医学骨干人才培养工程计划。

『立德树人，思学志远』

一直以来，苏老师秉承着裘法祖院士"做人要知足，做事要知不足，做学问要不知足"的理念，始终坚持立德树人、培养高素质人才。她认为思政教育应与科研实践相结合，这样学生才能成为一个对社会、对国家有用的人。在日常生活中，苏老师总是以朋友的身份聆听学生的心声，从自身角度为学生提供最优解决方案，真正做到了传道、授业、解惑。团队成员刘克勤提及，自己总会和苏老师分享生活中的开心与难过；团队成员郭锦锦谈到在与苏老师的相处中，始终能感受到老师的温柔与积极向上的人生态度。同时，苏老师也以自己的"所听、所感、所悟"，鼓励每一名学生成为积极阳光、充满"正能量"的人。苏老师以自己的方式教会并鼓励学生独立思考、积极进取，从不同的学科视角看待科学问题，为社会发展贡献自己的一分力量。

『因材施教，向阳而生』

"师长易遇，人师难求。"苏老师不仅是传道、授业、解惑的师者，还是学生人生道路的领航者，更是引导学生树立正确的世界观、人生观、价值观的良师。她总能以不同的身份，亦师亦友地与学生交流，使学生不仅在学术上开阔视野，也能在生活中体会温暖。团队成员郭锦锦表示，在研究生课题选题时，苏老师给予学生足够的时间进行前期调研，发现研究问题，同时从专业视角为学生提供帮助，在立足国家自然科学基金项目和湖北省自然科学基金项目的研究大背景下寻找学科分支。苏艳伟老师强调"研究课题不仅局限于广度，更在于研

● 图1　苏艳伟老师

究的深度"。在苏老师的指导上，郭锦锦同学在判断课题可行性后大量阅读相关文献，并结合创新性落实课题研究，从中受益匪浅。

苏老师科研经历丰富，治学态度严谨。在科研道路上，苏老师以自己的专业学科视野和科研经历帮助学生快速成长与发展。从课题设计到实验指导，再到学术论文撰写，苏老师付出了太多心血，提供了十分专业的建议。由于英文功底较为薄弱，团队成员刘克勤第一次撰写英文论文时遭遇困难，从初稿到最终投稿，苏老师前前后后帮助她修改了十几个版本，大到文章的逻辑结构，小到标点符号的正确使用，这种精益求精的态度让他钦佩不已。

在苏老师的悉心指导下，团队学生踏实认真，在学习中不断提升自己的科学思维和扩大自己的学科视野。除聚焦围生期研究和健康管理外，苏老师也鼓励学生在护理教育等领域积极探索，并与临床医学、预防医学、计算机等学科展开交叉合作。在研究生创新课题申报上，苏老师鼓励团队成员积极参与，并强调"促进学科交叉和护理学科延伸发展"。团队成员刘

克勤同学在申报第二十批研究生创新基金项目时，以护理学、临床医学和软件工程为学科背景开展学科交叉研究，以期为国内评估护理专业学生母乳喂养知识水平和调整护理学科课程规划提供参考依据。

苏老师在实验室中担任着引领者的角色，主要负责规划和组织实验室的研究方向和项目。苏老师拥有丰富的学术经验和专业知识，能够为实验室成员提供指导和建议，确保研究的方向与目标一致。在实验设计上，苏老师会立足自身专业视角，帮助团队成员建立完整且可行的实验设计与研究方案。在实验操作中，苏老师每次都会进行一对一实验带教，告知实验室成员实验细节与相关实验注意事项。此外，苏老师在实验室中还扮演着指导者的角色，主要指导实验室工作和落实实验进程。在每项实验初期，苏老师会与实验室成员进行相关实验的讨论和交流，帮助解决实验实施中可能存在的问题，并提供科学研究方法和技巧的指导。

苏老师还会鼓励实验室成员自主探索和学习，培养他们独立思考和解决问题的能力。"科研就是敢于试错，敢于重来，试错的过程是痛苦的，但请一定坚信最后会有惊喜收获。"苏老师说道。她也会经常鼓励实验室成员："每一次失败都是成功的试验田。"团队成员刘克勤同学感慨，是苏老师让自己拥有了"试错"的勇气。

自2019年以来，团队成员在国内外期刊发表学术论文20余篇，其中研究生陶佳鑫、刘克勤、郭锦锦相继获得研究生一等奖学金、二等奖学金等，以刘克勤为项目负责人（苏艳伟老师为指导老师，团队成员为郭锦锦、王程欣、刘浩）立项研究生创新基金项目1项，并获得软件著作权1项（苏艳伟导师为第一负责人）。

『立足实践，全面育人』

在学生心中，苏老师是无私奉献、诲人不倦的。苏老师常常叮嘱学生："不仅对于科学研究要有严谨治学的学术态度，而且要积极参与到社会实践中。"苏老师的精神深刻影响着每一位学生，让大家深刻认识到，科研并不是衡量学生的唯一标准，只有全面发展才能更好地提升自我。

苏老师深知"读万卷书，不如行万里路"，格外重视学生的社会实践与社会服务能力，鼓励学生走出校园，做到理论与实践相结合。团队成员刘克勤谈道，在研一期间，因为自身性格内向，不善社交，自己很少参加学校和学院组织的活动。苏老师捕捉到这一细节，积极鼓励她参与社会实践，吸收新的思想与知识。因此，在研一结束之际，刘克勤报名参与了华中科技大学志愿者招生工作，同时报名参加了护理学院迎新志愿者招生工作。在研二期间，刘克勤也继续积极投身实践，在校园抗疫志愿者、2023武汉马拉松志愿者、首届学位与研究生教育大会志愿者的工作中都有她的身影。谈及参与实践后的感受，刘克勤说道："苏老师鼓励我们参加这些活动，既增强了我们的社会服务能力，又促进了团队凝聚力。让每一个成员都拥有了'向阳而生'的勇气和责任。"

● 图2 苏艳伟老师（中间）和她的学生们

　　苏老师非常有教育热情和责任心。她不囿于课堂上知识的传授，立足实践，强调知行合一的重要性，鼓励学生在实践中实现全面发展。在她的教导下，学生们不仅学到了知识，而且学会了如何运用知识去解决问题，如何在实践中不断提高自己的能力。苏老师的教育理念和方法，对学生持续产生深远的影响。

李怀标：言传身教，医心向党

丨 丨 丨 丨 丨 丨 丨 丨 丨 丨 丨 丨 丨 丨

— 导 师 简 介 —

李怀标　华中科技大学同济医学院生殖健康研究所（以下简称生殖健康研究所）副教授，博士生、硕士生导师，德育导师。于德国耶拿大学获得博士学位后，在莱布尼茨衰老研究所继续开展博士后研究，于 2019 年回国全职加入生殖健康研究所，从事生殖医学、细胞生物学等方面的科研工作。

目前主持或参与湖北省自然科学基金面上项目、华中科技大学自主创新基金项目和国家重点研发项目子课题等多项科研基金项目，并在国际权威期刊发表多篇 SCI 论文。与此同时，李怀标还承担了"学术规范与论文写作""临床伦理学""性与人类生殖""辅助生殖技术"等多门本科生、研究生课程的教学工作。

李怀标乐于助人、工作热情、兢兢业业，能站在学生的立场和角度，与学生进行深度交流和互动，各项工作均得到了领导及师生们的广泛好评，先后获得"优秀共产党员""最佳服务奖"等荣誉。

『严谨治学，润物无声』

当被问到担任德育导师的初衷时，李老师笑着说："作为德育导师，能够陪伴并见证学生的成长，是一件富有成就感的事情。"

李老师坚守初心，怀着"青出于蓝而胜于蓝"的信念，秉持严谨细致、精益求精的态度去培养新一代求学的青年。他教导学生要时刻注意实验中的细节，避免不必要的疏漏，在出现问题时也能清晰地追根溯源，在自我总结中不断进步。

李老师还格外关注学生的心理健康，他乐观阳光、充满热情的生活态度潜移默化地影响着每一个人。作为德育导师，李老师会定期和每一位同学谈心，了解学生的情况，同时会广泛听取学生们的意见，不断优化自己的工作方法。

在学生眼中，李老师就像细心浇灌庄稼的农民伯伯，不畏风吹日晒，努力将学生培养为栋梁之材。对于科研基础较为薄弱的学生，李老师会耐心地一遍遍讲解实验原理，再手把手地演示操作流程，并在后续的实验中随时给予指导。

『传道授业，诲人不倦』

作为生殖健康研究所的一名教职工，李老师承担了多门研究生必修课程的教学工作。课后，许多同学会通过电子邮件向李老师请教课题设计上的疑问、图像处理的问题或者咨询关于海外留学的事宜等，李老师每次都耐心并详尽地一条条回复，尽自己最大的努力为同学们提供各种帮助。

李老师不仅仅对自己的学生倾囊相授，当其他课题组的学生有实验问题或者科研困惑时，他也会运用丰富的学识为大家答疑解惑；即使是遇到不熟悉的研究领域的问题，李老师也会在查阅文献后再与同学们进行讨论和交流。

此外，李老师还为生殖健康研究所的发展积极地贡献力量。2022 年 7 月，生殖健康研究所与国家脉冲强磁场科学中心为联合推进学科交叉创新，成立了电磁与生殖健康交叉研究平台。其中，李老师作为主要负责人全程参与了该平台激光共聚焦显微镜的前期采购、后期培训使用等各个环节，并主动和其他青年教师一起负责大型贵重仪器的日常维护和管理。对每一位初次使用仪器的同学，李老师都会根据需求进行一对一的显微镜上机培训指导。

李老师的言传身教潜移默化地影响着学生们，在他的谆谆教诲下，博士研究生李娜同学当选了华中科技大学第七次研究生代表大会正式代表，

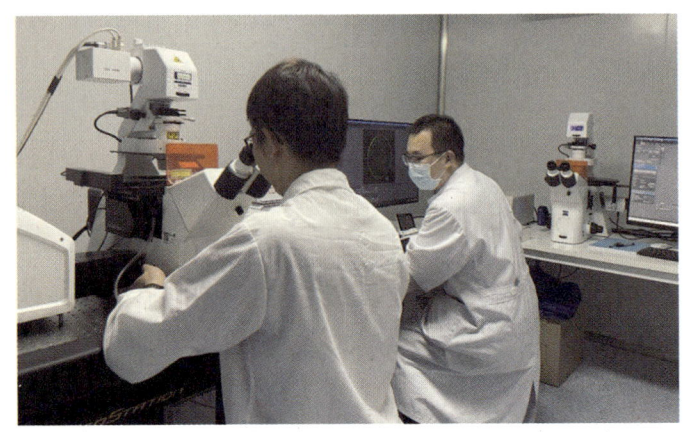

图 1 李老师悉心指导研究生使用激光共聚焦显微镜

并获得了华中科技大学"三好研究生""华联科奖学金"等多项荣誉。此外，李娜同学还作为报告人受邀参加华中科技大学生殖健康研究所第一届"1+X"研究生学术论坛。硕士研究生蔡英同学则获得了华中科技大学研究生创新基金的资助。除了日常的科研与学习，李老师还鼓励学生积极参加学术会议、社会活动和体育锻炼，多方面提高自身综合素质，做德智体美劳全面发展的复合型人才。

『无私奉献，求真务实』

"随风潜入夜，润物细无声"，作为一名党员，李老师默默奉献，把"为人民服务"的宗旨落实到生活中的点点滴滴，每年的志愿服务时长远远超出党员的规定时长。李老师坚定地认为："发自内心的志愿服务既服务他人，也服务自己；只有人人都付出，才会人人都受益。"

生殖健康研究所的各项集体活动中都可以看到李老师的身影。每年的秋季校运动会，李老师都会担任领队，组织师生参加开幕式，为参加运动项目的同学加油鼓劲。李老师会定期组织学生们进行体育锻炼、户外拓展等，让同学们在科研生活之余做到劳逸结合、放松身心。

李老师还积极参与以"医心向党，健康生殖"为主题的暑期社会实践项目，与同学们一起深入湖北乡村地区走访调研，针对基层女性开展生殖健康科普，带领学生们了解乡村现状，并为乡村发展建言献策，做到学以致用、学有所为，为乡村振兴贡献医学力量。

● 图 2 李怀标老师与学生们一起参加"医心向党，健康生殖"主题暑期社会实践活动

德如玉也，德育之旨即在造就"玉德"之人。立德树人，乃学校教育之根本。生殖健康研究所于 2021 年 9 月为不同年级研究生共配备了 5 名德育导师以"立德树人"为根本任务，强调科研产出的同时更注重道德素质培养。

百年大计，教育为本。生殖健康研究所德育导师队伍的建立，扩充了现有的导师-科研团队的育人模式，促进了以李怀标老师为代表的高素质教师队伍的形成，完善了高水平人才培养体系。未来，生殖健康研究所将坚持"树立正能量、重以德润才、促特色发展"，为党和国家输送德才兼备的优秀学子！

党一平：立德修身，做学生的引路人

| | | | | | | | | | | | | |

— 导 师 简 介 —

党一平　华中科技大学同济医学院附属协和医院血管外科副教授、副主任医师、硕士生导师。擅长各种静脉反流性疾病（下肢静脉曲张、盆腔淤血综合征）、主动脉疾病（主动脉夹层及动脉瘤）、外周动脉疾病（下肢动脉硬化闭塞症及血栓闭塞性血管炎）、血管畸形与血管瘤、动静脉瘘、颈动脉疾病、静脉血栓栓塞性疾病、内脏动脉疾病、淋巴疾病的手术和腔内治疗；尤其专长静脉曲张的诊疗，在湖北省率先开展静脉曲张疾病微创及日间诊疗。

党一平老师谈及他申请德育导师的初衷："从我导师的导师仇登波教授，到我的导师李毅清教授，他们对学生的教育方式像灯一样照亮我前行的路，指引着我申请担任德育导师，继续将立德育人的精神传承下去。"

他表示，担任德育导师对他而言既是挑战，又是机遇。一方面，处理学生的学习、生活、毕业、情绪等问题是对他教书育人能力的锻炼；另一方面，在处理学生事务的过程中，可以与志同道合的老师们交流带教经验，使得他与同学们的关系更加紧密，对立德育人的感悟也更加深刻。

『立德，德不近佛者不可为医』

作为医生，党一平的医德让患者们安心。古代名医孙思邈在《千金要方》中指出：凡大医治病，必当安神定志，无欲无求，先发大慈恻隐之心，誓愿普救含灵之苦。党一平常常思患者之所想，急患者之所忧，设身处地为患者考虑，获得了患者及家属的一致好评。他的行为生动诠释了大医精诚和医者仁心的内涵。

作为导师，党一平的师德也让同学们非常感动。新冠疫情期间，党一平不仅为防疫工作贡献了自身力量，而且为同学们撑起了疫情防护的保护伞。寒假期间，党一平来到华中科技大学同济医学院永红公寓，探望无法归家的同学们，了解、关心同学们的学习和生活情况，并购买生活物资，为学生提供力所能及

图1　德育导师党一平

的帮助。他表示，春节是一家人喜庆团聚的节日，因为新冠疫情而无法回家团聚会给同学们造成情绪波动，他非常理解同学们的这种孤独和失落，希望自己的探访能让学生感受到温暖和年味。

『修身，才不近仙者不可为医』

本着治病救人的初衷，党一平考入华中科技大学同济医学院，而后到哈佛医学院求学，学成归来后成为华中科技大学同济医学院附属协和医院的一名医生。身为一名医生和科研工作者，他对自己的专业能力要求极高。对待每一场手术、每一篇论文、每一个课题，他都精益求精、臻于至善，用实际行动诠释着裘法祖院士的座右铭："做人要知足，做事要知不足，做学问要不知足。"

一直以来，他不忘初心，持续探索着自己救死扶伤、治病救人的职业道路，努力提升自己的医学和科研水平。党一平还兼任中国医师协会血管外科医师分会血管创伤学组委员、国家心血管病专家委员会血管外科专业委员会青年委员会委员，有着丰富的血管外科各种常见病诊治经验，尤其专长静脉曲张的诊疗工作，通晓血管超声技术，在湖北省率先开展静脉曲

张疾病微创治疗。此外，他主持国家自然科学基金项目 1 项、协和医院院内基金项目 1 项，参加国家自然科学基金等科研项目多项，发表学术论文 20 余篇。

『传承，感念师恩而立德树人』

"师者，所以传道受业解惑也。"自古以来，教师作为学生的领路人，对学生的影响巨大。"从仇登波教授到李毅清教授，他们对学生的指导关心一直激励着我将这份精神传承下去。"秉持这一信念，党一平老师不仅就医学专业水平对学生进行全方位的指导，还经常在生活方面对学生表示关心。

在学业指导上，党一平老师非常注重因材施教。2022 年春节期间，在协和医院研究生处指导下，党一平联合多位老师，组织心外科研究生进行了一场线上交流会，一一了解大家的学业进展和困惑。针对困扰研究生的诸多问题，他一个一个地对同学们进行专业且细致的指导，循循善诱，引导学生去发现问题，找到突破口。

图 2　党一平老师线上指导学生科研工作

对于学生教育引导问题，党一平老师有自己的思考，他不推崇导师和学生的"裁判者"和"遵从者"关系，认为导师应该以平等、引领、帮助和促进的姿态来引导同学。

"桃李春风一杯酒，江湖夜雨十年灯。"师者们的言传身教还历历在目，党一平将用他的方式将这份精神传承下去，在提高自身道德修养和医术水平的同时，为国家医学人才培养贡献自己的力量。正如他给同学们的寄语中所说："亲爱的同学们，青春就是要探索未知，勇于突破边界。青年智则国智，青年强则国强。"

陈琛：格物穷理，做潜心科研医者

— 导师简介 —

陈琛　华中科技大学同济医学院附属同济医院（简称同济医院）心血管内科教授、博士生导师，担任 2022 级临床医学八年制班主任。被评为华中科技大学 2018 年度"三育人积极分子"和华中科技大学 2019 年度"十佳青年教工"。

主要从事分子心脏病学及相关转化研究，在国家自然科学基金优秀青年科学基金项目、联合基金重点项目以及湖北省自然科学基金创新群体项目等的连续资助下，一直从事临床→实验室→临床的基础及转化应用研究，围绕代谢重塑在代谢性心脏病和免疫紊乱在暴发性心肌炎导致心力衰竭发生发展中的分子机制进行深入研究。

作为第一作者、通讯作者在 *Circulation* 和 *Circulation Research* 等顶级专业杂志发表 SCI 论文 70 余篇，其中他引 2400 余次，H 指数 29。研究结果受到国际学术界权威认可，被纳入多项国内指南和国际指南。作为主要研究者已开展注册临床试验 1 项。多次受邀在国际学术会议做大会报告，参与编写"十二五"国家重点图书《血管生物学（第二版）》。作为核心发明人已获得授权国家发明专利 9 项（其中 2 项已转让）。研究成果获省部级自然科学奖 2 项及 2021 年度第十一届"姜必宁奖——杰出青年心脏论文奖"，指导学生获得第十三届"挑战杯"中国大学生创业计划竞赛全国铜奖（湖北省金奖）。

每一次的生命跳动，每一次的心跳回响，都揭示了医学的神秘与伟大。在这神秘的世界里，我们敬佩那些倾注了满腔热情，致力于探索与创新的人们。其中，陈琛教授便是这样一位值得我们尊敬的医者。从一个初出茅庐的心血管内科博士毕业生，到如今在同济医院崭露头角的教授，陈琛教授的成长历程充满了努力和执着。她以医生的仁心为怀，用科研者的精神去开辟未知，书写着属于自己的医学篇章。

『传承同济家国基因，书写基础"心"篇章』

格物穷理，百年同济。2010年，陈琛教授于华中科技大学同济医学院心血管内科博士毕业后留院工作，从住院医生做起直到成为医学教授。十几年以来，陈琛教授秉承着同济精神，对待医学永葆热忱，临床与科研兼顾、勤勉如一。从临床到科研再到临床，陈琛教授坚持"科研为临床服务"的宗旨，尽己所能解决临床遇到的问题。

"我的导师陈琛教授，是一位开放、包容且理想坚定的学者。"2021级硕士研究生温见沛这样说道。在日常生活中，陈琛教授一直保持着阅读前沿文献的习惯，并凭借着

图1　陈琛教授工作照

丰富的学术经验和深厚的理论基础，清晰把握国际前沿研究方向和重点。在陈琛教授的带领下，课题组瞄准心血管疾病，在发病机制、诊断及治疗中深入挖掘，努力将基础科研成果与临床诊疗相结合。从糖尿病心肌病到暴发性心肌炎，陈琛教授以临床为导向，立足分子心脏病学及相关转化研究，先后主持多项国家级及省部级课题。作为项目参与完成人，获得教育部2010年度高等学校科学研究优秀成果奖（科学技术）自然科学奖一等奖和2010年度湖北省自然科学奖一等奖，并于2018年获得国家自然科学基金优秀青年基金项目。为了表彰陈琛教授在心血管领域做出的杰出贡献，同济医院于2018年授予其"突出贡献奖"。

在学生眼里，陈老师就是他们科研路上的"领路人"。陈老师使得他们明白：科学探索的道路上没有捷径，还须时时刻刻努力，科研道路只能留下勇敢者的足迹。2020级博士研究生杜恒志评价道："陈老师这种细致认

真、求真务实的科研作风感染着我，让我不断精进对自身的要求，坚定了自己的科研决心。"

『因材施教春风化雨，兼容并包铸就国际视野』

自 2016 年招收硕士研究生开始，陈琛教授始终坚持着"格物穷理，为国育才"的理念，在教学、科研中坚持"抓思想、抓学习、抓科研、抓生活"的导向，开展立德树人教育，努力培养创新型人才。

在日常的学习生活中，陈琛教授注重以言传身教的方式实现团队文化传承，例如在组会中经常分享自己读研究生时的经历鼓励大家。她积极地与学生交流、互动，使学生们感受到了强烈的团队归属感。2022 级硕士研究生周雨霏说："在成为陈老师的学生后，才发现博士生导师并不像以前听闻的那样神秘。"陈琛教授坚持每周与课题组成员沟通讨论，并始终注重和谐、自由的学术氛围，为学生提供充分发表见解的空间。"陈老师还给予我们足够的理解和支持。我们在科研路上遭遇挫折时，她总是在背后为我们加油打气，激发我们对科学探索的热情。"周雨霏补充道。因此，团队中逐渐形成了求实刻苦、深稽博考的浓郁科研氛围，为学生们取得丰硕的学术成果奠定了基础。

图 2　陈琛教授（中间捧花者）课题组团队合照

　　此外，陈琛教授还鼓励学生们参加国内外高层次高水平的学术会议与学术交流活动，在展示自身科研成果和实力的同时，通过与其他学者的学术交流获取灵感，从而实现自身素质的提升。在陈琛教授的带领下，课题组努力成长为具有家国情怀、科学精神、专业素养、国际视野、人文素养的导学团队。

　　陈琛教授在医学与教育道路上前进的每一步，都诠释了一位医者的责任和对于知识探索的热情。从陈教授的言行中，我们听到了前沿研究的脉搏；从她的身上，我们看到了对于医学事业坚定不移的执着。无论是作为医者在临床一线救死扶伤，还是作为教师在讲台上启迪学生，陈琛教授都始终保持着她的初心，以行动践行着她的医学理想。我们相信，陈琛教授会持续引领着更多的学生在医学的道路上探索前行。她的故事，将会鼓舞着越来越多的学生投身于这份伟大的事业。